한 발 앞선 대시세종목 발굴법
주식 금맥
5원소기법

한 발 앞선 대시세종목 발굴법
주식 금맥 5원소기법

초판 1쇄 발행 | 2014년 8월 11일
초판 2쇄 발행 | 2017년 5월 31일

지은이 | 이강해
펴낸이 | 이형도

펴낸곳 | ㈜이레미디어
전화 | 031-919-8511(편집부), 031-919-8510(주문 및 관리)
팩스 | 0303-0515-8907
주소 | 경기도 고양시 일산동구 무궁화로 20-38 로데오탑 302호
홈페이지 | www.iremedia.co.kr
카페 | http://cafe.naver.com/iremi
이메일 | ireme@iremedia.co.kr
등록 | 제396-2004-35호

편집 | 유소영, 김현정
교정 | 최연정
디자인 | 박정현
마케팅 | 신기탁

저작권자ⓒ2014, 이강해
이 책의 저작권은 저작권자에게 있습니다. 서면에 의한 허락 없이 내용의 전부 혹은 일부를 인용하거나 발췌하는 것을 금합니다.

ISBN 978-89-91998-92-6 13320
가격은 뒤표지에 있습니다.

이 도서의 국립중앙도서관 출판예정도서목록(CIP)은 서지정보유통지원시스템 홈페이지(http://seoji.nl.go.kr)와 국가자료공동목록시스템(http://www.nl.go.kr/kolisnet)에서 이용하실 수 있습니다. (CIP제어번호: CIP2014020834)

한 발 앞선 대시세종목 발굴법
주식 금맥 5원소기법

이강해 지음

이레미디어

머리말

주식은 반드시 투기가 아닌 투자여야 한다. 하지만 결과로만 봤을 때 성공한 투기는 투자가 되고, 실패한 투자는 투기가 된다. 이렇게 보면 투자와 투기에 대한 정확한 기준은 없는 것 같다. 그렇지만 투자와 투기를 명확하게 구분하는 단 하나의 경계가 있다. 그것은 바로 성공으로 가기 위한 투자자의 끝없는 열정과 피나는 노력이다. 일반투자자들이 주식시장에서 성공하기 위해서는 이미 주식투자에 성공한 투자자들이 즐겨 사용하는 매매기법을 최대한 자기 것으로 만드는 데 힘을 쏟아야 한다. 성공한 투자경험만큼 중요한 매매기법은 없기 때문이다.

필자는 1990년대 말부터 주식시장에 입문한 이후, 수많은 투자자들을 온라인과 오프라인상에서 만났다. 이들을 만나면 많은 질문을 받게 되는데, "어떤 기업이 좋습니까?", "얼마까지 가져가야 할지 알려주세요.", "지수는 얼마나 갈까요?" 등의 질문을 가장 많이 받는다. 어찌 보면 쉽게 답변할 수도 있는 질문이었지만, 제대로 된 열정과 연구·분석이 뒷받침되지 않은 답변은 자칫 투자자에게 잘못된 참고사항을 알려주는 것 같은 결과가 될 수 있어 항상 조심스러웠다.

그래서 미친 듯이 몰두하고 공부했다. 주식시장에서 뛰어난 제도권 애널리스트, 증권사 PB 및 재야 고수들의 기법을 알기 위해 새벽부터 밤늦게까지 뛰어다녔다. 이때는 하루에 서너 시간만 잠을 잤고, 주말에도 쉬지 않고 미친 듯이 성공투자기법 연구에 몰두했다. 그리고 드디어 그 결실이 하나둘씩 나오기 시작했다.

매매기법은 최대한 쉽고 체계적이면서, 투자자들이 편하게 투자할 수 있는 방법으로 연구하였다. 그렇다고 매매기법만을 연구하지는 않았다. 오히려 매매기법만 단순하게 적용하다 보면 투자할 기업에 대한 분석이 소홀해 질 수밖에 없는데, 이를 보완하고자 평소 관심을 가졌던 기업을 직접 찾아가기도 했다. 이런 것이야말로 가장 좋은 기업분석이라 생각했다. 2004년부터는 일주일에 적어도 최소 한 곳 이상의 기업탐방을 다녔다. 기업탐방을 할 수 있는 곳이라면 서울뿐만 아니라 지방에 있는 기업도 찾아다녔다. 이렇게 기업탐방을 다니다 보니 업종과 종목에 대한 분석력뿐만 아니라 시장을 보는 혜안도 키울 수 있게 되었다.

이 책에서 소개하는 '주식 금맥 5원소 기법'은 한국경제TV의 장수 프로그램인 〈국민주식고충처리반〉에서 이론화시켰다. 이 프로그램을 꾸준히 진행하면서 필자는 개인투자자가 주식시장에서 승리할 수 있는 가장 쉽고 간결한 매매기법이 무엇인지 항상 고민했었다. 그렇게 오랜 고민과 연구 끝에 나온 기법이 바로 '주식 금맥 5원소 기법'이다. 투자자들에게 이 기법을 적용해 기업분석을 해드렸다. 꿈이 있는 기업, 끼가 있는 기업, 꼴이 좋고 끈이 뒷받침되는 종목을 열정의 깡을 가지고 투자한다면 이는 성공한 투자가 될 수밖에 없다는 점을 강조했었다.

워런 버핏은 자신의 성공투자 제1원칙은 돈을 잃지 않는 것이며, 제2원칙은 제1원칙을 지키는 것이라 했다. 하지만 투자자 모두가 워런 버핏이 될 수는 없다. 모두가 성공한 투자자가 되려고 하지만 현실에서는 모두가 그렇게 될 수는 없는 법이다. 그렇다고 당장 투자를 멈추는 것이 옳은 길일까? 필자는 그럼에도 불구하고 원칙과 열정을 가지고 투자에 임하라고 말하고 싶다. 우리도 워런 버핏처럼 원칙을 가지고 투자를 해야 한다.

필자가 제시하는 성공투자 원칙도 워런 버핏처럼 간단하다. 성공투자의 제1원칙은 '주식 금맥 5원소 기법'을 가지고 쉴 새 없이 발로 뛰면서 우량기업을 발굴하는 것이다. 그리고 제2원칙은 주식시장이 끝나는 그 날까지 제1원칙을 지키면서 열정을 가지는 것이다. 이 책이 건전한 주식시장 발전에 작은 초석이 되기를 진심으로 기원한다. 또한 이 책의 독자들이 '주식 금맥 5원소'를 통해 험난한 주식시장에서 성공하는 최후의 승자가 되기를 간절히 바란다.

끝으로 『주식 금맥 5원소 기법』이라는 전무후무한 실전매매기법을 정립하는 데 경험이 된 한국경제TV, IPR스퀘어 임직원과 바쁜 일정에도 불구하고 도와준 후배 경상이에게 고마움을 전한다. 그리고 소중한 가족 아내 현주, 아들 승한이와 승준이에게 깊은 사랑을 보낸다.

주식시장에서 맺은 소중한 인연, 주식시장 끝나는 그날까지 평생 함께 하겠습니다.

2014년 코스피지수 상승을 기원하면서
이강해

■ 카페주소: 네이버, 다음에서 │ 이강해의 주식전망대 │ 검색

(http://cafe.wownet.co.kr/sun)
(http://cafe.daum.net/goodtooza)

추천사

　고령화가 빠른 속도로 진행되고 저금리와 저성장이 고착화되고 있는 금융시장 환경 속에서 효율적인 자산관리에 대한 관심은 날이 갈수록 높아지고 있다. 저금리 기조의 영향으로 시중금리를 넘어서는 추가수익을 얻기 위한 간접투자 형태의 복잡하고 다양한 금융상품들이 쏟아져 나오고 있지만, 자신에게 맞는 금융상품을 고르는 것은 쉽지 않은 일이다.

　직접투자인 주식으로 수익을 내는 것은 더더욱 만만치 않다. 이러한 어려운 현실을 극복하기 위해 단기간에 고수익을 올릴 수 있다는 주식투자 기법에 관련된 책들이 쏟아져 나오고 있다. 하지만 현실과 동떨어진 진부한 내용들이 많은 게 사실이다.

　《주식 금맥 5원소기법》은 20년 넘게 증권시장에 몸담고 있는 두 저자가 꼭 하고 싶었던 얘기들을 투자자들의 속마음을 읽어내듯 설명해주고 있다. 투기가 아닌 투자의 개념으로 중장기적으로 주식시장을 바라보는 투자자라면 한번쯤은 읽어봐야 할 의미있는 내용들이 담겨 있다.

　아무쪼록 투자자들이 이 책을 통해 주식시장에서 승리할 수 있기를 기원한다.

－ KDB대우증권 리서치센터 투자분석부 부장 안병국

차례

머리말 • 4
추천사 • 7

Chapter 01 주식 금맥을 찾아 캐내는 비법
_대박 노리다 쪽박 차는 투자자, 이제 주식 금맥 5원소에 입각한 주식투자를 하라!

1. 급등주의 비밀 _ 주식에도 금맥이 있다 • 14
남다르게 생각하고 행동하라 | 경제의 흐름을 읽어야 주가의 흐름이 보인다

2. 왜 주식 금맥 5원소 기법이어야 하는가? • 25
투기가 아닌 투자여야 한다 | 자신만의 원칙 없이는 주식을 할 수 없다
주식 금맥 5원소 기법의 목적

3. 주식 금맥 5원소란 무엇인가? • 35
종목선정 기본원칙

Chapter 02 돈 벌어주는 5원소 투자기법
_성공투자 5원소의 사례분석을 통해 실전투자의 맥을 잡아라!

1. 꿈이 있는 기업 • 40
가치 있는 기업의 세 가지 모델 | 슈퍼모멘텀은 무엇인가?
수익성 | 수익성 비율 | 성장성

2. 끼가 있는 기업 • 69
끼가 있는 주식은 크게 상승한다 | 끼가 있는 주식은 신성장산업
급등주는 '끼'가 있는 주식이다 | 상장폐지의 사례, 아이스테이션

3. 끈이 있는 기업 • 91
모든 주식에는 수급주체(세력)가 있다 | 끈이란? | 끈이 좋은 종목이란?
수급이란? | 수급주체(세력)별 동향 | 기관투자자 매매종목 중 투자자 유의사항

4. 꼴이 좋은 기업에 투자하라 • 112
좋은 꼴(차트) 발굴과정 | 주가 수급주체(세력)들이 자주 활용하는 기법
차트상 매매급소 | 기술적 분석상 급등주 포착법

5. 꿈, 끼, 끈, 꼴을 갖춘 기업에 '깡' 있게 투자하라 • 128
실전 분석_주식 금맥 5원소로 분석한 자동차산업
끼와 끈을 갖춘 종목을 매수하라 | 수급(끈)에서 차트상 매매급소를 노려라

Chapter 03 성공하는 투자자가 즐겨보는 투자지표
_5원소에 꼭 필요한 투자지표의 확인, 자신에게 가장 알맞은 투자방법을 개발하라!

1. 돈 되는 주가예측 경제지표 • 146
미국 경제지표 | 첫째 주간에 발표하는 지표들 | 둘째 주간에 자주 발표하는 지표들
셋째 주간에 자주 발표하는 지표들 | 넷째 주간에 자주 발표하는 지표들
미국시장 이해를 돕는 사이트 및 주요 지표 발표일

2. 전자공시시스템 • 174

공시도 알아야 번다 | 공시분석방법 | 투자의 금맥, 전자공시시스템
전자공시시스템에서 반드시 알아야 할 것 | 사업보고서에서 꼭 확인해야 할 사항들
배당성향을 통해 배당수익률을 알아보자 | 사업내용을 알면 기업을 알 수 있다
재무재표를 모르면 주식투자하지 마라 | 회사의 각 기관과 계열회사를 분석하자
주주에 대해 알아두는 것도 중요하다 | 전자공시를 통한 기타 보고서 분석
상장폐지

3. 실전매매 PER과 ROE • 217

PER과 ROE의 개념 | PER의 응용 | ROE의 응용과 단점

4. 가치주는 PBR이다 • 226

5. 자산재평가는 영원한 테마이다 • 231

자산재평가란 | 자산주 시세의 역사

6. 지배구조를 알면 수익이 보인다 • 244

지배구조의 핵심은 지주회사이다

7. 국제회계기준을 알면 주가를 안다 • 248

국제회계기준 | 미니 지주회사 | 저PBR 자산가치주

Chapter 04 발로 뛰어라! 그리고 분석하라!

_지피지기면 백전백승, 기업탐방은 바로 우리 생활 속에 있다!

1. 기업탐방 분석기법 • 266

생활 주변에서 접하는 기업분석의 사례 | 기업탐방 전 조사해야 할 사항
탐방 시 알아야 할 사항 | 전화통화로 기업내용 알아내기

2. 기업가치 평가의 방법 · 280
    PER을 이용한 상대가치 평가 | EV/EVITDA를 이용한 상대가치 평가

3. 재야 고수들의 종목발굴 기법 · 290
    종목발굴 | 시장 변화에 익숙해져라 | 자신만의 원칙을 세워라
    차트분석을 생활화하라 | 알기 쉬운 기술적 분석 | 최적의 매매 타이밍

Chapter 05 정부정책 분석을 통한 투자방법
_정부정책에 대항하지 말고 순응하라, 그것이 성공투자의 지름길이다!

1. 정부정책에 대항하지 마라 · 314
    정부정책 수혜주는 글로벌 정책에 부합해야 한다

2. 2014 슈퍼모멘텀 · 325
    ICT | 유전체 분석 · 바이오 시장의 개화 | 자동차의 미래, 전기차

3. 5원소로 분석한 2015 유망 테마 · 339

부록_상장기업의 IR과 PR · 347
    IR과 기업 PR | 통합 IR과 PR의 필요성 | 위기관리 IR과 PR
    성공하는 IR과 PR 활동

Chapter 01

주식 금맥을 찾아 캐내는 비법

대박 노리다 쪽박 차는 투자자,
이제 주식 금맥 5원소에 입각한 주식투자를 하라!

주식투자의 원칙이나 기술을 모두 실천할 수 있다면 투자에 반드시 성공할 수 있다. 그러나 시세의 명인이라 하더라도 수많은 투자원칙을 100% 실천할 수는 없다. 주식투자에 성공하기 위해서는 투자자 본인의 성격이나 습성 등을 고려해 자신에게 가장 알맞은 투자방법을 개발해야 한다. 예를 들어 자신의 투자 성향에 맞는 투자방법을 택해야 한다. 당일 매매에 익숙하면 단기매매에 주력하고, 재료나 뉴스 매매에 강하다면 모멘텀 매매에 주력해야 한다. 만약 유연성이 부족한 투자자라면 이 책에서 제시한 대로 해보자.

1
급등주의 비밀
_주식에도 금맥이 있다

💰 남다르게 생각하고 행동하라

　주식투자를 하는 사람이라면 누구나 어느 주식에 투자할 것인가를 항상 고민할 것이다. 혹시 급등주를 찾아 매매한 경험이 있는가? 그 많은 종목 중에서 당신에게 금맥을 발견하는 것과 같은 환희를 안겨줄 급등주는 과연 어떤 주식일까? 주식투자에 발을 담고 있는 사람이라면 대부분 급등주가 폭등한 후에 아쉬워한 경험이 많을 것이다.

　주식에 입문한 초보투자자들은 지인이 단기간에 급등주로 큰 수익을 냈다는 소식을 듣고 투자할 회사에 대한 정확한 분석도 없이 막연한 기대감에 투자를 한다. 그러다가 주가가 급락해 패가망신하는 경우가 종종 매스컴에 오르내리기도 한다. 사실 대부분 투자자들은 이러한 잘못된 투자방식으로 주식시장에 들어오는 경우가 많다.

이 책에서는 다른 주식투자자들의 말에 현혹되지 않고 자기만의 특별한 투자 노하우를 가질 수 있도록 주식투자 기법과 사례를 통해 도와주고자 한다.

[차트 1-1]의 주가흐름에 주목해보자. 주가가 바닥권에서 약 10배 가까이 급등한 것을 알 수 있다. 보통은 급등한 종목을 보면서 그 상승세가 앞으로 얼마나 더 이어질지를 생각하는 투자자가 많다. 반면에 그 종목이 바닥권에서 어떠한 행태를 보였는지, 또는 어떤 이유로 급등했는지에 대해 관심을 갖는 투자자는 그리 많지 않다. 그저 '나도 저런 주식 한번 잡아서 대박을 내야 할 텐데…….' 하며 인생역전을 꿈꿀 뿐이다. 하지만 비밀은 바로 여기에 있다. 주가가 약 10배 폭등하여 시장에서 급등주로 알려졌을 때 매수를 할 것인지, 아니면 급등하기 전에 미리 매수할 것인지는 투자자의 능력에 달려 있다.

주식 관련 뉴스나 보도에서 어떤 주식이 10배 이상 올랐다는 소식을 들었을 때, 많은 사람들이 뉴스를 들은 시점에 그 주식을 사면 그만큼 수익을 낼 거라고 생각하고 불나방처럼 투자한다. 그러나 현실은 그렇지 않다는 것을 잘 알아야 한다. 수익이란 주가가 급등하기 전에 투자할 회사를 철저히 분석하고, 때를 기다리며 인내하고, 장기간 투자해서 얻어지는 결실이다.

차트 1-1 5,000원에서 10배 급등한 종목의 주가흐름

*주가 접근위치 : 장기간 차트가 횡보하여 거래량이 이전보다 폭발적으로 증가할 때 매수 타이밍을 고려하는 시점

성공하는 주식투자를 하기 위해서는 반드시 투기가 아닌 '투자'를 해야 한다. 투자자들은 투자시점에서 급등하는 테마주(예를 들면 대선 테마주, 바이오주 등)를 선호하여 투자하고, 그것에 치우치는 경우가 많다. 이것을 쏠림현상이라 한다. 하지만 이미 급등할 대로 급등한 주식을 충동적으로 매매한다면 이는 투기가 될 것이고, 이러한 투기매매는 큰 손실만을 가져다 줄 뿐이다. 이렇게 쏠림현상 같은 일반적인 시장경제의 흐름과 맞지 않는 비이성적인 시장흐름에 휩쓸리지 말

아야 한다. 반면에 철저한 매매원칙을 지키며 기준에 맞는 매매를 할 때, 이를 투자라고 한다.

　기본원칙에 충실하고 저평가된 주식을 발굴하여 재평가를 받을 때까지 가치투자를 하자. 그러다 보면 그 주식이 어느 시점에서 급등주로 변신하게 되고, 인내와 노력은 큰 수익으로 보답받게 될 것이다. 투기냐 투자냐를 판단하는 선택의 핵심은 '주가 위치가 저평가된 시점인가?'를 판단할 수 있는 능력에서 출발한다.

　성공적인 투자를 위해서는 투자하는 기업의 실적 개선상황을 꾸준하게 체크해야 한다. 또한 중장기 호재를 지닌 저평가된 주식을 바닥권에서 사서 인내심을 가지고 오랫동안 투자하는 것도 필요하다. 그러면 반드시 큰 성과를 내는 것이 동서고금의 투자철학이다.

　급등하는 주식을 찾아내는 비법은 실적 대비 저평가, 주가 바닥권, 그리고 중장기 모멘텀을 지닌 회사를 찾아내어 투자하는 것이다.

　첫 번째, 실적 대비 저평가란 본문에서 자세히 설명하겠지만 재무구조가 건실한 기업으로, 현주가가 동종기업 대비 상대적으로 낮아 소외된 것을 말한다.

　두 번째, 주가 바닥권은 차트상 장기간 가격조정과 기간조정을 거친 후에 모든 이동평균선이 수렴되어 주가가 초기 상승을 보이는 시점이다.

　세 번째, 중장기 모멘텀(호재)은 기업의 매출액 급증, 기술개발, 대형 수주계약, 정부정책에 따른 장기성장 가능성을 말한다.

차트 1-2 이오테크닉스

　　[차트 1-2]와 [차트 1-1]을 비교하며 살펴보자. 투자자로서 이 두 개의 차트를 보고 있을 때, 어느 쪽이 더 먼저 눈에 들어오는가? 당연히 [차트 1-1]일 것이다. [차트 1-1]처럼 주가가 많이 오르는 종목을 한번에 잡는 일확천금의 꿈은 누구나 가져봤을 것이다. 하지만 [차트 1-2]에서도 자신만의 원칙과 기준이 확실한 투자기법을 적용한다면 만족할 만한 수익을 올릴 수 있을 것이다.

　　[차트 1-2]에서 3박자는 저평가·차트 바닥권·상승 모멘텀을 말하

며, 주식 금맥 5원소는 뒤에서 자세히 언급하는 꿈·끼·끈·꼴·깡을 말한다. 투자자들이 원하는 수익을 내기 위해서는 재무구조가 안정적이고 저평가된 꿈이 있는 기업을 발굴하고, 차트 바닥권에서 수급(거래량)이나 이전의 급등한 흔적을 찾아 분석하고, 중기적으로 상승 가능한 모멘텀이 무엇인가를 찾아내야 한다. 이렇게 발굴된 종목을 인내를 가지고 목표가까지 가져가면 수익을 올릴 수 있다.

주식도 경험의 산물이다. 오랫동안 주식투자를 하다 보면 오르는 주식과 떨어지는 주식의 차이점을 알게 된다. 즉 급등하는 주식의 특성을 파악하고 거기에서 공통점을 찾아내는 것이 우량 급등주 초기 발굴의 기본이라고 할 수 있겠다. 하지만 개인투자자가 큰 시세를 이끌어내는 우량 급등주를 초기에 찾아내기란 결코 쉬운 일이 아니다.

따라서 필자는 투자자들을 성공투자자로 이끌기 위하여 성공투자의 핵심 요소인 주식의 금맥 종목을 초기에 발굴하고 5원소 기법을 이용하여 투자하는 방법을 이 책에서 공개할 것이다.

💰 경제의 흐름을 읽어야 주가의 흐름이 보인다

2010년 8월 초의 국내 경제신문 기사를 살펴보자. 러시아의 가뭄과 캐나다의 폭우 여파로 밀값이 50년 이래 최고로 상승하자 식량난에 대한 우려를 보이는 기사들이 연일 쏟아져 나왔다. 왜 이런 우려를 나타냈을까? 이는 밀가루 등 원재료 가격이 급등하여 빵이나 과자 같은 음식료의 가격상승을 부추길 수 있기 때문이다. 이때 성공하는 주식투자자라면 이 기사 내용을 어떻게 주식시장과 연관하여 분석할 것인가?

주식에 투자하지 않는 일반인이라도 밀 가격이 오르면 빵 가격도 올라 걱정일 테고, 연일 치솟는 물가에 한숨만 내쉴 것이다. 하지만 주식시장의 현명한 투자자라면 밀 가격 상승으로 어떠한 기업이 수혜를 받을 것인가를 연구할 것이다.

전 세계적으로 밀 품귀 현상이 벌어지고 있는 가운데 농산물 가격이 폭등했고, 이런 시점에서 오를 수밖에 없는 수혜주는 바로 애그플레이션(곡물 가격이 상승하는 영향으로 일반 물가가 상승하는 현상), 이른바 농업 관련주이다. 실제로 주가가 급등하는 국제 식품 가격과 상관관계를 맺는 농업 관련주는 많다. 예를 들어 식량난으로 인하여 증산문제가 대두된다면 비료, 농기계 등 관련 산업이 호황을 누릴 것이다. 그러면 주식시장에서 관련 기업을 찾게 된다.

애그플레이션 테마로 묶여 급등세를 보이고 있는 농업 관련주에는 비료 제조기업(남해화학, 조비, 효성오앤비), 농기계(아세아텍, 동양물산, 대동공업), 농약 관련주(KG케미칼, 경농), 종자 관련 기업(농우바이오), 식료품주(농심, CJ제일제당, 풀무원) 등이 있다. 반대로 밀이 주재료인 제분, 제과제빵 회사의 경우에는 주가 부진을 겪기도 하니 반드시 주의해야 한다.

이렇게 기사 하나만으로도 많은 것을 예측할 수 있다. 주가와 경기는 서로 밀접한 연관성이 있기 때문에 항상 주시해야 한다. 경제의 흐름을 읽을 줄 알면 어떤 주식을 사야 하고, 주식을 언제 사고 팔지를 알 수 있다. 이렇게 하면 전체적인 주식시장을 이해할 수 있다. 그렇기 때문에 시장에 영향을 미치는 기사와 주식시장과의 연관성을 찾아내는 것이 무엇보다 중요하다. 이러한 연관성을 얼마나 빠르게 찾아내느냐가 주식 금맥을 발견할 수 있는 기본 전제조건이다.

세계적인 투자가 워런 버핏Warren buffet은 그가 가진 영향력 때문에, 그가 어떤 회사에 투자했는가가 글로벌 주식시장에서 큰 이슈가 된다. 워런 버핏이 한국을 방문했을 때 그가 포스코 지분을 가지고 있다고 하여 포스코 주가가 급등하기도 했다. 이렇게 워런 버핏 투자 관련 기업이나 산업이 주식시장에서는 한번 이슈화되면 주가가 연관되어 급등하는 사례가 많다.

2008년 10월에 워런 버핏이 자회사 버크셔 해서웨이를 통해 전기차 생산기업인 비야디BYD의 지분 10%를 사들였다. 워런 버핏은 비야디의 지분 10% 매입을 위해 18억 달러(홍콩 달러)를 투자하였다. 워런 버핏 같은 투자의 현인이 신성장산업인 2차전지(충전해서 반영구적으로 사용하는 전지)와 전기차 기술에 관심을 가졌다는 것은 어떤 것을 의미하겠는가? 이에 국내에서는 2차전지 관련하여 모멘텀이 발생하였고 LG화학, SK에너지 등 2차전지 관련주들이 큰 폭의 상승을 보였다.

[차트 1-3]은 LG화학의 차트다. 2008년 하반기에 워런 버핏의 2차전지 투자로 인해 국내에서도 2차전지 관련주가 급부상하였고, 주도

차트 1-3 LG화학

주로 LG화학이 주목을 받아 큰 폭의 상승을 보였다. 실제로도 GM의 전기차 볼트Volt에 2차전지를 납품하여 이 당시 성장주로 주가가 40만 원을 뛰어넘기도 하였다.

워런 버핏 역시 경제의 흐름을 읽고 금융위기 같은 공포 국면에 매수하여 큰 성과를 냈다고 할 수 있다. 필자 역시 2차전지에 항상 관심이 있어서 언론기사를 참고하여 2차전지 관련주를 주식 금맥으로 발굴하여 큰 성과를 냈었다.

차트 1-4 카프로

　밀 가격이 인상한다는 기사를 보고 농업 관련주의 상승을 예상하듯이, 경제지표 중 하나인 원자재의 수요를 주시하면 그에 따른 수혜주를 찾을 수 있다.

　[차트 1-4]는 카프로락탐을 생산하는 화학업체인 카프로의 주가흐름이다. 2010년 3월 카프로락탐의 수요 증가 기사를 보고 제품의 가격 인상과 제조사의 수익성 개선을 반사적으로 예측할 수 있어야 한다. 카프로락탐은 나일론 섬유와 기계부품 및 엔지니어링 플라스틱의

제조에 쓰이는 나일론 수지의 원료로 사용되는데, ㈜카프로는 국내 소비량의 80%를 생산하는 회사이다. 그러므로 카프로의 주가에 주목할 필요가 있다. 이날 종가기준 10,950원인 ㈜카프로의 주가는 카프로락탐의 수요 부족이 지속되어 1년 후 2011년 3월 14일에는 종가기준 26,500원이 되었다. 주가가 전년 대비 142%나 상승한 것이다.

이렇게 원자재의 수급과 가격 변화만 잘 파악하면 어렵지 않게 주가상승의 시세차익을 얻을 수 있다. 따라서 필자는 기사와 경기동향의 매크로로 한 변수를 잘 살피는 것이 중요하다고 강조하고 싶다.

이처럼 주식 금맥 5원소의 핵심은 앞으로 시장에 큰 영향을 줄 수 있는, 경제 흐름 같은 중장기 호재 여부를 판독하면서 시작된다.

2
왜 주식 금맥 5원소 기법이어야 하는가?

💰 투기가 아닌 투자여야 한다

당신은 어떤 패턴으로 투자를 하고 있는가?

단기투자에는 당일에 매수해서 당일에 매도하는 데이트레이딩 및 초단기매매, 2~3일 정도 보유하여 매매하는 스윙매매, 일주일에서 한 달 이내로 투자하는 단기매매가 있다. 중장기투자는 한 달에서 2년 이상의 기간 동안 기업의 가치를 보고 투자하는 것을 말한다. 이를 간략하게 요약하자면 다음과 같다.

- A : 우량기업 + 낮은 주가 = 성공 확률 90%(중장기투자 + 인내심)
- B : 우량기업 + 평균 주가 = 성공 확률 70%(단기매매 + 추세매매)
- C : 보통기업 + 높은 주가 = 성공 확률 50%(단기매매 + 순발력)
- D : 부실기업 + 주가 관계 없음 = 성공 확률 30%(초단기매매 + 손절매)

주식투자로 꾸준하게 수익을 내는 성공투자자들은 우량한 기업을 낮은 주가에 매수하여 장기간 보유하는, 성공확률이 높은 A 방법을 많이 사용한다. 투자자가 단기간에 빠른 수익을 내보려고 욕심을 부리기 시작하면 B와 C 방법을 선택한다. 단기매매에 빠진 일부 투자자들은 손실이 커지면 그 손실을 만회하기 위해 때에 따라 공격성이 높은 D 방법을 택하는 경우도 많다. 그러나 길게 본다면 A와 B 방법을 택하는 것이 수익을 내는 지름길이라는 것은 많은 경험을 토대로 알 수 있다.

주식투자자들이 실패하는 원인은 대부분 조급함, 교만함, 방관에 의한 단기 뇌동매매에 너무 길들여 있다는 데 있다. 기업의 가치분석(재무구조 우량 여부 등)은 하지 않고 시장 분위기나 다른 투자자들의 움직임에 편승하거나 애널리스트들이 내놓은 발언에 의존해 투자가 아닌 투기 행위를 하면 성공적인 투자를 할 수 없다. 피터 린치Peter Lynch도 기업의 재무수치를 보지 않고 기업에 투자하는 것은 포커를 치면서 상대방의 카드를 전혀 보지 않는 것과 같다고 말하지 않았던가. 주식투자에서 100% 성공하기 위해서는 뇌동매매를 하지 않고, 무릎

표 1-1 뇌동매매와 주식 금맥 5원소 투자 비교

구분	뇌동매매	주식 금맥 5원소 투자
투자 스타일	시세에 따라 충동매매	시대 흐름에 맞는 가치투자
종목 선정법	재료, 뉴스, 정보, 차트	PER, PBR, ROE 등 가치지표 분석
투자심리	단기 일희일비, 극심한 스트레스	편안하고 여유 있게, 욕심을 버리고 평정심을 유지
투자결과	투자 실패, 투자 손실	성공투자, 이익 극대화

에서(바닥에서) 사고 어깨에서(상투에서) 파는 가치투자 습관을 지니고 있어야 한다.

[표 1-1]의 주식 금맥 5원소를 보자. 뒤에서 자세히 설명하겠지만 "꿈(기업분석 : 수익성, 성장성)", "끈(수급 : 외국인 및 기관선호)", "꼴(정배열 차트)", "끼(주가가 이전에 급등한 흔적 등)"를 바탕으로 하는 "깡(과감한 투자)"을 말한다. 반면에 뇌동매매는 일반적으로 투자손실을 이끌어 낸다고 할 수 있다. 당연한 논리이다. 뇌동매매가 투자손실로 이어질 수밖에 없는 이유는 시장의 분위기나 소문에 편승해 정확한 판단과 냉정한 결단력 없이 투자가 이루어지기 때문이다. 이러한 투자는 필연적으로 큰 손실을 보게 한다. 마치 백화점에 가서 충동구매를 하고 나면 만족하는 것보다 후회하는 것처럼 말이다. 이처럼 뇌동매매와 주식 금맥 5원소를 구별하는 투자의 핵심은 분석의 차이라고 할 수

있다.

주가가 해당 회사 1주당 수익의 몇 배가 되는가를 나타내는 지표인 주가수익비율^{PER}, 주가가 1주당 순자산의 몇 배로 매매되고 있는가를 표시하는 주가순자산비율^{PBR}, 기업에 투자된 자기자본 대비 얼마나 이익을 냈는지를 알려주는 자기자본이익률^{ROE} 등 3가지 이상의 가치 지표를 참고하여 종목을 선정하고 매수급소에서 매매하는 5원소 투자를 하자. 그렇게 한다면 일희일비하면서 극심한 스트레스에 빠지게 되는 뇌동매매보다 훨씬 투자 성공률이 높아질 것이다. 따라서 가치투자를 하되 명확한 종목선정과 매매판단 기준이 형성되는 주식 금맥 5원소 투자를 해야 할 것이다.

💰 자신만의 원칙 없이는 주식을 할 수 없다

우리는 벤저민 그레이엄$^{Benjamin\ Graham}$이나 워런 버핏$^{Warren\ Buffet}$, 윌리엄 오닐$^{William\ O'Neil}$ 같은 투자의 현인이라고 불리는 사람들에 대해 잘 알고 있다. 그 이유는 무엇일까? 바로 이들이 주식투자로 큰 성공을 거뒀기 때문이다. 이들의 성공에는 공통점이 있다. 자신만의 명확한 투자기법과 철학을 가지고 가치투자와 분산투자를 했다는 사실이다. 그럼 이들의 투자기법과 철학을 살펴보자.

워런 버핏의 주식투자 투자이념에는 두 가지 원칙이 있다. 제1원칙은 손실을 보지 않는 것이다. 제2원칙은 제1원칙을 잘 지키는 것이

워런 버핏

1956년에 100달러로 주식투자를 시작해 미국 최고의 갑부가 된 전설적인 투자자

1. 당신 스스로 판단해서 투자원칙을 세워라.
2. 시세 창을 보지 말고 기업가치의 변화를 보라.
3. 시장의 폭락은 좋은 사업을 매수하는 기회로 삼아라.
4. 빈번한 거래를 멀리하고 거래하지 않음을 즐겨라.
5. 대중심리에서 벗어나 독립적으로 생각하라.

다. 그렇다고 이 말이 어떤 종목이든 손실 없이 수익을 내라는 뜻은 아닐 것이다. 리스크 관리에 철저하게 대응하다 보면 반드시 기회가 올 것이며, 이러한 주식철학이 있어야만 부를 축적하고 그 부가 유지된다는 것이다. 실제로 워런 버핏의 인터뷰 내용을 살펴보면 철저하게 재무구조가 우량한 기업인지를 따져 투자할 기업을 선별했고, 그렇게 발굴한 주식을 매입해 오랫동안 보유했다. 워런 버핏은 투자가치가 있는 저평가된 주식에 투자하라고 늘 당부했다.

윌리엄 오닐은 자신이 개발한 캔슬림CANSLIM 투자기법으로 무려 20배의 투자수익을 기록했다고 한다. 캔슬림의 핵심은 투자하려고 하는 기업의 이력(펀더멘털, 실적 등)을 철저히 검토하고, 수급·거래량·주

윌리엄 오닐
'캔슬림'이라는 과학적 투자기법을 창안한 월스트리트 최고의 전략가

"투자자들이 가장 많이 저지르는 실수는 너무 빨리, 너무 쉽게 돈을 벌려고 하는 것이다. 주변의 말이나 루머에 솔깃해서, 혹은 새로운 뉴스나 낙관적인 전망, 속칭 전문가들의 추천을 들었다고 해서 무작정 주식을 매수하는 것이다. 투자자들 대부분은 적절한 주식 선정 기준이 없고 우수기업을 찾아낼 만한 안목을 갖추고 있지 않아 처음부터 제대로 된 주식을 고르지 못하고 있다."

도주 가능성을 따져보고, 최적의 매매 타이밍으로 승부수를 띄우는 것이다. 윌리엄 오닐의 기법은 실적, 수급, 거래량이 뒷받침되는 상승 초기의 종목을 선별하는 기법으로 판단된다.

워런 버핏의 스승이자 가치투자이론을 정립한 벤저민 그레이엄은 "안전마진을 확보하라"는 원칙을 세운 투자의 현인이다. 그는 회사가 청산되더라도 청산 후에 건질 수 있는 가치가 지금 주가보다 싸다면, 안전마진이 확보된 것이라고 강조했다.

이처럼 워런 버핏이나 윌리엄 오닐 같은 투자의 대가들은 돈 버는 방법을 따로 가지고 있었다. 그들은 투자할 기업을 선정할 때 가치투자분석에 중점을 둔다. 주식 금맥 5원소 기법 역시 이러한 기업의 가치 분석을 전제조건으로 삼고 있다.

벤저민 그레이엄의 투자원칙

주식에 투기하지 말고 투자를 해야 한다고 강조한 워런 버핏의 스승이자 가치투자의 대가

1. 최우량 채권 수익률의 2배가 되는 주가수익비율을 보이는 주식
2. 최근 5년간 도달한 가장 높은 평균 주가수익비율의 40%까지 주가수익비율이 떨어진 주식
3. 최우량 채권의 수익률의 2/3에 해당하는 배당률을 지급하는 주식
4. 주당 장부 가격의 2/3까지 내려간 주식
5. 순유동자산 가치의 2/3까지 주가가 내려간 주식(유동자산-부채)
6. 장부 가격보다 적은 총부채 규모를 가진 주식
7. 총부채 규모가 5번에서 정의된 순유동자산 가치의 2배보다 작거나 같은 주식
8. 지난 10년간 수익이 200% 상승한 주식, 즉 지난 10년간 수익률 증가가 연 7% 이상인 주식
9. 수익 성장의 안정성 : 최근 10년간에 걸쳐 연말 수익이 5% 이상 2번 이하로 감소한 주식

💰 주식 금맥 5원소 기법의 목적

주식 금맥 5원소 기법의 출발은 저평가된 종목을 발굴하는 데 있다. 지금은 시장에 두각을 드러내지 않지만, 앞으로 시장 흐름에서 이슈가 되어 그 가치를 인정받게 될 종목을 찾아내는 것이다.

1. 기업가치 대비 저평가된, 시대 흐름에 맞는 기업에만 투자
2. 비합리적 주가는 결국 복구된다는 신념
3. 철저한 기업가치 분석과 기업가치 변화 확인
   (탐방, 전화, 네트워크, 경영진과의 소통 등을 활용)
4. 확신이 서면 점진적 분할매집(리스크 요인을 줄임)
5. 내재가치 반영 때까지 중장기 투자

대부분 저평가된 주식은 주가가 현저하게 본질가치보다 떨어져 있으나, 가치가 주목받으면 결국 주가는 상승하게 된다. 예를 들면 가치평가 중에 기업의 자산가치를 재평가하기 전의 주가와 자산가치를 재평가 한 후에 주가는 큰 폭의 변화를 보인다. 10년 전에 기업부지의 장부가액이 1억 원이었다고 가정해보자. 현재의 자산재평가를 실시하여 기업부지의 장부가액이 100억 원이 되었다는 것은 그만큼 재무구조가 개선되었다는 뜻이고, 이는 주가상승 요인이 된다.

[차트 1-5]는 대한유화의 주가흐름을 보여주고 있다. 대한유화는 2010년에 국제회계기준IFRS 변경에 따라 자산재평가를 하면서 자산 대비 주가가 저평가되었다는 점이 주식시장에서 큰 호응을 불러일으켰다. 그 결과 4만 원대였던 주가가 17만 원대로 급등하였다.

주식을 발굴하기 위해서는 철저한 기업가치의 분석이 필요한데, 이를 위해서는 직접 발로 뛸 수밖에 없다. 물론 일반투자자 입장에서 직접 기업을 탐방하는 것은 어려운 일이 될 수 있으나, 인터넷 사이

차트 1-5 대한유화

트에 나와 있는 기업 리포트를 비롯해 여러 가지 간접적인 방법으로도 기업을 면밀히 분석하는 것도 가능하다. 기업탐방은 회사를 직접 방문하거나 한국증권거래소의 기업설명회에 참가하여 알고자 하는 정보를 습득하면 된다. 기업탐방을 할 때 사전에 숙지하고 질의하는 방법은 뒤에서 소개하고자 한다.

　이렇게 분석을 토대로 주식을 매수하고자 하는 확신이 생기면 최대한 저가 부근에서 분할매수하면 될 것이다. 즉 모아가면 된다는 것이다. 점진적으로 분할매집해 저평가된 주가가 재평가를 받는 시점까지 중장기로 투자하면 결국 주식 금맥 5원소가 완성되는 것이다.

3
주식 금맥 5원소란 무엇인가?

💰 종목선정 기본원칙

　주식 금맥 5원소 기법에서 종목을 선정하는 기본원칙은 간단하다. 상장기업 중 기업이 보유하고 있는 본질가치 대비 저평가 종목을 분석하여 종목을 발굴하는 것이다.

　주식 금맥 5원소는 필자만의 투자기법으로 시세의 흐름을 미리 포착해 남들보다 한발 앞서 주식을 사서 수익을 낼 수 있는 기법이다. 여기서 주식 금맥의 발굴이란 바닥권에서 중장기 호재(슈퍼모멘텀)를 지닌 저평가된 종목을 골라야 한다는 의미이다.

그림 1-1 주식 금맥 5원소

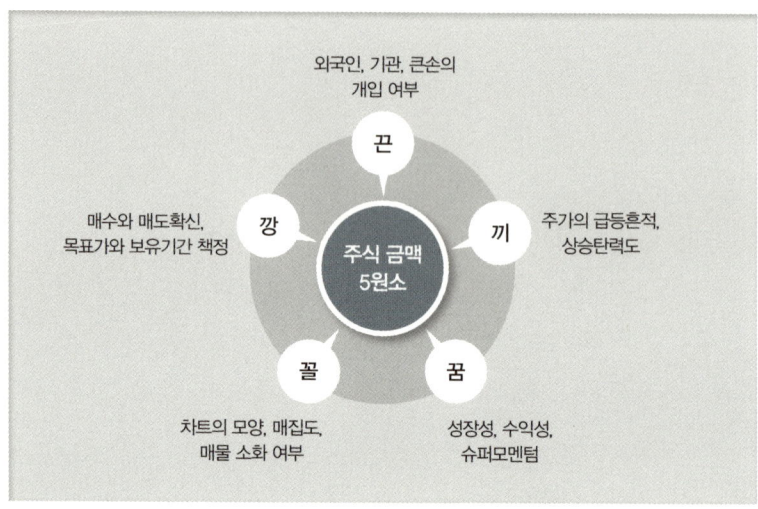

주식 금맥 5원소는 꿈, 끼, 끈, 꼴, 깡이란 말로 설명할 수 있다. 먼저 꿈은 수익성과 성장성 및 중장기 호재가 될 모멘텀을 말한다. 꿈을 가진 주식이 크게 오른다는 증시격언도 있다.

두 번째 끼는 어떠한 주식이든 이전에 급등한 경험이 있는 종목이 다시 오를 때 크게 오른다는 것을 말한다. 즉 급등할 수밖에 없는 조건을 갖춘 주식을 끼가 있는 주식이라고 말하곤 한다. 시장에서 소외된 채 시세를 분출한 적이 없는 종목의 주가흐름은 지지부진할 수밖에 없다.

세 번째 끈은 수급주체(세력)들의 개입 여부다. 모든 주식은 수급주체(세력)(외국인, 기관 및 개인 큰손 등)가 있는데, 이러한 수급주체(세력)들의 수급상 뒷받침이 있어야 크게 오를 수 있다. 또한 반대로 수급주체(세력)의 이탈에 따라 주가가 크게 하락하는 때도 있다.

네 번째 꼴은 차트의 모양새를 말한다. 매수세가 몰리는 정배열 모습인가 돈이 빠져나가는 역배열 모습인가를 차트에서 찾아내야 한다. 이렇게 차트의 꼴을 보고 매매급소를 적기에 파악할 수 있다.

마지막으로 깡은 꿈, 끼, 끈, 꼴의 4원소가 적절히 갖추어졌을 때 확신을 하고 매매를 할 수 있는 실행력을 말하는 것이다. 매매판단을 내려도 실제로 매수 및 매도를 실천하는 것은 별개의 영역이다. 즉 깡이란 확신을 하고 매수 및 매도를 하는 과감한 실천 능력을 말한다.

주식 금맥 5원소 기법에서 가장 중요한 것은 우량 급등주식이든 수급 주체(세력)성 급등주식이든 오른 종목의 차트를 보고 왜 급등했는가를 고민하는 데서 출발하게 된다. 이렇게 조급함과 욕심을 절제할 수 있다면 그것이 바로 성공투자의 지름길이다.

Chapter
02

돈 벌어주는
5원소 투자기법

성공투자 5원소의 사례분석을 통해
실전투자의 맥을 잡아라!

꿈이 있는 주식이 가장 크게 오른다. 투자자들이 주식을 사는 것은 수익을 낼 것이라는 미래에 대한 어떤 기대 때문이다. 따라서 미래에 대한 꿈이 크고 화려할수록 주가는 크게 오른다. 비록 현재의 재무 상태나 수익성은 나빠도 장래에 좋아질 수 있다는 큰 꿈이 있으면 현재 좋은 상태에 있는 주식보다 더 크게 오를 수 있는 것이 주가이다.

1
꿈이 있는 기업

💰 가치 있는 기업의 세 가지 모델

투자가 성공하는 핵심은 기업의 가치를 파악하는 것이다. 주식을 사는 것은 한 회사의 지분을 사는 것이고, 앞으로 해당 회사가 창출하는 수익을 배당받는다는 뜻도 된다. 그렇기에 미래에 높은 가치를 지니게 될 기업을 찾아내는 것은 투자의 수익과 손실을 가름하는 중요한 잣대가 된다.

하지만 대내외적으로 많은 요소가 기업의 성패를 좌우하는 오늘날의 불안한 경영환경에서는 기업실적 등의 기술적 분석만으로는 기업의 미래가치를 정확하게 예측하기가 어렵게 되었다. 예전의 방법만으로는 불완전한 것이다. 그렇기에 필자는 꿈이 있는 기업을 찾는 분석도구를 고안해냈다. 꿈이 있는 기업은 중장기 호재(슈퍼모멘텀)·수익성·성장성·이렇게 세 가지 핵심 모델로 찾아낼 수 있다. 지금부터 탄탄하고 가치 있는 기업을 선별할 수 있게 하는 세 가지 핵심 모델을 집중적으로 알아보도록 하자.

💰 슈퍼모멘텀은 무엇인가?

모멘텀이란 말을 들어보았는가? 모멘텀이란 원래 경영용어로 제품 자체가 스스로 팔리는 힘을 갖게 되는 것을 말한다. 쉽게 말해 자동차의 엑셀과도 같은 가속도나 추진력이라고 보면 되는데, 주로 긍정적인 요소를 말한다. 이 용어는 증시 투자방식을 일컫는 용어로도 쓰인다. 예를 들어 어떤 기업이 대규모의 수주를 받았고 앞으로 제품이 잘 팔릴 것이라는 예상을 한다면, 모멘텀이 있다고 한다.

주식시장에서 상승 모멘텀은 뉴스, 재료, 소문, 루머 등이 있는데 주가가 오를 만한 동기, 이유 등을 말한다. 반면에 하락 모멘텀은 주가가 오를 만한 뉴스, 재료 등이 없어 상승 모멘텀이 약화된 것을 말한다.

그렇다면 슈퍼모멘텀이란 무엇일까? 주식시장에 상장되어 있는 특정 기업에만 영향을 주는 것이 아닌 주식시장 전체에 영향을 줄 수 있는 긍정적인 뉴스, 재료, 소문, 루머 등을 말한다. 연간 주식시장에 영향을 줄 수 있는 주요 국내외 일정 역시 슈퍼모멘텀에 포함된다고 할 수 있다.

쉽게 예를 들어보겠다. '전방산업의 호조'라는 단어가 주식시장에서 자주 등장한다. 금융위기 이후 2009년 반도체 치킨게임에서 승리한 삼성전자와 하이닉스는 시설투자를 공격적으로 단행하게 된다. 반도체 설비투자(전방산업)가 많아질수록 삼성전자나 하이닉스 같은 반도체업체와 이와 관련된 협력부품업체의 실적은 큰 폭으로 개선된다. 이와 더불어 주가 역시 실적이 반영되면서 3~4배 이상 오른 주식이 많아졌다.

지난 2009년도 슈퍼모멘텀에는 저탄소·녹색성장으로 삼천리자전거가 5배 급등했으며, 워런 버핏의 전기차 지분투자로 전기차 관련주가 3배 이상 급등하기도 하였다. 2010년에는 제4이동통신 사업이 슈퍼모멘텀으로 작용하여 삼영홀딩스가 10배 가까운 급등을 하기도 하였다.

사례 ◀ 삼성전자 슈퍼모멘텀

삼성전자는 분기별 실적을 해당 분기 다음 달 말일경(1월 말, 4월 말, 7월 말, 10월 말)에 발표한다. 바로 이 잠정 실적발표일에 슈퍼모멘텀의 작용을 확인해볼 수 있다.

차트 2-1 삼성전자 실적공시와 주가흐름

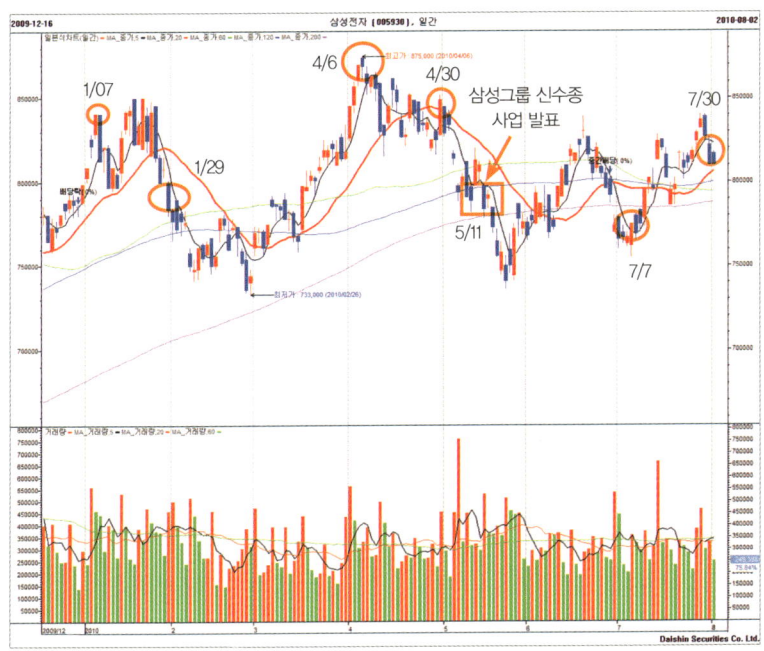

[삼성전자 2009~2010년 실적공시일]

① 2009년 4분기 실적공시 : 10/01/07(잠정) → 10//01/29(정정)

② 2010년 1분기 실적공시 : 10/04/06(잠정) → 10/04/30(정정)

③ 2010년 2분기 실적공시 : 10/07/07(잠정) → 10/07/30(정정)

[차트 2-1] 같은 슈퍼모멘텀이 발생하게 되면 시장은 수혜업종 및 수혜주 찾기에 나선다. 당일 게재된 기사를 한번 살펴보자. 삼성전

자는 5월 17일에 총 26조 원을 투자한다는 계획을 재발표했는데, 설비투자에는 총 18조 원(각각 반도체 11조 원, LCD패널 5조 원, 휴대전화 2조 원)을 투자하고 R&D에는 8조 원을 투자한다고 했다. 보통 삼성전자에서 설비투자를 한다고 하면 설비투자 수혜주가 주목받기 마련이다. 즉 삼성전자와 협력관계에 있는 반도체, LCD 등의 관련주 위주로 주가가 급등하게 된다.

💰 수익성

꿈이 있는 기업은 수익성이 좋아야 한다. 이것은 당연한 사실이다. 현재보다 앞으로 이익이 많이 늘어난다면 그 기업의 주가는 크게 상승할 것이다. 어떤 경우에는 일시적으로 수익성이 정체될 수도 있겠지만 신성장사업 등을 통해 수익성이 크게 향상되어 재평가를 받기도 한다.

필자가 가장 중요시하는 수익성 지표는 자기자본이익률, 즉 ROE Return On Equit다. 예를 들어 A라는 주식회사가 자기 돈 100억 원을 가지고 1년 동안 25억 원을 벌었다고 가정해보자.

> 자기자본이익률=(당기순이익 25억/자기자본 100억)×100=25%

이럴 경우 자기자본이익률은 25%가 된다. 기업이 속한 업종이나

차트 2-2 OCI

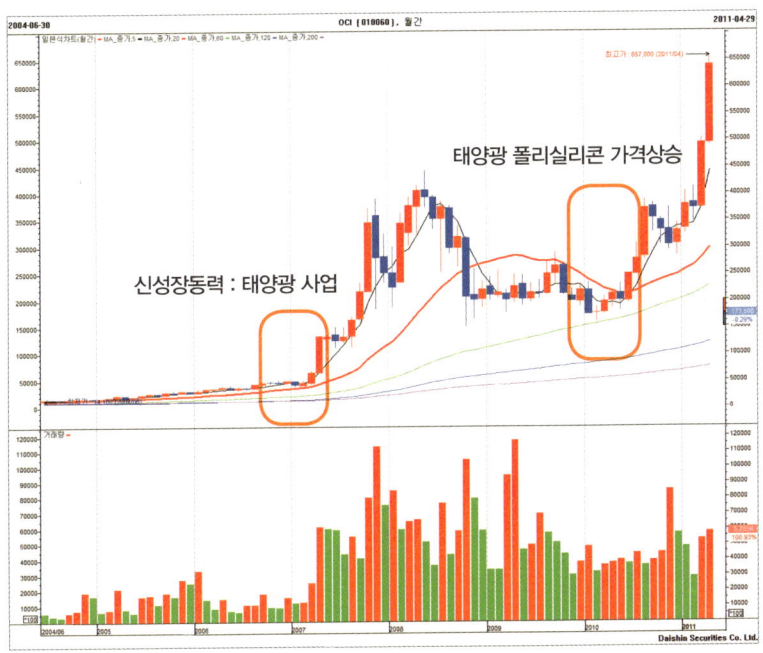

환경에 따라 다소 차이가 있지만 필자가 선호하는 기업은 자기자본이익률이 15% 이상인 기업이다. 이런 기업이 투자할 만한 가치가 있다고 본다.

예를 들어 [차트 2-2]의 OCI는 초기에는 염화칼슘 같은 일반 화학제품으로 평범한 이익을 내는 기업이었다. 그러다가 태양광발전소재의 핵심원료인 폴리실리콘을 생산하면서 시장에서 놀라울 만한 이익을 창출하기 시작했다. 주가 역시 10년 전보다 100배나 올랐다.

차트 2-3 현대모비스

[차트 2-3]의 현대모비스 역시 현대·기아자동차의 신차가 출시되거나 소모성 부품이 늘어날수록 매출증가와 수익성 향상이 크게 개선되었다. 현대모비스 주가 역시 금융위기 직후 6만 원대에 불과했는데, 수익성이 개선되면서 26만 원대까지 큰 폭의 상승을 보였다.

OCI와 현대모비스의 사례를 보듯이 수익성의 질적개선이 지속되는 기업은 꿈을 가진 기업이라 할 수 있다. 이런 기업이 크게 상승한다는 사실을 잊어서는 안 된다. 수익성이란 기업이 이익을 거둘 수 있는 정도를 말하며, 보통 주식시장에서는 기업분석을 할 때 수익성 비율로 이를 판단한다.

💰 수익성 비율

수익성 비율이란 기업의 수익창출 능력을 나타내는 비율로 영업성과에 미치는 종합적인 효과를 보여준다. 수익성의 유형은 매출액 총이익률, 매출액 순이익률, 매출액 영업이익률 등이 있다. 기업의 수익창출 활동을 위해 사용된 투자자금에 대한 수익성 척도로는 총자본이익률ROA과 자기자본이익률이 있다.

(1) 매출액 이익률

매출액 이익률은 이익을 매출액으로 나눈 비율로 이익을 어떻게 보느냐에 따라 매출액 총이익률, 매출액 순이익률로 구분할 수 있다. 매출액 총이익률은 매출총이익을 매출액으로 나눈 비율로 기업의 판매능력, 생산효율을 측정하는 비율이다.

> 매출액 총이익률＝매출총이익／매출액×100

매출액 순이익률은 당기순이익을 매출액으로 나눈 비율로 기업의 전체적인 능률과 수익성을 판단하는 비율이다.

> 매출액 순이익률=당기순이익/매출액×100

 매출액이 늘어난다는 것은 기업의 양적성장이 향상되고 있다는 것을 보여준다. 다만 업황과 환율 등으로 인해 매출원가 및 비용의 변동이 있을 때 순이익(이익률)은 달라질 수 있다.

(2) 자본이익률

 자본이익률에는 총자본이익률과 자기자본이익률이 있다. 총자본이익률은 당기순이익을 총자본 또는 총자산으로 나눈 비율로, 기업에 투자한 총자본이 얼마나 효율적으로 운용되고 있는가를 나타내는 비율이다.

> 총자본이익률=당기순이익/총자본×100

 자기자본이익률은 당기순이익을 자기자본으로 나눈 비율로서 기업에 투자한 자기자본에 대한 수익성을 측정하는 척도를 의미한다.

> 자기자본이익률=당기순이익/자기자본×100

 당기순이익은 법인세를 차감한 기업이 1년간 벌어들인 순이익이다. 일반적으로 기업의 당기순이익이 증가하면 주가는 오르고, 반대로 당기순이익이 떨어지면 주가는 내린다.

(3) 주당순이익

주당순이익, EPS^{Earning Per Share}는 당기순이익을 유통주식 수로 나눈 금액이다. 기업의 수익력을 평가하는 데 가장 보편적으로 이용하는 지표이다.

> 주당순이익 = 당기순이익 / 유통주식 수

주당순이익은 특정 기업에 대한 재무성과를 기간별로 비교하는 데 유용하며, 특정 기업의 주당이익을 주당배당금 지급액과 비교해 봄으로써 기업의 배당성향에 관한 정보를 쉽게 얻을 수 있다.

(4) 주가수익비율

주가수익비율, PER^{Price Earning Ratio}은 보통주 1주당 주가를 주당순이익으로 나눈 것을 말한다.

> 주가수익비율 = 1주당 주가 / 주당순이익

주가수익비율은 투자자에게 매우 유용한 투자지표로 활용된다. 즉 주가수익비율이 낮다는 것은 주당순이익보다 시가가 낮게 형성되어 있음을 의미하여, 앞으로 주가가 재평가를 받아 큰 폭으로 상승할 수 있는 여력이 있음을 보여주는 것이다.

다만 업종별 주가수익비율이 종목별 주가수익비율을 고려하되, 주가수익비율이 절대적일 수는 없다. 즉 업종별 주가수익비율을 따라오지 못한다면 그 기업 자체의 문제 때문일 수도 있다. 일반적으로 성장성이 높은 바이오 및 인터넷 등의 첨단 기술산업들은 주가수익비율이 높게 부여된다. 그러나 전기, 가스, 철강, 화학 같은 굴뚝산업은 기업들이 벌어들인 수익보다 주가수익비율이 낮게 형성되는 경우가 많다.

(5) 배당성향과 배당수익률

기업의 배당정책과 관련된 비율로서 배당성향과 배당수익률이 있다. 배당성향이란 보통주 배당액을 보통주 당기순이익으로 나눈 것인데, 이는 당기순이익 중에서 배당으로 지급된 비율을 나타낸다. 그리고 배당수익률은 주당 배당액을 1주당 주가로 나눈 것인데, 주식투자자가 배당이익으로 얻는 수익률을 나타낸다.

투자자들은 배당성향이나 배당수익률을 알고 있으면 매년 8월 이후 배당주가 주목받을 때 미리 선취매를 할 수 있다. 흔히 연말이 되면 배당을 받느냐 안 받느냐 등이 이슈가 되는데, 이때는 이미 주가가 많이 올라 배당주 투자로는 가치가 다소 떨어지기 때문이다.

사례 신성에프에이

 신성에프에이의 2010년 이후에 공급계약 관련 내용을 보면 수익성으로 꿈이 있는 기업인지 아닌지 알 수 있다. 이 기업의 2010년 1분기, 즉 1월 2일부터 3월 31일까지 공급계약 관련 공시내용을 참고해보면 놀라운 사실을 알 수 있다. 신성에프에이는 1월 4일에 대만 AU 옵트로닉스와 매출액 대비 25.5%에 달하는 150억 원 규모의 LCD 장비 공급계약을 맺었다. 3월 9일에는 삼성전자와 101억 원의 LCD 장비 공급계약을 맺었다는 내용이 나온다. 이 두 건의 공급계약 금액만 단순하게 계산하더라도 250억 원 이상이 나온다.

 그렇다면 신성에프에이는 과연 꿈이 있는 기업인가? 우선 현재 주가에 이런 흐름이 반영되어 있는지를 확인해봐야 한다. 이를 위해서는 전년 동기 대비 실적을 따져봐야 하는데, 전년 동기에는 공급계약 등 모든 매출액이 222억 원으로 잡히고 있음을 볼 수 있다. 금융위기 이후 큰 폭으로 공급계약 체결이 증가하였음을 알 수 있는 항목이다.

 이후 2010년 4월 1일에는 삼성전자와 268억 원 규모의 공급계약을 맺었고 이는 최근 매출액 대비 35.8%라는 공시가 발표된다. 지속적으로 수익성이 좋아지고 있음을 알 수 있으며, 주가가 아직 덜 오른 상태라면 중장기로 '꿈', 즉 수익성을 보고 확신을 하고 매수를 하면 될 것이다.

 [표 2-1]을 보면 신성에프에이의 2009년도 4분기의 매출액과 영업이익이 전년 대비 다소 둔화되었음을 볼 수 있다. 매출액은 증가했지

표 2-1 ▶ 신성에프에이 2009년 4분기 영업실적(잠정치)

영업(잠정)실적(공정공시)						

※ 동 정보는 잠정치로서 향후 확정치와는 다를 수 있음.

1. 실적내용

구분 (단위 : 백만 원, %)		당기실적 (09년 4분기)	전기실적 (09년 3분기)	전기 대비 증감율	전기동기실적 (08년 4분기)	전년동기 대비증감율
매출액	당해실적	18,014	12,646	42.5%	38,029	−52.6%
	누계실적	74,916	56,902	−	59,492	25.9%
영업이익	당해실적	−257	621	적자전환	1,531	적자전환
	누계실적	2,702	2,959	−	3,472	−22.2%
법인세비용 차감전순이익	당해실적	−536	483	적자전환	1,616	적자전환
	누계실적	3,594	4,130	−	3,672	−2.1%
당기순이익	당해실적	−165	302	적자전환	1,251	적자전환
	누계실적	3,014	3,179	−	2,743	9.9%
−		−	−	−	−	−

2. 정보제공내역	정보제공자	(주)신성FA 사업기획팀
	정보제공대상자	투자자
	정보제공(예정)일시	2010. 02. 12

만 영업이익은 감소한 것이다. 금융위기로 인한 전방산업의 설비투자 감소가 수익성 면에서 신성에프에이의 실적을 악화시킨 것으로 보인다.

[표 2-2]에서 신성에프에이 2010년 1분기 공시를 보자. 매출액과

표 2-2 신성에프에이 2010년 1분기 영업실적(잠정치)

영업(잠정)실적(공정공시)

※ 동 정보는 잠정치로서 향후 확정치와는 다를 수 있음.

1. 실적내용

구분 (단위 : 백만 원, %)		당기실적 (10년 1분기)	전기실적 (09년 4분기)	전기 대비 증감율	전기동기실적 (09년 1분기)	전년동기 대비 증감율
매출액	당해실적	44,429	18,014	146.6%	22,223	99.9%
	누계실적	44,429	74,917	–	22,223	–
영업이익	당해실적	3,125	−257	흑자전환	973	221.2%
	누계실적	3,125	2,702	–	973	–
법인세비용 차감전순이익	당해실적	3,267	−536	흑자전환	2,178	50.0%
	누계실적	3,267	3,594	–	2,178	–
당기순이익	당해실적	2,469	−165	흑자전환	1,613	53.1%
	누계실적	2,469	3,014	–	1,613	–
–		–	–	–	–	–

2. 정보제공내역

정보제공자	(주)신성FA 사업기획팀
정보제공대상자	투자자 및 언론기관
정보제공(예정)일시	2010. 05. 11. 본 공시 이후 수시 제공

영업이익은 지난해 같은 기간보다, 또는 전기에 대비해 큰 폭의 상승 추세를 보인다. 회사 측은 FPD 및 반도체 시장 경기회복, 외국 FPD 장비시장 점유율 확대, 태양광 장비시장 진출 등의 이유로 실적이 호조를 이루었다고 설명했다.

여기에서 핵심은 이러한 실적이 나오기 전에 투자자가 미리 파악하는 것이다. 그러기 위해서는 여러 가지 방법이 있겠지만, 관심 기업에 대한 지속적인 실적체크와 관련 산업의 동향을 파악하는 것이 중요하다. 이후 차트상에서 매집징후가 보일 때 적극적으로 매수를 하면 된다. 차트상 매집을 해야 하는 징후를 다음의 세 가지 정도로 꼽을 수 있다. 첫째, 거래량이 폭발적으로 증가하는 경우다. 둘째, 해당 시점의 주가가 꾸준하게 상승할 때이다. 셋째, 기업모멘텀, 즉 반도체 같은 전방산업의 호황을 예고하는 호재성 뉴스나 해당 기업이 수주(계약)공시를 발표할 때이다.

[차트 2-4]를 보면 신성에프에이가 2010년 1월 4일에 150억 원 규모의 공급계약을 한 공시가 나오고, 3월 9일에는 101억 원 규모의 공시가 나온다. 즉 1분기에 큰 공시 두 개가 나오는데 주가는 일시적으로 상승한 이후 약세를 보인다. 물론 연속성이 없는 공급계약 체결이라면 큰 의미를 부여할 수 없다. 하지만 전방산업 호조라는 특수성을 지닌다면 이후 차트상 월봉, 주봉, 일봉상 바닥권인가를 판단하며 매집이 이뤄지고 있는가를 파악해야 할 것이다.

이후 흐름을 보면 완벽한 펀더멘털, 즉 실적개선을 미리 안 수급주체(세력)들의 꾸준한 매집 이후 강력한 상승을 이끌어내는 모습을 [차트 2-5]에서 볼 수 있다.

[차트 2-5]를 보면 부럽다는 생각이 들 것이다. 주가가 2,000원대에서 바닥을 치고 7,600원 이상 올라 400%에 가까운 급등이 나왔기 때문

차트 2-4 신성에프에이 바닥매집 국면

차트 2-5 신성에프에이 급등 국면

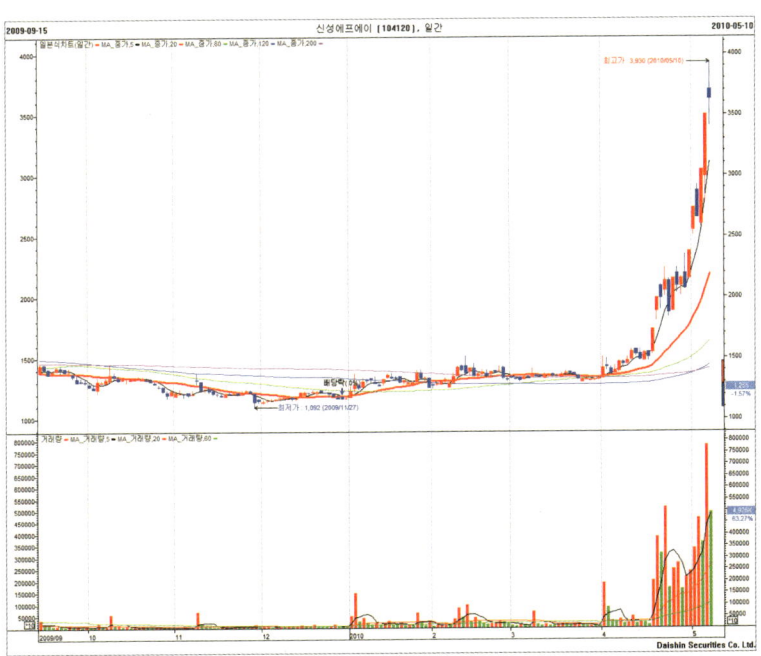

이다. 이것은 2천만 원을 투자했다면 7,600만 원이 되었다는 것이다.

주식 금맥 5원소를 분석할 때 가장 중요한 것은 저평가 여부를 판단하는 것이다. 그 후에 수익성이 아직 주가에 반영되지 않았다면, 반드시 앞으로의 주가에 반영되어 주가가 급등할 수밖에 없다.

[차트 2-6]은 신성에프에이의 자기자본이익률이다. 차트를 살펴보면 2009년 3월부터 연말까지 현저하게 자기자본이익률이 감소한 후, 2010년에 들어와서 개선되는 흐름을 1분기 실적을 통해 알 수 있다.

자기자본이익률은 주주가 투자한 돈으로 어느 정도의 이익률을 내었는가를 나타낸다. 쉽게 말해 주주의 돈을 얼마나 잘 굴려서 돈

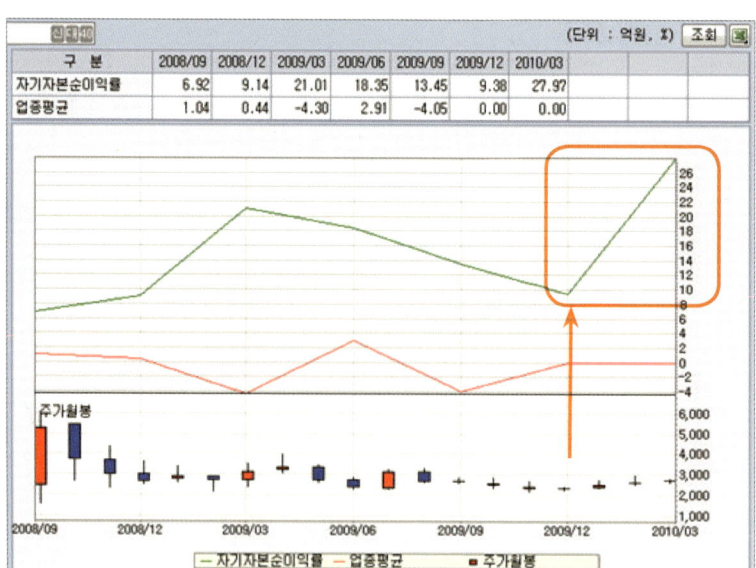

차트 2-6 ▶ 신성에프에이의 자기자본이익률

을 벌었냐는 것이다. 그러므로 자기자본이익률이 낮은 기업은 주가가 낮게 형성될 가능성이 크고, 자기자본이익률이 높은 기업의 경우 주가가 높게 형성될 가능성이 크다. 일반적으로 자기자본이익률이 10~30%이면 적정 투자대상이고, 20% 이상이면 수익성이 높은 기업이라고 할 수 있다.

신성에프에이의 자기자본이익률이 2010년 1분기에 20% 웃도는 것을 차트에서 확인할 수 있다. 그러므로 이 기업은 수익성이 높은 저평가 기업이라고 판단할 수 있다. 기업이 속한 업종이나 환경에 따라 다소 차이가 있지만, 필자는 자기자본이익률이 15% 이상인 기업을 투자할 만한 가치가 있다고 본다. 자기자본이익률이 15% 이상임에도 불구하고 주가가 오르지 않았다면 저평가로 보는 게 좋다.

[차트 2-6]은 신성에프에이가 2010년도 1분기 실적발표 이후 자기자본이익률이 급격하게 오르는 것을 보여주고 있다. 결국 꿈이 있는 기업은 중장기 호재에서도 수익성이 가장 중요하며, 이러한 수익성을 판단하기 위해서는 수익성 비율을 반드시 참고해야 할 것이다.

성장성

주식시장에서 성장성 모델은 강력한 상승 모멘텀으로 작용한다. 그러나 어떤 것이 앞으로의 주가에 영향을 줄 수 있는 성장성인지는 아무도 모른다. 이미 오른 후에 상승에 대한 변명거리로 신성장 주식이라고 하면서 뒷북을 치는 경우도 많다.

그렇다면 앞으로 주식시장에 크게 영향을 줄 수 있는 성장성 모델을 찾는 것이 중요하다. 성장성 모델의 공통점은 'NEW, 세계 1위, 국내 최초'라는 말에 있다는 것을 주목해야 한다. 또한 성장성 모델은 글로벌 정책동향과 정부 정책동향에서 나오는 경우가 많다.

(1) 성장동력에 주목하라

꿈이 있는 기업의 특징은 성장성이 있다는 것이다. 실적이 꾸준히 늘어나야 하는 수익성은 어느 시점에 가면 한계에 부딪힌다. 예를 들어 조선주의 경우를 보자. 2005년부터 2007년까지를 살펴보면 2005년에는 설비투자 등 투자에 따른 수익성이 매우 증가하였다. 하지만 2008년에 들어서면서 수익성이 둔화되고 주가는 그 이전에 고점을 치고 내려온다.

현대중공업을 예를 들어보자. [차트 2-7]에서 보는 것처럼 2006년 이후 세계경기의 고성장에 따라 활황을 맞이했던 조선업종은 2007년 말부터 외국 수주 감소와 중국 조선업의 맹추격으로 수익성이 이전보다 점차 감소했다. 보통 주가는 실적에 선행하는데, 큰 폭으로 올랐던 조선주가 업황둔화라는 성장성의 한계에 부딪쳐 하락하는 대표적인 사례이다.

차트 2-7 현대중공업

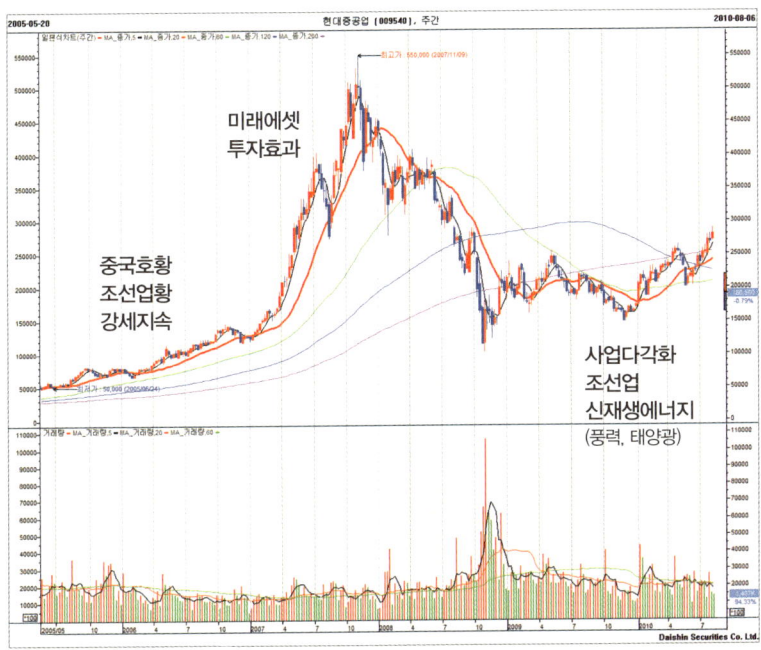

(2) 정부정책에서 성장성을 찾아내라

정부정책에서도 주식시장에 크게 영향을 미칠 성장성을 항상 찾아내야 한다. 주식시장에서 단골메뉴로 등장하는 다음의 단어에서도 성장성을 찾아낼 수 있다. '신성장동력, 신수종산업, 국내 최초, 세계 최초 사업' 같은 단어이다. 왜냐하면 이러한 단어에서 항상 성장성을 토대로 한 급등하는 주식이 나타나기 때문이다.

예를 들면 2008년에 나온 정부정책 중에 저탄소·녹색성장 사업이

차트 2-8 서울반도체

있다. 여기에 포함되는 사업이 무엇이었던가? 투자자들의 가슴을 두근거리게 했던 테마로 LED, 자전거, 전기차, 헬스케어, 탄소배출권, 신재생에너지 등이 있다. 이렇게 정부정책에 힘입은 업종 관련주들이 2009년 연초부터 급등한 이유가 바로 여기에 있다.

 대표적으로 LED 업체인 서울반도체가 있다. 서울반도체는 2009년 초 저탄소 녹색성장 정책의 수혜주로 주목받아 1만 원대 주가가 1년 만에 5만 원선까지 급등하였다. 2010년도에는 3D 열풍, LED

TV 열풍, 스마트폰, 스마트 PC, 희토류 등 다양한 단어들이 시장에서 주목을 받았다. 시장은 항상 성장성에 목말라 있다는 것을 우리는 알아두어야 할 것이다.

2010년 초에 삼성에서 "삼성그룹 5대 신수종 사업에 2020년까지 23조 3천억 원 투자"를 발표했다. 이것 역시 대표적인 사례라 할 수 있다. 여기에서 주목해야 할 것은 이러한 로드맵(또는 플랜)이 액션(세부적인 행동)으로 진행되면 주가 또한 이에 대한 흐름으로 이어진다는 점이다.

이 밖에도 미래창조과학부(www.msip.go.kr), 녹색성장위원회(www.greengrowth.go.kr), 정책브리핑(www.korea.kr) 같은 사이트

표 2-3 세계 각국의 기후변화 대응과 녹색성장을 위한 저탄소 사회구현

국가	대응사례
미국	2050년까지 1990년 대비 80% 온실가스 감축 2015년까지 플러그인 하이브리드카 100만 대 보급
일본	2050년까지 온실가스 60~80% 감축
중국	2010년까지 GDP당 에너지 소비량 20% 감축 신재생에너지, 태양전지, 전기차 등 국산화 촉진
영국	2050년까지 1990년 대비 온실가스 배출 80% 감축
독일	2020년까지 온실가스 40% 감축, 50만 명 고용창출
호주	2050년까지 2000년 대비 60% 감축

표 2-4 글로벌 기업의 전기차 생산계획

구분	2009	2010	2011	2012	2013	2014	2015
도요타			PHEV EV				FCEV
GM		Volt (PHEV)					
폭스바겐		HEV			EV		
포드			PHEV Focus(EV)				
푸조 시트로엥 그룹		EV	HEV	PHEV			
혼다	FCX(FCEV)						
르노			Fluence(EV)				
닛산		Leaf(EV) Cube CV(EV)					
다임러		Smart 42 (EV)	B-Class (FCEV)				
BMW	HEV		EV				
크라이슬러			Dodge(EV)				
미쯔비시	I-Miev (EV, 출시)						
중국상하이자동차			Roewe(HEV)	EV			
비야디	F3DM (PHEV, 출시)	F6DM (PHEV) EV					
스즈끼			HEV				
스바루	Steela(EV)						
현대 · 기아자동차				PHEV FCEV			

• 2009년 산은경제연구소

등을 적극적으로 활용하면 정부정책을 참고하는 데 큰 도움이 된다.

[표 2-4]는 글로벌 자동차기업들의 전기차 생산계획에 관련된 일정이다. 전기차의 성장성은 이미 2009년부터 시작되었으며, 2010년과 2011년이 전기차의 성장성이 집중적으로 조명받는 시기임을 알 수 있다. 이를 바탕으로 전기차 관련주에 대해 대응했더라면 성공하는 주식투자가 되었을 것이다.

이때 전기차 완성차 회사를 필두로 부품회사까지 부품별로 차례로 연구하고 분석해보자. 그렇게 한다면 가장 많이 혜택을 받는 회사를 찾아내어 전기차 관련주 상승 이전에 주도주를 선별하여 투자할 수 있을 것이다.

GM의 볼트, 닛산의 리프 등 초기 전기차 관련 부분은 새로운 자동차산업의 성장동력으로 부각되었다. 그래서 이른바 자동차용 2차전지 관련주인 LG화학, SK에너지 등이 큰 폭의 상승을 보였다. 이때는 전기차 관련 실적보다는 미래의 글로벌 성장성으로 주가가 크게 주목받은 것이다. 2013년에 들어와서는 미국 테슬라모터스의 혁신적인 전기차 보급의 영향으로 삼성 SDI, 우리산업, 상신이디피 등이 국내 주식시장에서도 본격적인 전기차 관련주 및 부품주 테마로 형성되었다.

(3) 성장성 모델은 정부정책에서 시작된다

2009년 이명박 정부는 녹색 뉴딜 사업을 발표하였고, 한국경제의 새로운 성장 비전으로 3대 분야, 17개 신성장동력을 확정하였다.

  3대 분야 중 녹색기술산업은 친환경적인 산업으로, 이산화탄소가 감소하여 에너지와 자원의 효율을 높이고 환경을 개선할 수 있는 모든 산업을 말한다. 첨단융합산업은 독립적으로 발전한 2개 이상 산업이나 기술이 하나의 새로운 산업으로 발전되거나 합쳐진 새로운 산업이나 기술이다. 그리고 고부가서비스산업은 핵심적인 기술을 통해 적은 비용으로 많은 이익을 낼 수 있는 수익률이 높은 산업이다. 관련 종목으로는 다음과 같다.

- 로봇 관련주 : 유진로봇, 동부로봇, 플레이텍(구 다스텍), 스맥(구 SMEC), 삼성테크윈 등
- 풍력 관련주 : 태웅, 유니슨, 한일단조, 용현BM, 현진소재 등
- 태양광 수혜주 : OCI, 한화케미칼, 티씨케이, 에스에너지, 이건창호 등
- LED 관련주 : 서울반도체, 루멘스, 루미마이크로, 금호전기, 한솔테크닉스
- 바이오/제약 관련주
  ① 줄기세포 : 메디포스트, 차바이오텍, 파미셀 등
  ② 제약 : 한미약품, 유한양행, 동아쏘시오홀딩스, 셀트리온 등
  ③ 헬스케어 : 마크로젠, 테라젠이텍스, 씨젠, 바이오스페이스, 나노엔텍, 휴비츠 등

표 2-5 녹색 뉴딜 사업 및 저탄소·녹색성장에 관한 국내 정부정책

분야	세부내용
녹색기술산업(6개)	신재생에너지, 탄소저감에너지, 고도물처리산업, LED 응용, 그린수송시스템, 첨단그린도시
첨단융합산업(6개)	방송통신융합, IT융합시스템, 로봇응용, 신소재·나노융합, 바이오제약·의료기기, 고부가식품산업
고부가서비스산업(5개)	글로벌 헬스케어, 글로벌 교육서비스, 녹색금융, 콘텐츠·소프트웨어, MICE·관광

삼성, 현대자동차, SK, LG 등 국내 10대 그룹도 정부정책에서 신성장동력을 찾게 된다. 삼성그룹은 신재생에너지, 수처리, LED, 자동차용 2차전지, IT융합, 로봇 및 헬스케어 등을 신성장동력원으로 진출하였다. 나머지 그룹들도 정부정책을 기반으로 미래의 먹거리 산업에 뛰어들었다. 구체적으로 국내 주요 그룹이 밝힌 신성장동력은 [표 2-7]과 같다.

이때 주의해야 할 것은 경제연구소에서 나오는 자료나 기업분석보고서를 참고하여 정부가 추진하는 정책에 어떤 기업이 실질적으로 수혜를 받는가를 찾아내서 투자해야 한다는 것이다. 예를 들면 삼성그룹은 2008년 7월에 모바일 디스플레이 회사를 설립하여 아몰레드 AMOLED 신수종 육성사업을 발표하였다. 삼성전자와 삼성SDI가 9천억 원을 투자하여 합작법인을 설립하였다.

표 2-6 ▶ 10대 그룹 신성장동력분야 진출현황

구분	신성장동력분야	삼성	현대자동차	SK	LG	롯데	포스코	GS	현대중공업	한진	KT
녹색기술	신재생에너지	■		■			■	■			■
	탄소저감에너지						■				
	고도물처리	■		■	■		■	■			
	LED 응용	■			■		■				
	그린수송시스템	■	■		■						
	첨단그린도시						■	■			
첨단융합	방송통신융합	■									■
	IT융합시스템	■	■		■		■				■
	로봇응용	■			■						
	신소재·나노융합			■	■		■				
	바이오제약·의료기기	■		■		■					
	고부가식품산업										
고부가서비스	글로벌 헬스케어	■									
	글로벌 교육서비스	■									
	녹색금융										
	콘텐츠·SW	■		■	■					■	
	MICE·관광										

• 아시아경제(2010. 12. 06)

    삼성SDI는 모바일 디스플레이 사업 분야에서 차세대 디스플레이인 아몰레드를 미래 신수종 사업으로 육성해 글로벌 1위 기반을 구축할 계획이라고 밝혔다. 이 계획이 발표되고 2년이 지난 후인 2010

표 2-7 주요 기업별 신성장동력(성장성)

기업	신성장동력
삼성	태양전지, 자동차용 전지, LED, 바이오 제약, 의료기기
현대자동차	하이브리드카, 그린카, 연료전지
SK	무공해 석탄에너지, 해양 바이오연료, 태양전지, 이산화탄소 자원화, 그린카, 수소연료전지, 첨단 그린 도시
LG	태양전지, 차세대 조명, 토털 공조, 차세대 전지, OLED
포스코	발전용 연료전지 등 자원화사업
GS	원전, 신소재, 2차전지, 신재생에너지
현대중공업	태양광, 풍력발전, 원전, 친환경수처리, 해상운송업
두산	풍력·연료전지 등 신재생에너지, 원자력 설비
한화	태양광 등 에너지사업, 우주항공부품
STX	신재생에너지, 플랜트 자원개발
LS	친환경·신재생에너지 분야, 하이브리드 & 전기자동차
동부	반도체, 철강, 바이오, 2차전지, 신소재

년도에 아몰레드는 주식시장에서 큰 테마로 형성되어 관련 수혜주의 주가가 최소 5배 이상은 상승하여 있음을 확인할 수 있다.

주식시장에서 알려진 아몰레드 수혜주의 주가 추이를 [**차트 2-9**]에서 살펴보자. 아몰레드 관련주는 삼성SDI, 덕산하이메탈, 크로바하이텍, 로체시스템즈, AP 시스템, SFA, 원익 IPS 등이 있다. [**차트 2-9**]에서 아몰레드 관련주인 덕산하이메탈의 주가흐름을 보자. 삼성

차트 2-9 2008년 이후 아몰레드 수혜주의 주가 추이

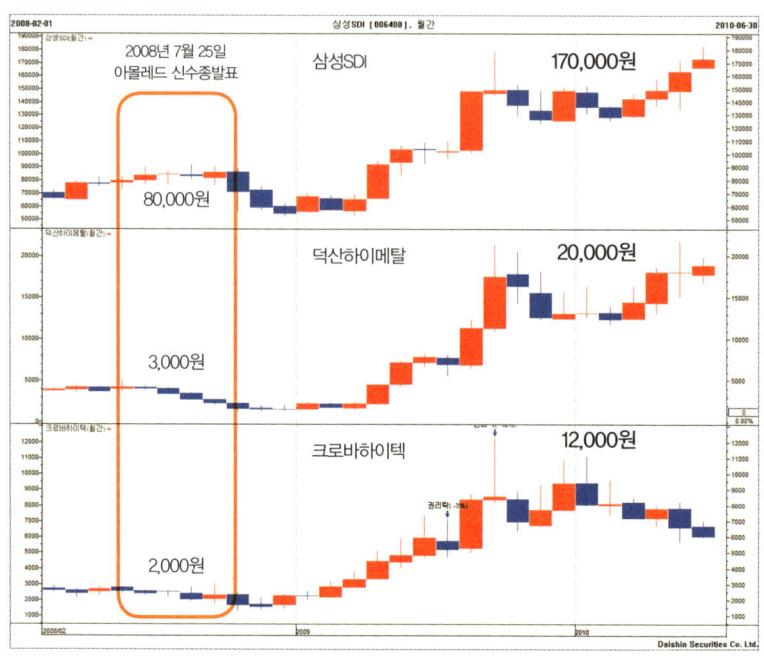

의 아몰레드 신수종육성사업 발표 후 주가가 3,000원대에서 2만 원대까지 올랐다. 그만큼 삼성의 새로운 사업발표가 관련 기업의 매출과 이익을 개선하고 주가를 상승시킨 요인이 된 것이다.

[정부정책 참고 사이트 주소]

- 미래창조과학부 : www.msip.go.kr
- 녹색성장위원회 : www.greengrowth.go.kr
- 정책브리핑 : www.korea.kr

2
끼가 있는 기업

💰 끼가 있는 주식은 크게 상승한다

　일반적으로 급등하는 주식(신성장 주도주, 개별 호재가 있는 중소형주 등)은 실적이나 단기 모멘텀(호재 등)으로 바닥권에서 1차 상승을 하고 난 후 차익매물이 나오면서 조정을 거친다. 이후 2차 상승을 크게 보이는 주식을 '끼'가 있다고 설명할 수 있다. 1차 상승 시 매수를 하지 못한 투자자는 항상 그 주식을 보고 있다가, 1차 상승요인이 재부각될 때 매수에 동참하기 때문이다.

　과거 주식시장에서 대장주로 크게 활약했던 주식은 다음에 오를 때도 크게 오르는 경향이 있다. 수급주체(세력)들이 주가급등에 한번 성공하면 또다시 주가급등을 이어가게끔 하는 예도 있고, 과거 재미를 보았던 주식은 투자자들이 좋은 인식을 가지고 있어 시세가 쉽게 형성되는 면이 있기 때문이다.

끼가 있는 주식은 보통 주가지수(시장수익률)가 1% 오를 때 4~5% 또는 주가지수보다 훨씬 크게 오르는 주식을 말한다. 마찬가지로 하락할 때도 확실하게 하락하고, 반등할 때나 상승할 때 탄력이 좋은 종목을 말한다. 전문용어로는 베타계수가 높은 종목이라고 하기도 한다. 어떤 용어가 되었든지 간에 끼, 급등탄력, 베타계수를 같은 뜻의 용어로 보고 투자자들은 이러한 종목을 찾아내는 일에 집중해야 한다.

바이오 관련주를 예로 들어보자. 바이오 관련 종목만 해도 수십 개가 있다. 어떤 종목은 오랫동안 횡보하다가 올랐다 하면 100% 이상 급등하는 종목이 있다. 또 어떤 종목은 하락인지 조정인지 구분을 못할 정도로 탄력이 약하다가, 오를 때도 빌빌거리면서 오른다. 이런 종목은 주가를 관리하는 수급주체(세력)의 힘이 약하다는 것을 의미한다. 또는 회사 내용이 썩 좋지 않은 기업일 수도 있다. 따라서 종목을 고를 때는 끼가 있고 이전에 급등한 흔적이 있는 탄력적이며 베타계수가 높은 종목을 찾는 것이 중요하다.

[차트 2-10]의 메디포스트는 줄기세포 관련주로 2007년도에 주가가 3배나 급등하였다. '줄기세포'라는 새로운 단어가 나타났고 주식시장

차트 2-10 메디포스트

에서도 줄기세포 관련주로 메디포스트, 산성앨엔에스 등이 부각되었다. 많은 투자자들이 이때 줄기세포 관련주를 매매한 경험이 있을 것이다. 줄기세포 관련주는 이후 차익매물로 인한 가격조정과 기간조정을 거쳤다. 2010년에는 글로벌(한국, 중국, 미국, 일본 등)에서 줄기세포 연구사업을 활성화하겠다는 정책이 나오면서, 다시 줄기세포 관련주가 2차 상승(끼)을 하였다.

그렇다면 전혀 관련이 없을 것 같은 골판지 회사인 산성앨엔에스가

차트 2-11 산성앨엔에스

왜 줄기세포 관련주로 부각되었을까? 이유는 간단하다. 산성엘엔에스가 줄기세포 관련 업체인 퓨처셀 뱅크와 파미셀 지분을 보유하고 있었기 때문이다. 이러한 이유만으로 2004년 4월부터 2005년 2월 중순까지 주가가 12배 이상 올랐다. 줄기세포라는 신성장산업이 주식시장에 큰 이슈가 되어 상승시킨 것이다. 주가는 매수기회가 없을 정도로 연일 상한가를 기록하였다. 투자자들은 바로 이런 주식에 미친다.

그리고 나서 어느 정도 조정을 보이고 관련 모멘텀이 발생하여 주가가 급등하기 시작하면, 투자자들은 이전의 급등흔적(끼)을 기억하고 투자에 적극적으로 동참하게 된다. 이것이 2차 상승으로 이어지는 것이다. 주식시장에서는 '줄기세포=메디포스트, 산성앨엔에스'로 알고 있기에 줄기세포에 관련된 이런 이슈가 나오게 되면 '묻지 마' 매수세가 형성되는 것이다.

💰 끼가 있는 주식은 신성장산업

끼가 있는 주식은 단기간에 급등하기 때문에 수급주체(세력)들이 선호한다. 2차 상승도 1차 상승 때처럼 급등하는 경우가 많고, 거래량이 늘어나서 매매하기 수월하기 때문이다.

끼가 있는 기업을 찾아내기 위해서는 매집과 분산이라는 개념을 알아야 한다. 매집은 잠재적 호재를 지닌 종목을 외국인, 기관, 개인 큰손 등이 주가차트상 바닥권에서 꾸준히 분할매수를 하는 것을 말한다. 분산이란 호재가 많이 노출되고 차익매물이 나올 가능성이 높은 차트 상 이미 급등한 주식을 분할매도하는 것을 말한다.

이 두 가지(매집, 분산)를 잘 기억해야 한다. 결론적으로 수급주체(세력)가 좋아하는 종목이 따로 있다는 것이다. 꿈이 있는 기업 중에서 끼가 농후한 기업이라면 주식투자자에게는 금상첨화 아니겠는가?

다음은 신성장산업과 관련하여 급등한 흔적이 있는, 즉 '끼'가 있는 주도주들이다.

[신성장 관련 이슈로 급등한 대장주]

- 태양광 : OCI

- 온실가스 : 한솔홈데코

- 바이오 : 산성앨엔에스, 메디포스트

- 원자력 : 한국전력기술

- 풍력 : 태웅, 현진소재

- LED : 서울반도체

차트 2-12 ▶ 태양광 관련 대장주인 OCI

정부의 녹색성장 정책을 심의·조율하기 위해 건립된 녹색성장위원회에서 신성장산업에 대하여 언급하였고, 정부와 산업계에서는 태양광 사업이 화두가 되었다. 태양광 사업을 영위하는 업체 중 OCI는 국내 1위 업체이자 세계 3대 폴리실리콘 업체로 입지가 굳건하다. 태양광 사업은 꿈이 있고 대체에너지 중 가장 현실적이고 경제성 있는 대안으로 떠올랐다. 따라서 모든 수급 주체(세력)의 관심을 받았으며, 외국인과 기관이 수급의 주체가 되어 받쳐주니 주가는 단기간에 2배가 넘게 오르는 모습을 볼 수 있다. 꿈과 끼가 있는 기업의 주가흐름을 비교해줄 수 있는 기준이 되는 종목이라 할 수 있겠다.

💰 급등주는 '끼'가 있는 주식이다

끼가 있는 종목이란 과거에 시세를 분출한 적이 있는 종목을 말한다. 예를 들어 서울반도체는 LED라는 '끼'가 있고, 탄소배출권과 관련해서는 한솔홈데코가 떠오른다. 이런 식으로 어떤 주식을 떠올리면, 어떤 모멘텀 '끼'가 있다고 인식되는 것이다. 즉 급등한 주식은 반드시 이유가 있다. 그 이유가 다시 부각되면 우리는 그것을 '끼'로 인식하고 매수하게 된다.

마찬가지로 최근에 시세급등을 한 종목에서도 이전에 급등한 흔적이 있음을 파악하려는 노력이 필요하다.

(1) 매집과 분산

끼가 있는 주식을 분석할 때는 매집과 분산, 이 두 가지 단어를 주목해야 한다. 분산된 주식이 매집되는 데는 상당한 시간이 필요하다. 과거 시세를 낸 적이 있는 종목이 다시 급등하기 쉬운 이유는 매집이 수월하기 때문이다.

시장에는 많은 급등주식이 있지만, 그 조건을 갖추고도 주가가 몇 년째 움직이지 않는 종목들이 허다하다. 이러한 종목들의 특징은 보유지분이 너무 분산되어 있고 장기투자자 위주로 구성되어 있기 때문이다. 이 장기투자자들은 회사의 가치를 알기 때문에 박스권 중심으로 어느 가격에서 수익이 나면 매도하고, 주가가 하락하면 그대로 다시 매수한다. 즉 시세의 급등을 굳이 바라지 않으며, 일정요건으로만 움직인다는 것이다.

그러므로 드러나지 않은 숨은 물량이 엄청나게 많아 매집이 쉽지 않다. 충분한 주식 물량을 보유하지 않은 상황에서 초보수급주체(세력)들이 주가를 올리는 것은 바보짓이다. 만약 초보투자자들이 주가 부양을 시도했다가는 어김없이 숨어 있는 매물들에 의해 매도폭격을 당하기 때문이다.

이에 반해 끼가 있는 종목들은 투자자들이 매집을 하기가 비교적 쉽다. 이 종목들은 매집이 비교적 수월했던 과거의 전력이 있기 때문이다. 끼가 있는 종목들은 대주주의 지분이나 기타 보유자들의 분포가 적절하고 투자자들의 매매패턴도 매집에 큰 걸림돌이 되지 않는 모습을 보여준다. 또한 큰 시세를 주는 종목의 주도 수급주체(세력)는 기관, 외국인투자자가 많은데, 이제 그들이 관심을 둘만큼 시장흐름도 좋은 경우가 많다.

(2) 매집의 사례

[차트 2-13]에서 매집의 징후는 세 가지로 판단해야 한다.

첫째, 바닥권 횡보 당시 양봉의 수가 음봉의 수보다 많아야 확률상

차트 2-13 ▶ 바닥권에서 매집 후 급등

상승한다. 이유는 양봉은 시가보다 종가가 높다는 뜻이며, 실제 매수세가 강하기 때문이다.

둘째, 중간중간 큰 거래량이 발생해야 한다. 주가는 속일 수 있을지언정 거래량은 속이지 못한다.

셋째, 매물대가 강하게 돌파되어야 한다. 전고점을 돌파한 주식은 반드시 상승한다. 왜냐하면 장기간 형성된 매물대를 벗어난 시점에서 그 주가를 계속 지켜본 투자자들이 유입되기 때문이다.

(3) 분산의 사례

[차트 2-14]는 코스닥지수로서 분산의 모습을 극명하게 보여준다. 2010년 10월 중순부터 11월 하순까지 종가가 시작가보다 낮은 음봉을 지속해서 보여준다. 이때 주가지수가 많이 올라 있는 상황에서 횡보 후 하락을 보여주는 차트이다.

종가가 시작가보다 낮은 음봉을 계속 발생시키는 이유는 장중 차익매물이 꾸준히 출회하여 종가는 항상 밀린 상황에서 마감하는 것이다. 이는 매도수급주체(세력)들이 은근히 분할매도, 즉 분산을 보이면서 매도했다는 것이다.

11월 말에 이르면 어느 정도 분산이 끝난 후에 주가가 급락하는 것을 볼 수 있다. 결국 주가가 상당 부분 오른 상황에서 음봉이 계속 발생하는 경우는 반드시 조심해야 한다.

차트 2-14 코스닥지수(고점 부근에서 음봉밀집형 이후 추세이탈 과정)

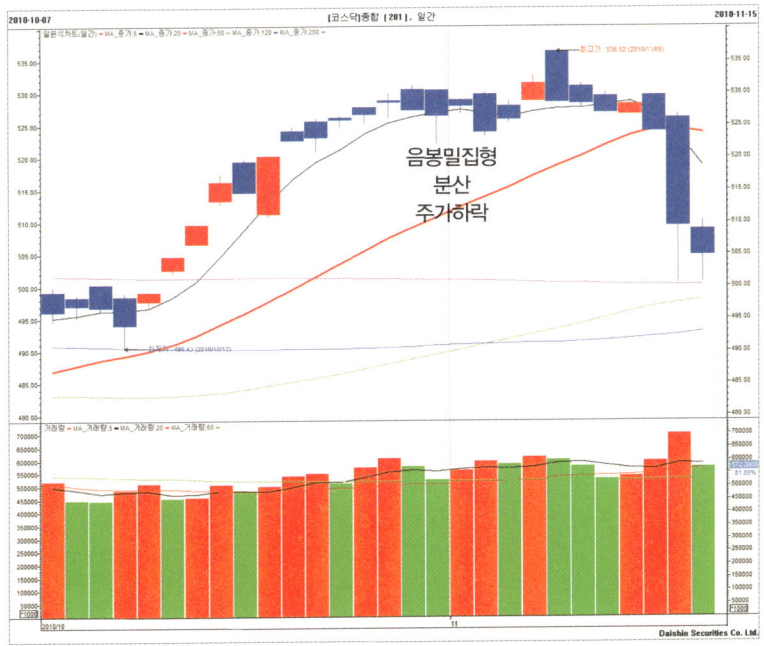

(4) 개별 급등주식의 끼가 발산되는 요건

① 수급주체(세력)들이 매집할 가능성이 있는 종목을 선정한다(가격, 물량, 명분, 성장성).

② 주가가 장기간 하락한 후 다시는 하락하지 않는 종목 중 이동평균선이 수렴되고 있는 종목을 선정한다. 특히 하락장에서 주가가 하락하지 않고 종가관리가 되는 종목은 장세가 돌아서면 양봉흐름과 거래량 발생 시 크게 상승하기도 한다.

③ 주가가 박스권을 상향돌파하거나 신고가를 형성하는 종목을 선정한다. 일반적으로 전고점을 돌파할 때는 거래량이 증가하는 것이 원칙이나, 거래량 없이 전고점을 상향돌파 후 안착한다면 이미 사전에 매집이 되었다고 할 수 있다.

④ 상한가를 기록하고 있는 종목들의 공통점을 파악한다. 예를 들어 저가주식이 강세를 보이면서 상한가를 기록하고 있다면 이는 저가주가 테마임을 보여주는 것이다.

⑤ 지수가 하락하는데도 주가가 하락하지 않고 상승하는 종목을 선정하라.

⑥ 별다른 호재가 없는데도 주가가 상승하는 종목을 선정한다. 이것은 상승하는 것은 드러나지 않은 강력한 호재나 수급주체(세력)들이 상승을 주도하고 있다는 것을 의미한다.

⑦ 거래량 없이 주가가 회복하다가 거래량이 급증하는 종목을 선정한다. 일반적인 거래량의 원리에 의하면 거래량이 없다가 거래량 바닥을 만든 후 거래량이 증가하면서 상승하는 경우이다.

⑧ 50억 원대 미만의 자본금, 1천억 원 이하의 시가총액, 대주주의 지분이 30% 미만, PBR 1 이하, PER 5 이하의 장기간 소외된 기업이 끼가 발산되는 경우가 많다.

⑨ 5일, 20일, 60일 이동평균선이 몇 개월 동안 횡보하다가 정배열 초기로 전환하는 종목을 선정한다. 이때 주가에 영향을 줄 수 있는 재료가 있는지 따져봐야 한다.

앞서 매집차트인 [차트 2-13]으로 설명한 사례(위닉스)가 이 경우에 해당한다고 볼 수 있다(2013년 장마로 인한 제습기 열풍으로 위닉스 실적호전 기대감으로 이동평균선이 수렴하다가 정배열 후 급등하였다).

(5) 수급주체(세력)들의 매매 사이클(테마 급등주의 사이클)

테마급등주는 새로운 용어가 나왔을 때 그것을 분석하는 것이 아주 중요하다. 줄기세포, 슈퍼박테리아, 3D 프린팅 등 새로운 단어가 나왔을 때 이를 분석하여 주가에 반영 여부를 적용하는 것이다.

예를 들면 미국에서 슈퍼박테리아가 출현했다는 언론보도가 나왔을 때, 미국 주식시장에서도 슈퍼박테리아 테마가 형성된다. 우리나

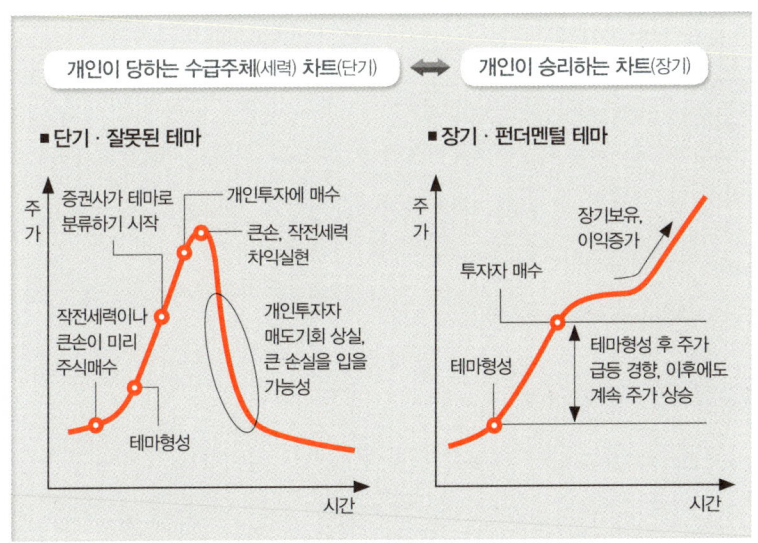

그림 2-1 테마가 주가에 반영되는 과정

라에서도 주가 동조화가 진행되면서 슈퍼박테리아 관련주가 무엇인가 찾기 바쁘다. 그러고 나서 국내 언론사 및 증권사에서 어떤 종목을 장중 특징주로 부각하는 기사가 나오면 그 기사 내용을 참고하여야 한다. 기사에서는 "○○ 관련주로 주가가 상승했다"라고 하면서 테마위험성을 같이 표시해준다. 포털사이트에서 '○○ 관련주'를 검색해보면 테마 및 관련 주식이 구분되어 버린다.

투자자(수급주체 또는 세력)들은 미국 같은 선진국 시장을 이끄는 대형주뿐만 아니라 신개념·신기술로 급등한 회사를 분석하고, 국내 기업 중에 관련된 회사를 찾아서 분할매수하는 경우가 많다. 2013년도에 크게 부각되었던 3D 프린팅 테마도 마찬가지다. 미국의 오바마 대통령이 연두교서에서 성장시켜야 할 산업으로 발표한 이후에 미국 3D 프린팅 업체인 3D 시스템즈의 주가가 크게 올랐다. 이후 국내 주식시장에서도 SMEC, 모아텍, TPC 등이 3D 관련주로 인식되어 상승하였다.

수급주체(세력)들이 잘하는 것이 이것이다. 이들은 테마로 분류되면 부실한 것은 빼고 테마주 내에서 대장주만 매매하는 원칙을 준수한다.

(6) 잘못된 테마의 사례

수급주체(세력)들은 철저하게 공짜 심리를 역이용해서 테마 활용을 한다. 시장에 탐욕이란 단어가 부각되기 전에 바닥에서 매집하고 테

차트 2-15 ▶ 삼영홀딩스

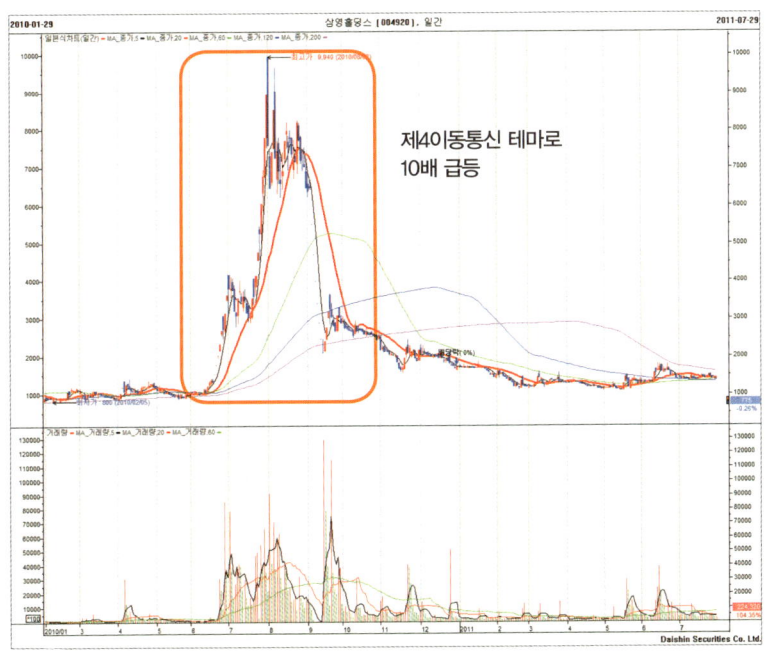

마를 형성시킨 후, 탐욕논리가 부각되는 투자자에게 분산매도를 하는 것이다.

2010년에 제4이동통신 관련주로 주목받았던 삼영홀딩스는 컨소시엄에 참여했다는 기사만으로 주가가 급등하였다. 그러다가 제4이동통신 사업자 선정이 계속 연기되면서 주가가 큰 폭으로 하락하였다. 여기서 중요한 것은 실적이 수반되지 않고 가능성이 희박한 사업자 선정 소식 같은 불확실한 이유로 '묻지 마'식 투자를 하는 것은 경계

차트 2-16 ▶ 조선선재

해야 한다는 것이다.

[차트 2-16]의 조선선재는 분할상장되는 과정에서 주가가 너무 낮게 책정된 것이 급등의 이유였다. 조선선재의 전체 상장주식은 125만 7,000주로, 이 중 대주주나 특수관계인의 지분이 70%가 넘는 구조였다. 하지만 실제 주식시장에서 유통되는 물량은 10만 주에 불과했고, 이 때문에 매수물량이 많지 않아도 주가는 크게 영향을 받았다. 여기서 우리는 아무리 주가가 급등하더라도 유통물량이 적은 주

식은 추격매수를 지양해야 한다는 점을 잊지 말아야 한다.

(7) 수급주체(세력)가 좋아하는 주식

수급주체(세력)가 좋아하는 주식은 대략 다음과 같다.

① 기관 및 외국인 집중매수 종목

② 고점 대비 많이 하락하여 더는 떨어지지 않는 종목

③ 주당순자산가치 대비 저평가된 종목

④ 꾸준하게 수익을 내고 있는 저PBR 주식

⑤ 일봉, 주봉, 월봉이 바닥권에서 수렴하는 모습을 나타내는 종목

⑥ 자본금, 총주식 수, 시가총액, 현재 가격이 적정 수준의 조건을 갖춘 종목

⑦ 전환사채, 신주인수권부사채 등 매물로 형성될 수 있는 주식이 없는 주식

⑧ 최대주주 및 특수이해관계인 지분율이 적당한 주식

⑨ 바닥권에서 양봉으로 밀집되고 있는 종목

⑩ 앞으로 시장에 반영될 재료를 충분히 보유한 종목

⑪ 과거에 급등한 모습을 자주 보인 종목

[차트 2-17]의 백금T&A는 개별 급등주식의 끼가 발생하는 요건을 갖춘 대표적인 사례이다. 백금T&A는 2010년 8월 16일 기준으로

차트 2-17 백금T&A

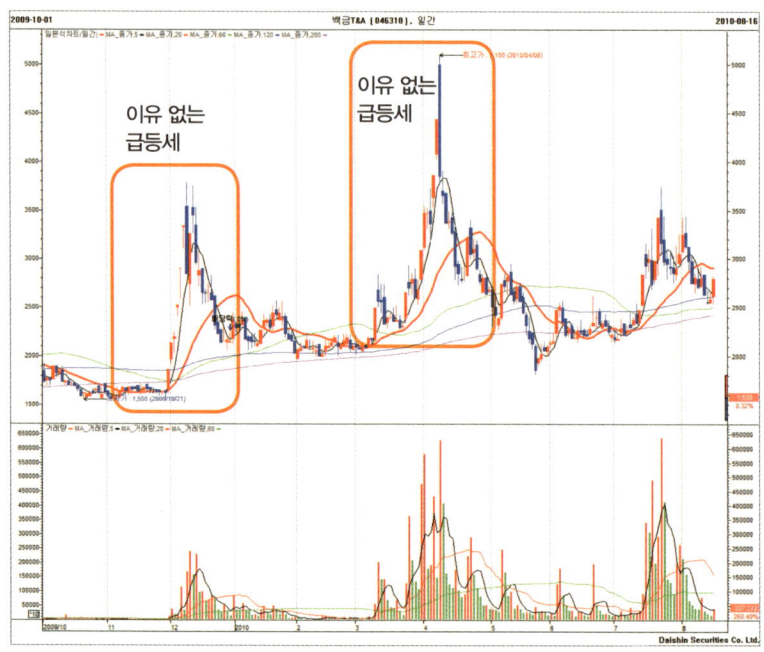

PBR 0.78, 시가총액 187억 원, 자본금 34억 원의 종목이다. 이 종목은 2009년 12월 초 아무런 이유 없이 주가가 급등하고, 이후 2010년 3월에도 이유 없이 주가가 급등을 한다. 여기서 한 가지 주목해야 할 것은 백금T&A가 12월에 이유 없이 주가가 100% 넘게 급등할 때 이미 끼가 있었다는 것이다. 백금T&A의 사례처럼 특별한 이유 없이 주가가 급등했을 때는 해당 종목에 끼를 가질 만한 요건이 있는지를 따져봐야 한다.

차트 2-18 조비

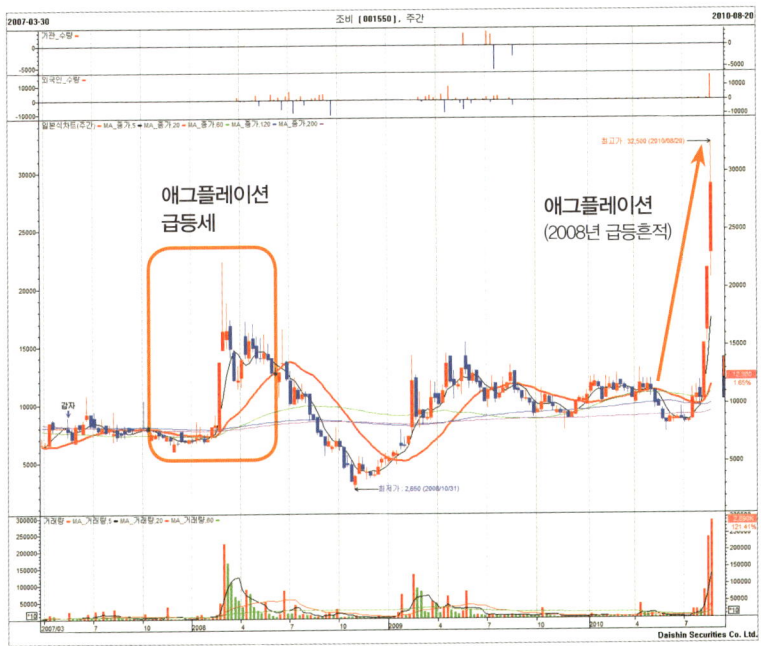

[차트 2–18]의 조비는 50억 원대 미만의 자본금, 1천억 원 이하의 시가총액, 대주주의 지분이 30% 미만, PBR 1이하, PER 5이하의 장기간 소외된 기업이었다.

조비는 대표적인 비료 관련주이다. 실적도 뒷받침되는 자산가치주인데 거래량이 적다는 문제점이 있다. 하지만 한 번 급등하면 크게 급등하기도 한다. 그러다가 2008년 초에 애그플레이션이 새로운 이슈로 주목받으면서 비료, 농약 등 애그플레이션 관련주가 집중 부각

대박 좇다 쪽박 차는 투자자들이여, 이런 주식은 피하자!

상장폐지될 만한 종목들의 특징은 다음과 같다. 이러한 기업들은 급등주식이라도 피해야 한다.

① 극도로 악화된 적자 재무상태를 지속하는 기업
② 투자위험, 투자경고, 투자주의 등에 자주 지정되는 기업
③ 사업내용이 급변하는 기업
④ 대표이사변경 및 경영진의 퇴임이 잦은 기업
⑤ 자사 경영상태가 불안한 상황임에도 다른 기업에 금전을 대여하는 기업
⑥ 수익성과 자금력 악화 상태에서 유상증자 및 감자 결정이 잦은 기업
⑦ 갑작스러운 신규 해외사업 진출에 대한 기대감이 부각되는 기업
⑧ 300% 이하 유보율 상태로 유보율의 지속적인 감소 및 대량감소를 보이는 기업

된다. 그때 관련된 테마주가 많았는데, 강력한 시세를 내었던 종목 중에 하나가 조비였다.

그렇다면 왜 조비가 애그플레이션 테마의 대장주인지 궁금할 것이다. 이유는 단순하다. 테마 내에서 주가가 가장 빨리 상승하고 오랫동안 지속하기 때문이다. 이러한 사실 때문에 2010년 8월에 러시아의 밀 가격 급등으로 농업주가 재부각될 때 대장주 역할을 하는 종목이 조비가 된 것이다.

표 2-8 아이스테이션 재무상태표

구분	Annual				Net Quarter				
	2008. 12 GAAP(개별)	2009. 12 GAAP(개별)	2010. 12 GAAP(개별)	2011. 12(E) IFRS(개별)	2010. 09 IFRS(개별)	2010. 12 GAAP(개별)	2011. 03 IFRS(개별)	2011. 06 IFRS(개별)	2011. 09 IFRS(개별)	2011. 12(E) IFRS(개별)
매출액(억 원)	230	596	579		89	91	119	85	44	
영업이익(억 원)	19	-55	-266		-64	-131	20	-109	-12	
조정영업이익(억 원)	19	-55	-266		-64	-131	-11	-99	-13	
당기순이익(억 원)	3	-173	-425		-113	-197	14	-125	-25	
자산총계(억 원)	874	877	633		706	633	634	364	363	
부채총계(억 원)	765	671	537		524	537	471	327	351	
자본총계(억 원)	110	205	96		181	96	163	37	12	
자본금(억 원)	166	396	92		58	92	118	118	118	
부채비율(%)	일부 잠식	일부 잠식	556.68		289.22	556.68	289.47	일부 잠식	일부 잠식	
유보율(%)	65.33	-42.61	5.32		213.77	5.32	38.50	-68.36	-89.58	
영업이익률(%)	8.40	-9.29	-45.96		-71.93	-143.30	-9.02	-115.91	-29.16	
순이익률(%)	1.21	-28.97	-73.34		-127.93	-215.20	11.75	-146.89	-56.58	
ROA(%)	0.35	-19.72	-56.26		-15.40	-29.39	N/A(IFRS)	-25.01	-6.86	
ROE(%)	1.50	-109.62	-281.55		-47.66	-141.70	N/A(IFRS)	-124.87	-101.11	
EPS(원)	139	-2,851	-4,000		-981	-1,660	62	-531	-106	
BPS(원)	8,266	2,870	527		1,569	527	693	158	52	
DPS(원)										
PER(배)	41.65	N/A	N/A							
PBR(배)	0.70	3.71	3.38		1.68	3.38	0.95	3.31	6.04	
발행주식수(천 주)	3,319	7,921	18,328		11,558	18,328	23,507	23,507	23,507	
배당수익률(%)										
당기순이익(지분법 적용)	3	-173	-425		-113	-197				
EPS(지분법 적용)(원)	139	-2,851	-4,000		-981	-1,660				
PER(지분법 적용)(배)	41.65	-3.73	-0.45							

💰 상장폐지의 사례, 아이스테이션

아이스테이션의 상장폐지 사유는 '자본 전액잠식, 3년 연속 법인세비용 차감전 계속사업 손실, 감사의견 거절'이다. 2009년에 적자전환, 2010년도에 적자 확대 및 자본총계가 자본금 수준으로 감소, 2011년도 2분기부터 자본잠식되었다는 자체가 상장폐지의 징후를 보이고 있다. 이때는 아무리 좋은 말로 꾸미더라도 이런 기업은 반드시 피해야 한다.

[표 2-8]의 아이스테이션 재무상태표에서 볼 수 있듯이 지속적인 적자의 누적이 빨간색으로 잘 표시되고 있다. 2010년 기준 매출액이 579억 원임에 비해 당기순이익은 (-)425억 원으로 회사가 언제 쓰러질지 모르는 불안한 상태임을 보여주고 있다. 사업을 영위할수록 적자가 누적되는 심각한 구조이다. 부채비율(부채총액/자기자본×100)도 2010년 기준으로 500%가 넘는 수치를 보여주는데, 자신이 소유하고 있는 자본보다 무려 5배가 넘는 액수를 차입함으로써 회사가 심각한 자금난에 시달리는 것을 알 수 있다.

일반적으로 금융, 조선, 건설업 경우를 제외하고는 제조업은 적자가 200% 미만이면 양호하다. 특히 코스닥 중소기업의 경우에는 100% 이하여야만 투자를 고려해볼 만한다. 투자자들은 재무상태표 상에 적자가 누적되거나 자본이 잠식된 회사는 반드시 피해야 한다. 더불어 현명한 투자자는 끼나 꿈만 추구하는 것이 아닌 기업의 실적 개선 상황을 체크해 볼 줄 알아야 한다.

3
끈이 있는 기업

💰 모든 주식에는 수급주체(세력)가 있다

수급주체(세력)에 관한 좋은 글이 있어 소개하고자 한다.

"개미들은 자기가 미수 몰빵한 주식에 자기가 산 후 10분 이내에 수급주체(세력)가 붙어서 2~3주 점상으로 날아가는 것이 일생의 소원입니다. 이때 수급주체(세력)는 수백만 주의 상한가 매수 잔량을 매일 쉬지 않고 새벽같이 나와서 쌓아주는 고마운 사람입니다. 그렇게 고마운 사람이 있을 수가 없습니다.

그러다 수십만 주가 느닷없이 튀어나오고 금방 다시 점상 랠리를 할 듯하여 못 팔다가 4~5일 동안 하한가 매도 잔량이 수백만 주 쌓여 단 한 주도 팔 수 없는 점하를 맞으면 그 고맙던 사람이 원수로 보입니다.

칼날 같은 조심성을 가진 극소수의 개미 한두 명만이 고점매도에 성공하여 책도 쓰고 집도 사고 회사도 차리고 그럽니다."

주가에 영향을 미치는 투자주체들은 다음과 같다.

- 대형우량주 : 외국계 및 국내 주요 기관투자자인 직접투자자
- 중형주 : 외국인 및 국내 기관투자자 등
- 소형주 : 개인투자자 및 투자자문사
- 코스닥 대형주 : 기관투자자, 투자펀드, 투자자문사 등
- 코스닥 소형주 : 개인투자자 및 대주주 등

즉 상승하는 모든 종목에는 수급주체(세력)가 관여한다고 보면 된다. 2013년 11월에 벽산건설은 매각설로 주가가 급등했다가 폭락했다. 중동계 자금인 아키드컨소시엄이 M&A 투자계약을 체결했지만 인수대금을 납부하지 않아 최종적으로 무산된 것이다. 당시 벽산건설은 완전자본잠식 상태에 빠져 관리종목으로 지정되어 있었고, 사업보고서 제출 마감일인 2014년 3월 말까지 자본잠식에서 벗어나지

차트 2-19 ▶ 벽산건설

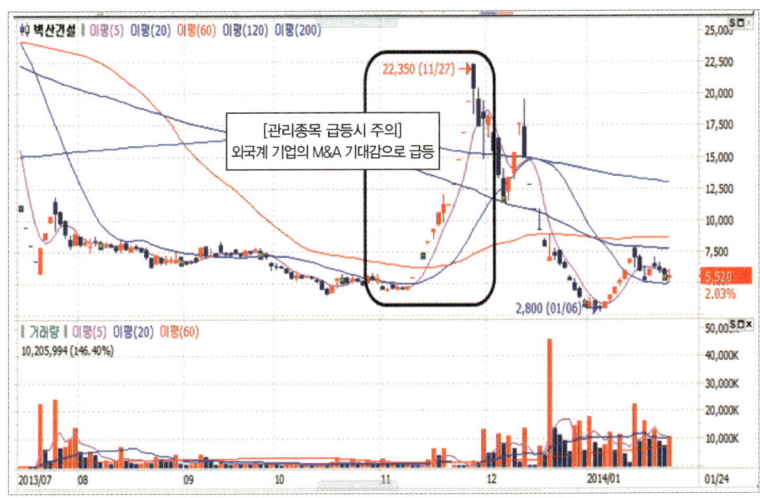

못하면 상장폐지 절차를 밟게 된다고 언급된 회사였다.

  자본잠식 등 극도로 불안한 재무구조를 가진 기업도 망하기 전에는 M&A, 신기술, 대량 수주계약, 대표이사 변경 같은 이슈로 주가가 단기간에 급등할 수 있다. 하지만 중요한 것은 이러한 현상은 폭탄 돌리기일 수도 있다는 것이다. 그러므로 투자에 특히 조심해야 한다.

  수급과 관련된 우량주라는 종목들은 기관과 외국인들이 들어오는 종목이다. 이런 우량주들은 기관 또는 외국인이 매수하면 상승하고, 매도하면 조정 또는 하락하곤 한다. 외국인 또는 기관이 꾸준히 매수해주면 수급이 강하다고 볼 수 있다.

  이것이 왜 그런지는 이전에 급등한 종목이나 이른바 수급주체(세력)

수급 에너지 강도체크법

수급 에너지 강도란 외국인 또는 기관 같은 수급주체들의 매수강도를 말한다. 다음의 경우는 매수로 본다.

- 개인매도가 나오는 상황에서 외국인·기관 양자 순매수
- 외국인 2배 이상 순매수 > 기관 순매도
- 기관 2배 이상 순매수 > 외국인 순매도
- 연속성 있는 순매수가 이어질 경우 매수에 대한 신뢰도가 크다.

주라 불리는 기존 종목 차트를 보면 알 수 있다. 수급주체(세력)들이 종목을 매집하는 형태와 추천종목이 어떻게 상승했는지 차트를 보면서 판단을 해야 한다. 주식시장의 모든 종목에 수급주체(세력)가 관여한다고 볼 수 있다.

[차트 2-20]은 한진해운 일봉 차트와 수급주체 동향을 보여주고 있다. 먼저 수급주체를 파악하는 데 가장 중요한 것은 거래량의 이상 징후이다. 12월 27일에 외국인이 180만 주를 순매수하면서 상한가를 기록하였다.

12월 13일부터는 외국인의 매수세가 유입되는데, 이때 외국인 매수한 물량보다 기관들의 매도물량이 2배 가까이 많은 점을 알 수 있다. 그러나 외국인은 그 이후 매수강도가 꾸준하게 유입되었고 기관

차트 2-20 한진해운

들의 매도강도를 넘어섰다.

이 당시 주요 모멘텀은 12월 20일에 나온 대한항공의 한진해운 자금지원 공시이다. 이에 외국인들은 강력한 매수세를 이어갔다. 자금지원이라는 재무구조 개선대책은 분명 호재였고, 이런 경우에는 수급상 외국인 매수세에 힘입어 주가의 초기 상승국면에서는 같이 매수에 동참하는 게 좋다.

💰 끈이란?

국어사전을 찾아보면 끈은 물건을 매거나 꿰는 데 쓰는 가늘고 긴 물건이나 연줄을 말한다. 하지만 여기서 필자가 말하는 '끈'이란 주식시장을 이끌어가는 수급주체(세력)인 외국인, 기관, 개인 큰손을 의미한다. 수급주체(세력) 종목은 주식시장의 전 종목을 대상으로 수급주체(세력)의 개입으로 주가가 상승한다. 테마주, 단일 호재 등 좋은 정보만 있다면 수급주체(세력)는 코스피, 우량주, 코스닥, 개별 주를 가리지 않는다.

💰 끈이 좋은 종목이란?

끈이 좋은 종목, 즉 수급이 좋은 종목은 일반적으로 외국인이나 기관이 순매수를 하는 종목을 말한다. 왜 외국인이나 기관이 순매수하는 종목이 좋은 종목일까? 이유는 간단하다. 외국인이나 기관은 정보력에서 개인투자자보다 훨씬 앞서기 때문이다.

특히 외국인 투자자들은 글로벌 네트워크가 뛰어나 산업동향이나 경제지표 분석력이 월등하다. 이들은 이러한 네트워크와 분석력을 바탕으로 미리 관련 산업군에 속한 종목들을 철저히 연구·분석하여 매매한다. 이런 정보를 바탕으로 그들은 실적 대비 저평가되었을 때도 차트를 무시하고 꾸준히 매수한다.

대다수의 개인투자자들은 외국인과 기관의 정보력과 분석력을 따라잡지 못하기 때문에 이들의 수급동향을 잘 체크해야 된다. 외국인이나 기관이 매수하는 종목의 주가가 올랐는가, 떨어졌는가를 확인해보면 알 수 있을 것이다.

💰 수급이란?

수급이란 수요와 공급을 뜻하는 경제학 용어이다. 주식시장에서는 수급을 파악하여 매매할 때 높은 적중률을 보일 수 있기 때문에 상당히 중요하다. 주식시장에서는 매수자와 매도자 간의 힘겨루기에 의해 수급이 이루어진다.

"수급이 붕괴되었다"라는 말을 많이 들어 보았을 것이다. 주가가 이동평균선 60일선을 돌파해 안착했다는 것은 매수세가 강하여 그 종목의 매도수급주체(세력)를 이겨내 추가상승이 예상된다는 의미이다. 반대로 60일선을 하향이탈하였다는 것은 매수자보다 매도자가 압도적으로 많아 추가하락이 예상됨을 의미한다.

💰 수급주체(세력)별 동향

우리는 매일 외국인, 기관, 개인의 순매매 동향을 파악한다. 외국인과 기관은 양 매수, 개인은 매도 혹은 개인이 연속 20일 순매수했다거나 외국인이 두 달간 10조 원 넘게 순매수를 했다든지 하는 이런 말을 많이 들었을 것이다. 또한 기관 순매수 종목 혹은 외국인 순매수 종목이 무엇인지 집중적으로 분석하기도 한다. 이렇게 우리나라 주식시장에서 각각의 수급주체(세력)들은 나름대로 특징이 있다.

(1) 외국인

보통 외국인들이 주식시장에서 순매수를 지속하고 있다는 것은 향후 주가가 추가상승이 가능하며, 해당 종목이 저평가되어 실적이 좋아질 것으로 판단하고 있음을 의미한다. 즉 외국인들은 대세상승 시기에 집중적으로 주식비중을 늘린다는 점을 주목해야 한다. 2009년 지수 저점은 900선대였으나 외국인들이 확신을 가지고 매수한 시점인 1,350선대부터 지속적인 상승이 이어져서 2,200선까지 오르기도 하였다.

[차트 2-21]의 CJ대한통운을 보면 11월 28일부터 외국인의 본격적인 매수세가 들어오면서 이전 대비 6배 증가한 25만 주의 대량 거래량이 발생하였다. 이렇게 차트상 주가 바닥권에서 외국인이든 기관이든 이전보다 대량 거래량이 발생한 양봉흐름이 나타나면 반드시 연구·분석하여야 하며, 외국인이 추가매수할 때 일부 분할매수하는

차트 2-21 ▶ CJ대한통운

전략도 좋다.

다시 차트를 보자. 11월 29일 이후 거래량은 현저하게 감소하나 주가는 횡보하다가 상승하는 모습을 보인다. 여기서 핵심은 수급주체(세력)의 매매강도를 파악해야 한다는 점이다.

이 종목은 외국인이 수급주체(세력)이므로 기관의 매도강도에 비교해서 1.5배 이상 매수세가 유입된 11월 28일 주가바닥을 확인한 날이라고 볼 수 있다. 이 시점이 수급(끈)으로 볼 때 적기매수 타이밍이다.

그렇다면 외국인은 왜 이 시점에 많이 샀을까? 이 당시 CJ그룹주는 CEO리스크로 주가가 과도하게 하락한 측면이 있다. 차트만 보고 투자자들이 매수 타이밍을 잡기는 어려울 것이다. 그래서 대형주의 경우에는 외국인과 기관의 매매동향을 잘 살펴봐야 한다.

CJ대한통운의 8만 원대 주가는 주당순자산 13만 원에 비하면 현저하게 할인되었다는 것을 알 수 있다. 외국인들은 자산 대비 저평가와 당시 철도파업에 따른 택배업체의 매출 증가 등이 기업실적에 영향을 긍정적으로 미칠 것으로 파악하고 매수한 것으로 보인다.

[차트 2-22]는 호텔신라의 2011년 10월부터 2012년 5월까지의 차트이다. 위쪽의 봉 차트는 주가의 흐름을 표시해 주고 있으며, 아래쪽의 차트는 거래량 및 수급의 현황을 보여주고 있다. 여기서 [차트 2-22]의 차트 중 분홍색 선으로 표시되어 있는 외국인 수급에 유의하여 살펴보자.

2011년 10월에서 2012년 1월까지 외국인 수급에 큰 변화가 없음을 위쪽의 주가와 비교해서 볼 수 있다. 2012년 1월 중순부터 5월까지 외국인들은 지속적으로 호텔신라를 매수하였다. 기관은 반대로 매도를 하였지만 외국인이 수급의 주체가 되면서 주가도 동반상승하는 모습을 볼 수 있다. 기관이 수급의 주체가 되었다면 주가는 하락

차트 2-22 호텔신라

했겠지만 외국인의 매수강도가 기관의 매도강도보다 강했기 때문에 수급의 주도권을 쥐며 주가의 상승을 만들어 나갔다.

2012년 1월 말부터 외국인의 매수강도는 평균 1일당 10만 주 이상이었으나, 기관의 매도강도는 평균 1일당 8만 주 미만이었다. 따라서 주가는 매수강도가 높은 외국인 매매동향에 따라 오르게 된다. 여기서 중요한 것은 단순히 누가 많이 샀느냐가 아니다. 매수강도도 중요함을 유의해야 한다.

(2) 기관

기관은 보통 투자금융, 보험, 투신, 사모펀드, 은행, 연기금, 국가 등을 말한다. 이 중 투신과 연기금동향을 많이 참고한다. 기관의 경우 단기호재나 모멘텀이 있을 때 단기 혹은 중장기 매매를 한다.

차트 2-23 ▶ 한국전력

투신, 증권, 보험 등 대부분 기관도 영리를 추구해야 하므로 새로운 증권 관련 신상품을 만들기도 한다. 예를 들면 적립식 펀드, 변액보험, ELW, ETF, ELS 등 많은 상품이 있다. 특히 지난 2010년도에는 자문형 랩이 시장에 열풍을 불러일으키기도 했다. 자문형 랩은 국내 기관 투자자의 자금운용 경험이 풍부한 투자자문사가 개인투자자에게 기관투자자 수준의 투자전문 서비스를 제공하는 금융상품 중의 하나이다.

즉 수급주체(세력)상 기관매매 종목은 단기 모멘텀이 있는 경우에 기관매수세가 유입되는 종목을 참고해서 매매 대응하면 된다.

[차트 2-23]을 보자. 한국전력은 11월 19일에 전기료 인상이라는 강력한 호재로 당일 거래량이 1,400만 주 이상 발생하였다. 평균 한전 거래량은 230만 주였는데 거래량이 이렇게 크게 증가하면 당황할 것이다. 하지만 이런 때야말로 왜 거래량이 크게 증가하고 호재가 무엇인지 발 빠르게 판단해야 한다. 이 경우에는 강력한 호재가 있기 때문에 대량 거래량이 발생한 후에 눌림목(조정)을 받더라도 추가상승하는 경우가 많다.

[표 2-9]와 [표 2-10]을 보면 11월 중순부터 외국인과 기관의 매수세 유입 이후에 주가가 단기적으로 상승하게 됨을 볼 수 있다. 12월 초부터는 외국인보다 기관의 매수강도가 계속 늘어나기 때문에 이 종목은 기관의 수급동향을 체크하는 게 중요하다.

한국전력은 공기업으로 전기료 인상이 실적개선에 직접 영향을 미

표 2-9 한국전력의 기관매수 동향

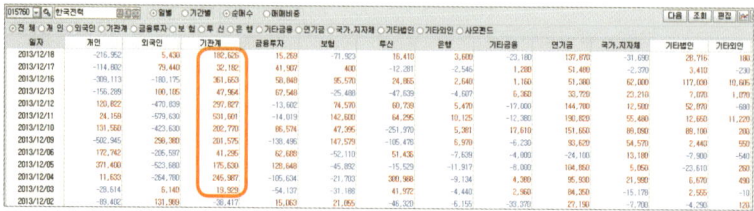

표 2-10 한국전력 전기료 인상 기사

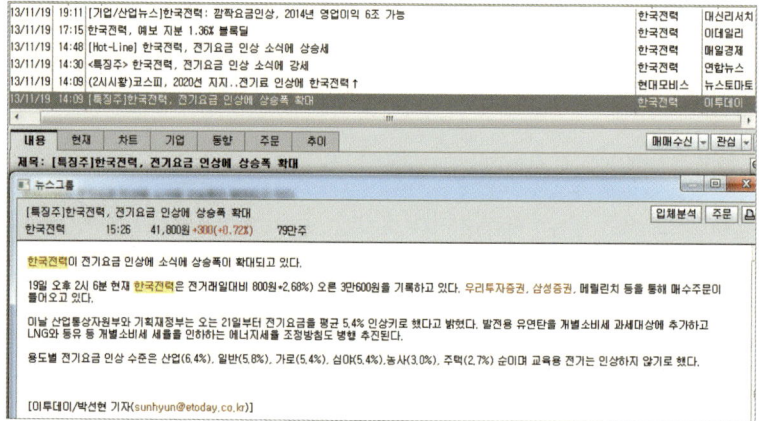

표 2-11 증권사 목표가 상향의견

친다. 그럼 당연히 언론보도 기사나 뉴스에 많이 등장하게 되고, 이 때에 국내외 증권사에서 애널리스트의 목표가 상향 분석보고서가 많이 나온다. 일반적으로 목표가를 상향한 주식은 외국인 또는 기관의 매수세가 들어오게 된다.

즉 대형주가 실적에 영향을 미치는 강력한 호재가 나왔을 때 거래량이 큰 폭으로 증가되면서 나타나는 장대양봉에서는 매수에 동참해도 된다. 주가가 중간에 조정을 보이더라도 거래량이 수반된 첫 번째 장대양봉의 시초가를 이탈하지 않는 한 지속보유 및 분할매수를 한

차트 2-24 삼성전자

표 2-12 ▶ 삼성전자 수급주체별 매매동향

일자	종가	대비	거래량	개인	외국인	기관계
2011/10/04	828,000 ▼	-12,000	658,616	56,652	-202,595	133,572
2011/09/30	840,000 ▲	3,000	516,023	30,206	25,310	-57,493
2011/09/29	837,000 ▲	30,000	553,981	-184,466	57,367	136,523
2011/09/28	807,000 ▲	3,000	486,551	-36,110	35,581	64,115
2011/09/27	804,000 ▲	29,000	331,600	-55,646	34,270	-7,564
2011/09/26	775,000 ▲	17,000	480,907	-66,300	-151,734	148,692
2011/09/23	758,000 ▼	-32,000	437,123	87,160	-102,843	14,863
2011/09/22	790,000 ▼	-23,000	307,008	61,459	-14,682	40,574
2011/09/21	813,000 ▲	2,000	341,563	-69,409	73,498	-1,617
2011/09/20	811,000 ▲	3,000	281,014	-43,695	-41,131	39,856
2011/09/19	808,000 ▲	10,000	246,920	-45,331	60,229	13,163
2011/09/16	798,000 ▲	27,000	476,632	-195,485	63,260	62,139
2011/09/15	771,000 ▲	18,000	426,593	-29,778	-78,668	91,486
2011/09/14	753,000 ▼	-27,000	551,101	28,838	-126,410	76,359
2011/09/09	780,000 ▼	-18,000	361,802	-35,525	7,448	42,135
2011/09/08	798,000 ▲	25,000	574,914	-182,482	52,385	139,950
2011/09/07	773,000 ▲	46,000	351,504	-102,070	-48,816	119,584
2011/09/06	727,000 ▼	-4,000	264,505	19,296	-20,282	5,223
2011/09/05	731,000 ▼	-38,000	277,488	39,558	-39,175	-6,437
2011/09/02	769,000 ▼	-2,000	258,682	-14,573	20,898	9,734
2011/09/01	771,000 ▲	27,000	717,411	-230,160	350,663	-90,129

다. 만약 거래량이 수반된 장대양봉의 시초가를 이탈한다면 일시적으로 매도를 고려해야 한다.

[차트 2-24]는 삼성전자의 2011년 9월부터 2012년 5월까지의 차트이다. 봉 차트 위로 하나의 선이 올라온 것을 볼 수 있다. 이는 기관

보유수량을 나타내는 지표로서 삼성전자의 주가와 유사하게 움직이는 것을 볼 수 있다.

[표 2-12]는 삼성전자가 바닥을 찍고 본격적으로 주가가 상승하는 2011년 9월의 수급주체별 매매동향이다. 차트와 비교해서 보면 9월부터 강하게 기관에서 매입하면서 주가도 같이 상승하는 것을 볼 수 있다. 기관의 지속적인 매수가 삼성전자의 연중 신고가를 갱신하게 하는 모습이다. 이처럼 끈은 주가상승 기조에서 중요한 요소이다.

3) 개인

개인투자자라고 하면 일반적인 개인과 수급주체(세력) 중 하나인 개인 큰손을 말하지만, 여기서는 일반적인 개인투자자들이다. 이 일반 개인투자자들의 수급상 매매흐름을 분석하면 박스권 장세에서 상당히 강하다는 점을 알 수 있다.

2011년 8월에 유럽의 재정위기로 시장이 급락했다. 주가가 1,750선에서 1,950선인 박스권 장세에서 개인들은 박스권 하단인 1,800선 이하에 분할매수를 하였고, 상단인 1,900선 위에서 추가상승 시 분할매도를 지속해서 반복적으로 매매하였다.

일반적으로 개인 매수세가 많은 종목군들은 코스닥 등 중소형주가 많은데, 본문에서는 기관과 외국인이 유입된 우량주에서의 개인투자자들 매매동향을 체크해보고자 한다. 보통 개인들이 매도할 때 외국인 및 기관선호주는 오르는 경우가 많다.

차트 2-25 고려아연

[차트 2-25]의 고려아연을 보면 개인이 12월 18일부터 대량으로 꾸준하게 매도하였으나 이에 반해 외국인 및 기관은 매수로 대응하였다. 개인은 집중매도하는 반면에 외국인은 소폭매수이나 관망하는 분위기였고, 개인 매도세가 기관보다 월등하게 매도강도가 크다는 것을 알 수 있다.

이렇게 개인매도 강도가 기관매수 강도보다 클 경우 어떻게 볼 것인가? 외국인이 매도하지 않는 한 개인 매도세는 크게 영향을 미치지 않는다. 즉 외국인이 소폭이나마 매수하고 기관매수 강도가 커서 개인매도로 주가가 하락하는 것이 아니라 오히려 상승하였다.

2013년 예상실적을 고려했을 때 고려아연의 적정주가는 32만 원이었으나 금값 하락 여파로 28만 원까지 하락하였다. 외국인 및 기관은 상대적으로 주가가 저평가되었다고 보고 매수세가 유입된 것으로 판단된다. 결론적으로 기업실적 대비 단기악재로 하락했을 때 개인은 팔고 외국인과 기관의 매수세가 유입되면서 거래량이 수반된 양봉흐름에서는 매수를 고려하는 게 좋다.

💰 기관투자자 매매종목 중 투자자 유의사항

주가지수가 많이 올라 있을 때 새로운 금융상품이 나오거나, 언론보도에서 기관투자자가 선호하는 주식들을 약어로 묶어서 보도하는 경우가 있다. 이럴 때는 투자에 신중해야 된다.

수급(끈)분석을 통한 종목발굴 비법

1. 거래량의 이상 징후를 파악하라.
   ① 바닥권 거래량이 대량으로 유입되었을 때 반드시 연구·분석하라.
   ② 대형주의 경우 이 시점부터 기관과 외국인의 수급을 파악하라.
   ③ 중·소형주의 경우에는 기업실적 동향을 체크하라.

2. 수급주체의 에너지 강도가 강한 시점에서 매수하라.
   ① 외국인 선호종목이라면 기관매도세 대비 3배 정도 유입되는 시점에서는 매수하라.
   ② 기관선호주 역시 외국인 매도추세에서 기관매수세가 3배 정도 된다면 바닥탈출 신호이다.
   ③ 기업분석 및 주가에 영향을 주는 뉴스나 재료가치가 있는가?

3. 거래량과 수급에너지를 신뢰하고 분할매수하라.
   ① 매수신호는 절대로 알려주지 않는다. 고위험 고수익이다.
   ② 외국인 또는 기관들의 평균 한 달 동안의 매수단가를 파악하라.
   ③ 이 가격대가 거래량이 들어온 장대양봉의 시초가보다 높으면 수익 극대화로 보유하고, 반대이면 탄력둔화로 매도해야 한다.

4. 매도는 다음을 따라라.
   ① 대형주의 경우 8% 수익률 발생 시 1/2로 매도한다. 누구든지 10% 목표가를 삼는다면 그게 오히려 독이 될 수 있다. 절반은 추세 20일선에서 대응하라.
   ② 중·소형주의 경우에는 20일선 추세 매매하되 매수가를 이탈할 때는 과감하게 매도하라.

예를 들어 미래에셋효과(2007년도 미래에셋펀드에서 매수한 종목군에 대한 묻지마 투자), 인사이트펀드(중국 등 신흥국 고점투자), 차화정(자동차, 화학, 정유업종 중 대표주 투자), 자문사 7공주(2010년도 투자자문사들이 집중 투자한 7개 종목군으로 대량 추종매수를 불러일으킨 시가총액 상위종목 : LG화학, 하이닉스, 기아자동차, 삼성전기, 삼성SDI, 삼성테크윈, 제일모직) 등의 신생용어가 그 예이다. 이런 것들이 주식시장에서 연일 뉴스에 부각되면서 개인투자자들로 하여금 추종매수세를 하게끔 이끌었다.

왜 이런 신생용어들을 경계하고 조심해야 할까? 그것은 바로 이미 주가가 많이 올라 있어 실적 대비 주가가 고평가되어 언제든지 수급주체들이 차익매물을 쏟아 낼 수 있기 때문이다.

4
꼴이 좋은 기업에 투자하라

 급등하는 주식은 다양한 패턴을 보이는데, 1차 상승 이후 숨 고르기를 보일 때는 어떤 형태를 보일까? 주가는 일정하게 바닥권에서 매집된 물량이 주가가 상승하게 되면 이후에 일부 차익매물도 나오게 된다. 그 뒤를 이어 낙폭과대가 되면서 거래량이 크게 줄어들게 된다. 또한 거래량이 상당 부분 줄어드는 위치에서 물량매집이 되는 경우도 있는데, 이를 눌림목이라고 한다. 바닥을 확인한 주가가 거래량이 증가하고 수일 또는 수주 간 단기 급등한 다음에는 차익매물을 소화하기 위한 일정 폭의 단기조정을 거치는 것이다.

차트 2-26 ▶ KH바텍

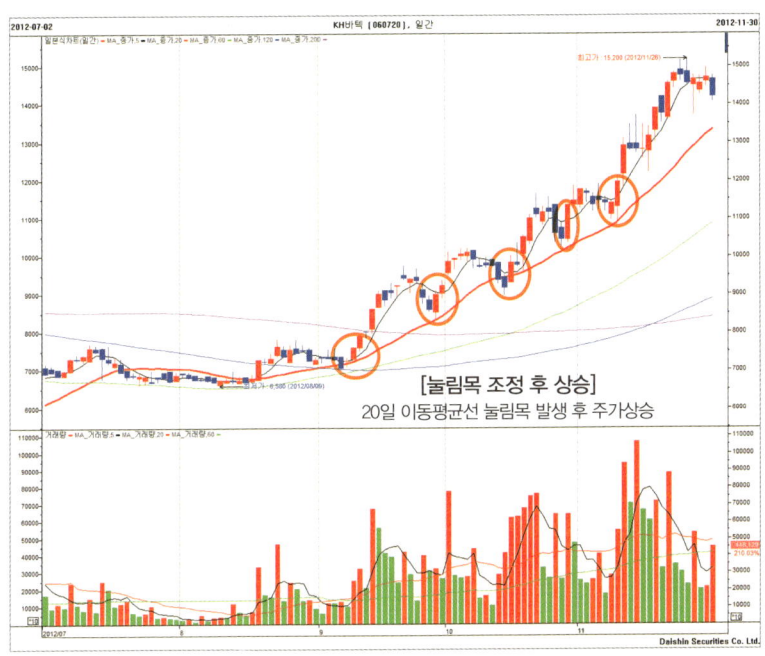

　　급등주는 바닥권에서 일정하게 매집되면 1차 상승을 하게 되고 거래량이 증가하게 된다. 이때 일시적으로 숨 고르기를 보이면서 쉬어가게 되는데, 바닥권에서 매집된 물량이 출회되는 낙폭과대 과정과 상승 후 차익실현매물을 다시 매집하는 눌림목 패턴으로 분류된다.

　　눌림목 패턴은 조정 폭이 그다지 크지 않은 상태에서 제반 이동평균선의 흐름이 지지와 저항을 받으면서 지지선에서 재반등을 하게 된다. 이유는 간단하다. 대기매수세가 강하기 때문이다. 따라서 급등주의 경우에는 눌림목 시점을 잘 파악하면서 추가상승 여부를 판단한다면 쉽게 수익이 날 수 있다.

다만 차트로만 대응하는 것보다 호가 창의 흐름을 잘 봐야 한다. 거래량과 캔들의 흐름도 면밀하게 확인하면서 눌림목인지 하락추세인지 명확하게 판단해야 한다. 이 경우 차트상의 핵심은 지지선 매매이다. 주식의 핵심은 타이밍이다. 아무리 좋은 주식이라도 매수 타이밍을 언제 잡고 매도 타이밍을 언제 잡을 것인가가 가장 중요한 것이다.

💰 좋은 꼴(차트) 발굴과정

종목을 분석할 때는 기본적으로 저평가, 바닥권, 중장기 모멘텀이 있는가를 확인해야 한다. 일반적으로 저평가(전년 대비 실적증가, 동종업종 대비 저PER, 자산가치 우량 등), 바닥권(주가가 1년 이상 가격조정과 기간조정을 거친 후 모든 이동평균선이 수렴된 후 거래량이 유입되었을 때), 중장기 모멘텀(주가에 긍정적으로 영향을 미칠 수 있는 실적 개선 가능성, 신기술 개발, 대형 수주계약) 등이 갖추어졌을 경우에는 주가가 대부분 크게 오른다.

[차트 2-27]을 구체적으로 적용해 보자. 차트는 꼴이다. 차트만 보면 저평가인지 중장기 모멘텀이 있는지는 알 수 없다. 본문에서는 차트, 즉 꼴로서 급등주를 찾아내는 것을 설명하겠다.

우리산업은 차트상 가격조정과 기간조정을 장기간 거쳤고 5일, 20일, 60일, 120일 이동평균선이 차례대로 수렴되고 정배열 상승 초기

차트 2-27 우리산업_이동평균선이 수렴되는 꼴

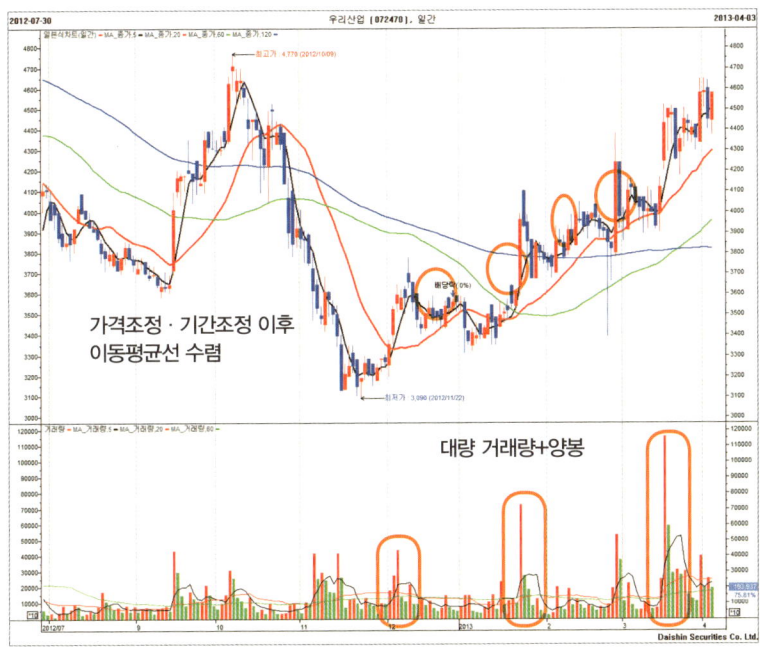

로 전환됨을 볼 수 있다. 이 시점에서 주가가 항상 급등하는 것은 아니나 수급주체(세력)들이 매수세를 유입시켜 대량 거래량이 발생했다면, 이는 추가상승의 징후라고 볼 수 있다. 구체적으로 대량 거래량이 수반된 5일선을 우상향으로 전환하는 양봉흐름이 나온 차트는 꼴이 좋다고 할 수 있다.

차트의 꼴은 먼저 가격조정과 기간조정 이후 이동평균선이 수렴되어야 하고, 이후 거래량을 수반한 양봉흐름이 나온다는 것이다. 반

차트 2-28 우리산업_가격조정과 기간조정을 거치는 꼴

대로 음봉에서 대량 거래량을 수반하는 종목이라면 펀더멘털을 먼저 따져봐야 할 것이다.

주식은 상승하기 위해서는 반드시 일정한 조정을 거쳐야 한다. 가격조정이란 단기상승 이후 차익매물이 나오면서 매도가 매도를 부르면서 추세를 이탈하고 하락하는 경우를 말한다. 이후 가격이 상당히 하락하게 되면 매물부담을 덜어내기 위해서 기간조정이 이어진다. 이런 과정을 통해 수급주체(세력)들은 등락을 보이면서 매집을 하는

차트 2-29 우리산업_급등 직전의 꼴

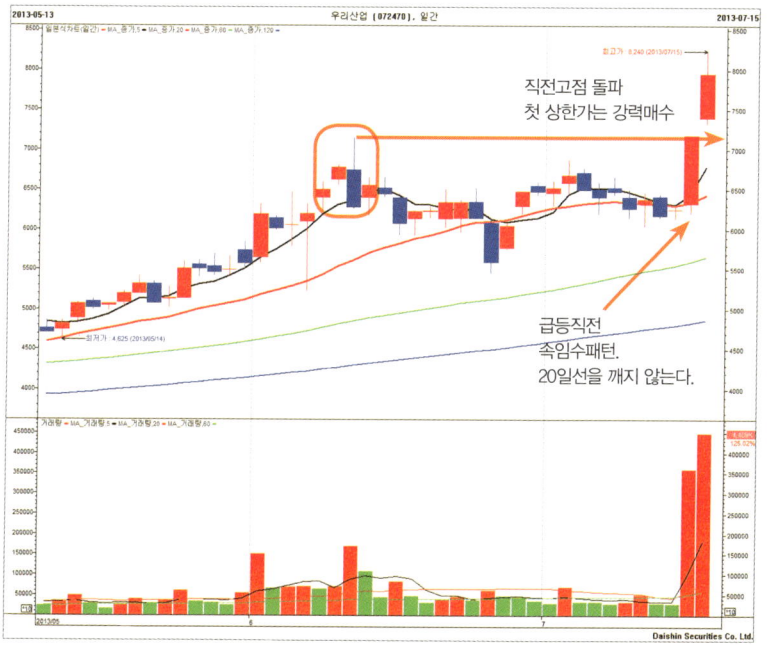

것이다.

 [**차트 2-29**]를 보면 바닥권 첫 상한가에는 매수를 해야 하며, 직전 고점을 돌파할 때 거래량 없이 급등하거나 상한가로 직전고점을 돌파한다면 강력한 매수시점이다. 특히 급등 직전에 속임수 패턴(5일 이동평균선을 일부러 이탈시키는 경우)으로 마지막 단타 투자자 물량을 빼앗고 상승하는 모습을 볼 수 있다. 여기서 중요한 것은 주가가 20일 이동평균선을 이탈해서는 안 된다는 것이다. 만약 이탈했다면 일부 위

험관리(분할매도) 후 주가가 다시 20일 이동평균선을 회복하였을 경우에 매수하는 게 현명한 투자방법이다.

결국 이러한 과정에서 승리하는 투자자가 되기 위해서는 바닥권, 저평가, 중장기 모멘텀을 보유한 종목을 모아가는 방법밖에 없다. 회사와 모멘텀을 믿고 말이다. 그래서 꼴(차트)이 중요한 것이다.

[차트 2-30]을 보면 6,000원이었던 주가가 단기간에 2배 급등한 것을 알 수 있다. 놀라운 일이 아닐 수 없다. 그렇다면 이때 수익을 극대화하기 위해서는 어떻게 해야 할 것인가?

차트 2-30 우리산업_20일 이동평균선 위로 상승하는 꼴

우선은 주가가 5일선을 이탈하지 않는 한 강력하게 보유하고 있어야 한다. 만약 종가상 5일선을 이탈하려는 흐름이 강할 경우에는 절반은 매도한다. 고점에서 첫 하한가가 가장 비싸게 매도한다는 것을 잊지 말아야 한다. 이후 나머지 절반 비중은 20일선 이탈 전까지 보유한다. 이는 수급주체(세력)들이 20일선을 이탈하지 않고 2차 상승을 시도하는 경우가 많기 때문이다. 반대로 20일선을 이탈하면 주저하지 말고 전량매도한다.

5일선이 중요한 이유는 최근 5거래일 동안 매수자의 투자심리를

차트 2-31 우리산업_매수급소를 지닌 꼴

보여주기 때문이다. 5일선 위에 주가가 위치하고 있다는 것은 매도세보다는 매수세가 강함을 의미하는 것이다. 20일선은 한 달 동안(20거래일)의 매수자의 심리를 보여준다. 주가가 20일선을 이탈한다는 것은 단기적으로 상승추세가 꺾인다는 것을 의미한다. 이때 투자자는 매도세가 증가한다는 것을 이미 알고 있기 때문에 20일선 이탈 시 매도를 하게 된다.

일반적으로 우량한 재무구조와 호재가 있는 기업의 경우 주가의 매매급소는 이동평균선과 거래량의 흐름을 보고 판단하는 것이 좋다. [차트 2-31]에서 매수급소는 주가 아래에 형성되어 있는 지지선으로, 즉 20일 이동평균선 또는 주가 20일선을 살짝 이탈했을 때 그다음에 형성되어 있는 60일선(수급선)에서 대기매수를 하는 것이 좋다.

본격적인 상승추세에 들어가면 20일선 이동평균선을 우상향으로 돌리는 거래량이 수반되는 강력한 양봉에서 매수는 최적의 타이밍이 된다. 장기간 기간조정을 거친 주식이 우상향으로 전환되면서 직전 매물대를 돌파하는 강력한 매수세가 유입되면서 상한가에 이른다면, 상한가에 사는 것은 가장 싼 가격이 된다. 이후 주가가 탄력적으로 올랐을 때 첫 상한가는 바닥권 가격을 확인시켜주기 때문이다.

💰 주가 수급주체(세력)들이 자주 활용하는 기법

일반적으로 수급주체(세력)들은 실적, 호재성 재료 및 뉴스가 있는 기업이 있을 때 외국인과 기관의 일일 매매동향이나 차트상 거래량의 증감 여부를 판단하고, 그 기업의 매매 타이밍을 선정한다.

(1) 주식 급맥 5원소 중 꼴을 위한 매집과 분산

끼에서 한번 설명한 바와 같이 급등하는 주식은 수급주체(세력)들이 오랜 시간을 두고 매집을 진행하는데, 이는 주식이 급등하기 위한 차트상의 꼴을 만드는 것이다.

여기서 매집이란 특정 종목의 주식을 가격에 구애받지 않고 대량으로 사 모으는 것을 말한다. 이때 매집은 경영권 지배를 목적으로 하는 경우, 시세차익을 얻고자 주가를 끌어올리기 위한 경우, 매집한 주식을 높은 가격으로 발행회사에 인수시키고자 하는 경우, 이렇게 세 가지가 있다. 수급주체(세력)들은 짧게는 3개월, 길게는 1년 가까이 공들여 매집하는 경우가 많다.

(2) 매집차트를 알기 위해서는 상한가 종목을 분석하라

상한가 종목을 기술적으로 분석하는 이유는 무엇일까?

첫째, 상한가를 기록한 종목의 차트를 분석하여 앞으로 급등할 수 있는 종목을 선취매하기 위함이다.

둘째, 상한가에 도달한 종목이 조정을 보였을 때 공략할 매수급소를 찾아내기 위해서다. 즉 해당 종목이 왜 상한가를 기록했는지, 상한가가 만들어지는 과정을 분석해서 차후 이러한 종목들이 발굴되었을 때 잘 공략하기 위함이다.

일반적으로 직전고점을 주가가 돌파할 때 거래량이 증가한다. 하지만 매집차트의 경우 직전고점을 돌파할 때 오히려 거래량이 감소하면서 상한가를 기록했다면, 일반적인 거래량의 원리에 맞지 않는다. 왜 그런가? 바로 이전에 매집이 이루어졌기 때문이다.

주가가 상한가에 도달하는 것은 강력한 호재가 있기 때문이다. 또한 주가는 호재가 이미 알려지기 전에 미리 움직이는 경우가 많다. 상한가에 도달한 종목을 분석하는 이유는 간단하다. 어떠한 이유로 급등했는지를 연구·분석하여 앞으로 상한가에 갈 수 있는 종목을 발굴하기 위함이다. 상한가에 도달한 주가차트를 보면 일반적으로 거래량의 증가, 외국인·기관의 대량 순매수, 호재성 모멘텀을 지닌 경우가 많다.

💰 차트상 매매급소

[그림 2-2]의 패턴별 급소를 보자. 매매급소를 보면 급등패턴은 급등을 하고 조정을 보인 후 5일선에 안착될 때 매수에 나서면 된다. 상승초기형은 지지선 매수나 쌍바닥 확인매수가 좋을 것이다. 바닥탈출 후 상승패턴은 직전고점 돌파 이후 거래량의 증감 여부로 판단하면 될 것이다.

그림 2-2 패턴별 급소

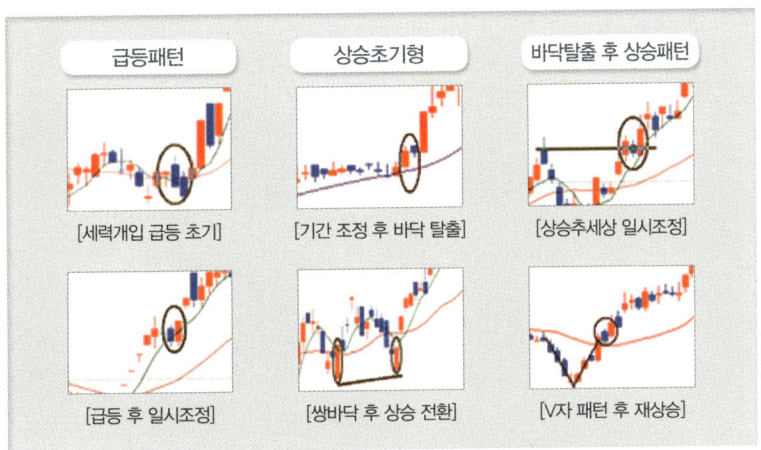

💰 기술적 분석상 급등주 포착법

급등주 초기 포착기법은 말만 들어도 흥분된다. 그렇다고 막연하게 급등주를 쫓아다니면 패가망신하는 지름길임을 명심해야 한다. 급등주 매매에서 가장 중요한 것은 상장폐지될 정도로 재무구조가 부실한 기업은 아무리 급등한다 하더라도 피해야 한다는 것이다. 급등주 포착기법은 우량한 재무구조를 지닌 기업 중에서 차트의 일봉과 거래량, 그리고 봉 차트 밀집도를 분석한 후 매매 타이밍을 포착하는 것이다.

(1) 일봉 차트분석

 일봉 차트상 급등주는 상당한 가격조정을 보인 후 최소한 3개월 이상 기간조정을 거치면 매물 부담이 줄어든다. 이후 5일, 20일, 60일, 120일 이동평균선이 수렴되어 정배열로 전환된다. 이때 주가가 20일 이동평균선을 이탈하여 일시적으로 정배열을 깬다 하더라도 다시 20일 이동평균선 위로 주가가 회복하면 상승추세가 살아 있다는 것을 의미한다. 또한 이것은 조만간 급등할 가능성이 높다는 것을 알려준다.

(2) 거래량 분석

 일봉 차트나 주봉 차트에서 급등주의 거래량을 보면 장기간 거래량이 없다가, 급등 전에 총 주식 수 1/3 정도의 대량 거래량이 수반되는 경우가 많다. 이는 갑작스러운 호재 발생이나 매물대를 흡수하기 위해서 매수세가 많이 유입되기 때문으로, 거래량이 증가한다. 거래량 없이 주가가 일시적으로 상승했다 하더라도 곧바로 시세가 분출하는 것은 아니고, 직전고점을 돌파하는 강력한 거래량이 발생한다.

 이 거래량에는 단타성 추격매수세 같은 악성 매물이 있기 때문에, 이를 소화하는 눌림목(일시적 주가하락 및 횡보 등의 조정)이 발생한다. 이후 매수세가 다시 유입되어 주가가 상승하여 큰 시세를 내는 경우가 많다.

(3) 봉 차트의 밀집도

　주가상승의 매집차트라면 주가가 횡보할 당시의 양봉(시가보다 종가가 높음)의 수가 음봉(시가보다 종가가 낮음)의 수보다 많아야 하고, 연속적으로 양봉의 수가 많을수록 매집의 밀집도가 크다고 할 수 있다. 과거 주가의 출렁거림이 지속되다가 어느 시점부터 일정 가격대에 봉 차트가 밀집되어 있다면, 이는 앞으로 커다란 변곡점이 될 가능성이 높다고 봐야 한다. 반면에 일봉, 주봉, 월봉의 봉 차트가 밀집되어

차트 2-32 　미래산업_저가주 양봉매집

주가의 변동성이 거의 없다는 것은 수급주체(세력)에 의해 가격이 더는 하락하지 않고 지지되고 있음을 의미한다.

[차트 2-32]에서 박스로 표시한 부분의 거래량을 보자. 대량 거래량을 수반하면서 양봉으로 시초가 이후 크게 상승하고 다시 밀리며, 일정 기간이 지난 후 같은 형태를 보이고 있다는 점에 주목해야 한다. 그렇다면 왜 이러한 흐름이 나타나는가? 바로 수급주체(세력)들이 주가를 상승시키고 싶어하기 때문이다. 아쉽게도 수요와 공급상(수급) 물량확보가 덜 되었기 때문에 일정 기간 주가를 등락시키면서 필요한 수급을 조절할 수 있는 물량을 확보, 즉 매집을 하는 과정인 것이다.

이렇게 박스권 등락과정을 보이면서 대량 거래량을 수반하여 충분한 매집을 거친 후에 주가가 상승함을 볼 수 있다. 일반적으로 주가는 직전고점을 돌파할 때 거래량이 늘어나면서 추가상승한다. 반대로 매집이 덜 된 경우에는 주가가 추가상승하지 않고 다시 하락한다. 이렇게 상승하고 하락하는 반복과정을 통해 추격매수한 데이트레이딩 세력들의 물량을 매도하게끔 하고 주가가 상승하기도 한다.

[차트 2-33]을 보자. 2004년 1월 중순에 박스 내에서 대량 거래량을 수반한 양봉으로 1차 매집을 하고 일정 상승한 후 조정을 보인다. 4월 초에는 대량 거래량을 수반하면서 강한 상승을 보인 후 다시 소멸한다. 그런데 첫 번째와 두 번째 거래량은 증가하는가? 보통은 거래량이 증가하면서 주가가 상승하는데, 직전고점을 돌파할 때는 오히려 거래량이 감소한다. 또한 세 번째 박스권을 돌파할 때는 첫 번

차트 2-33 한솔테크닉스_우량주 매집패턴

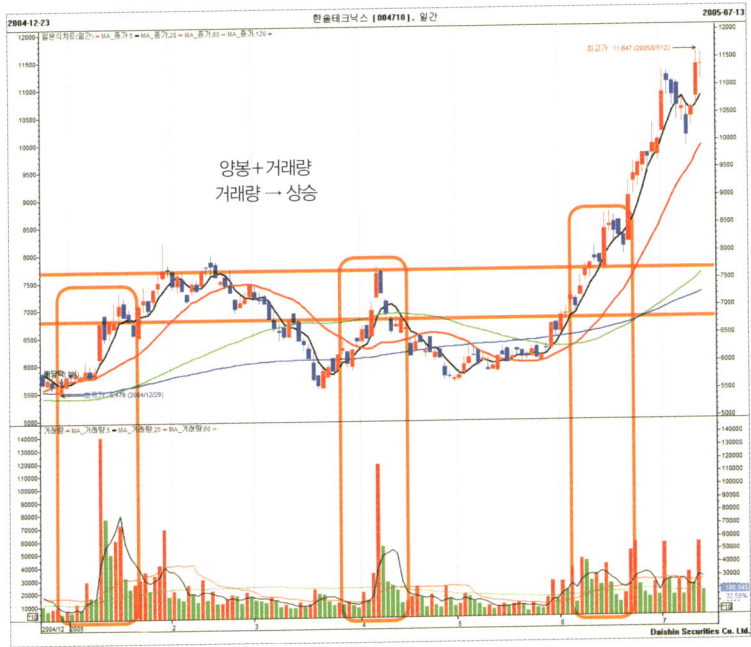

째와 두 번째 박스 내의 거래량보다 현저하게 적은 거래량으로 급등하게 된다. 이것이 바로 중기로 보고 양봉에서 매집하고 올리는 패턴이라고 할 수 있다.

이러한 모습이 자주 나오지는 않지만 매집에서 차트가 얼마나 중요한지를 알고 있으면 된다.

5
꿈, 끼, 끈, 꼴을 갖춘 기업에 '깡' 있게 투자하라

남자라면 '악'이나 '깡'이라는 말을 군대에서 한 번쯤은 들어봤을 것이다. '깡'은 사전적 의미로 '악착같이 버티어 나가는 오기'를 속되게 이르는 말이다. 하지만 이 책에서 말하는 '깡'은 주식시장에서 투자할 기업에 대해 반드시 매수·매도를 하는 확신을 말한다.

깡은 한마디로 될 만한 주식을 깡다구 있게 투자해 본인이 생각한 목표가까지 보유하는 것이다. 즉 깡이 없는 사람은 좋은 종목을 선별해 투자했더라도 큰 수익을 낼 수 없다.

깡은 꿈(성장성, 수익성, 슈퍼모멘텀), 끼(주가의 급등 흔적, 상승탄력도),

차트 2-34 ▶ 케이디씨_주식 금맥 5원소를 갖춘 종목이 또다시 급등하는 모습

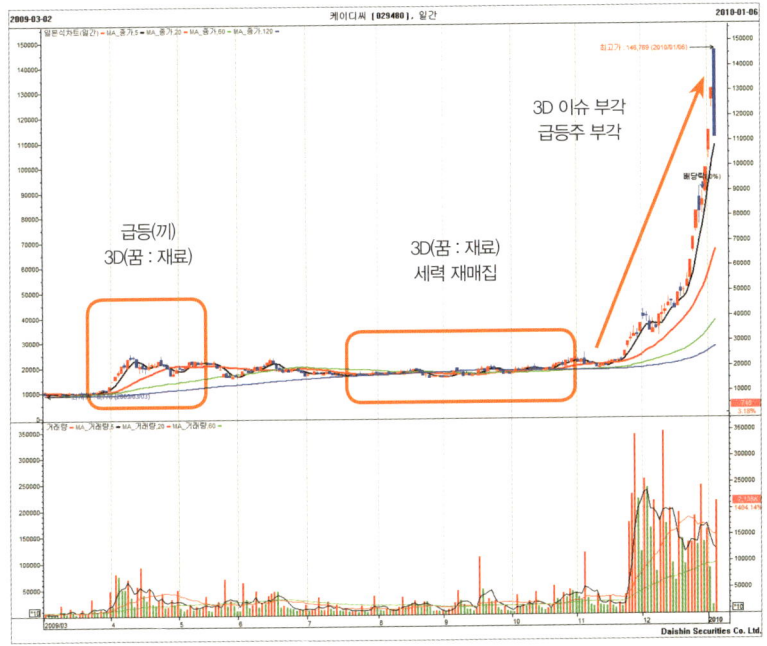

끈(외국인 및 기관의 순매수 여부), 꼴(차트의 모양, 매집도 등), 이 네 가지 원소를 가지고 발굴된 기업에 대해 확신하고, 목표가를 세운 다음 장기적으로 투자하는 것이다.

[차트 2-34]는 케이디씨의 2009년 주가이다. 케이디씨의 주가는 액면병합 전에 단기간에 600원에서 10,450원까지 급등했다. 이 주식이 11월에 급등한 이유는 바로 3D라는 신기술을 적용한 영화 〈아바타〉가 개봉한 이후에 전 세계적으로 큰 흥행몰이를 했고, 주식시장에서도 3D가 새로운 테마로 급부상되었기 때문이다. 3D 관련 수혜주로

케이디씨의 주가가 크게 영향을 받은 것이다. 즉 5원소 중 네 가지인 꿈, 끼, 끈, 꼴이 다 갖춰져 수급주체(세력)들이 강력한 매집의 배짱(깡)을 가지고 주가가 급등한 것이다. 다만 여기서 꿈은 3D라는 신성장 개념이지, 실적이 큰 폭으로 호전된 우량주는 아니었다는 것을 참고해야 한다.

이렇게 주식 금맥을 캐는 5원소 기법을 알면 이런 종목들을 앞으로도 수없이 발굴할 수 있을 것이다. [차트 2-34]를 보면 매수급소는 여러 가지가 있지만 가장 일반적인 매수급소는 이동평균선을 이용한 방법이다. 즉 이동평균선이 수렴된 후 20일 이동평균선이 상승추세로 전환되면서 거래량을 수반한 양봉흐름 시 매수한다.

💰 실전 분석_주식 금맥 5원소로 분석한 자동차산업

(1) 꿈을 가진 주식은 크게 오른다

자동차 주가에 영향을 미치는 요소, 즉 자동차 관련주에서의 꿈은 무엇인가? 성장성 측면에서 보면 '친환경 스마트자동차(전기차, 수소차 등)'라는 요인이 있다. 또한 해당 기업의 실적이 영향을 주기도 한다. 찾아보면 주가에 영향을 주는 요인은 상당히 많다. 자동차 주가에 호재 요인과 악재 요인을 사전에 숙지하고 기회를 기다리자. 그러면 관련 뉴스가 나올 때 남보다 빠른 투자전략을 수립할 수 있을 것이다.

표 2-13 자동차업종

거시지표	업황 사이클	업종주가
국가정책 GDP 성장률 가처분소득 실업률 환율 유가	가동률 재고 월수 대당 평균 판매단가(ASP) 자동차 등록 대수	자동차 판매 증감률(신차출시 효과) 주요 시장별 점유율 추이 EPS 증감률 현금보유량 리콜 및 파업

(2) 국가정책

표 2-14 금융위기 이후 각국 정부의 미래 연구개발 지원정책

정책	국가	지원내용
연구개발 지원정책	미국	친환경 그린카 개발에 250억 달러 융자지원
	중국	친환경 기술개발을 위해 15억 달러 펀드 조성
	한국	그린카 등 미래기술 확보 위해 5,000억 원 조성 자동차 경량화, 전동화 신기술 개발 위한 그린네트워크
	독일	친환경 자동차 개발 위해 5억 유로 융자지원
	영국	친환경 자동차 개발자금 23억 파운드 대출보증
	스페인	친환경 자동차 개발 위해 8억 유로 융자지원

표 2-15 ▶ 금융위기 이후 각국 정부의 자동차 수요 지원정책

정책	국가	지원내용
판매확대 지원정책	미국	2009년까지 신차구매 시 판매소비세 소득공제 연료효율 높은 신차구매 시 4,500달러 보조금지원
	독일	신차구매 시 2,500유로 지원, 6개월간 소비세 면제
	일본	2009년 3월부터 연비가 높은 차량 구매 시 세금감면
	중국	신차구매 시 취득세 10%에서 5%로 감면
	한국	2009년 5월 1일부터 연말까지 개별소비세 취득세 감면

(3) 자동차 판매액 증감률과 현대자동차 주가 추이

차트 2-35 ▶ 자동차 판매액 증감률

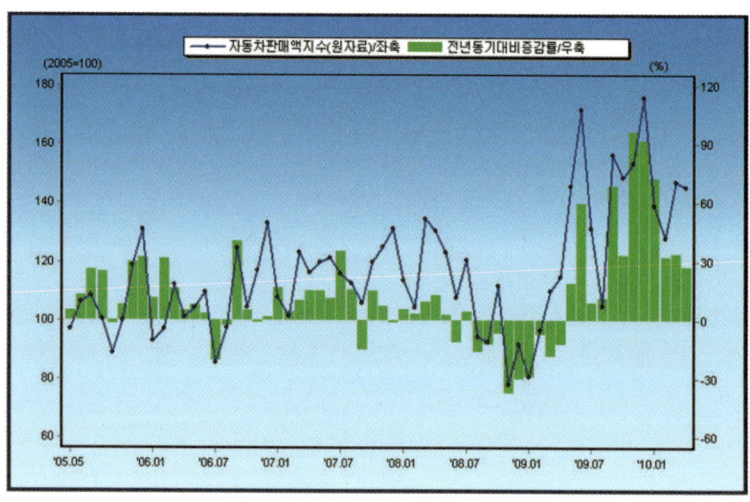

· 전년동기 대비 26.8% 증가

차트 2-36 현대자동차 월간 주가흐름

 2005년도 이후 자동차 판매액 증감률과 현대자동차의 주가 추이를 비교·분석해보면, 이 두 개의 흐름이 동일하게 진행되는 것을 알 수 있을 것이다. 특히 2009년 5월에 전년 대비 증감률을 0을 기준으로 상향돌파할 때, 주가는 바닥을 치고 큰 폭의 상승을 이어가게 된다. 이때가 주식 금맥 5원소를 완벽하게 갖추면서 상승을 꾀하는 시기로 보면 된다. 추가로 전고점을 돌파할 때 끈과 꼴이 양호해지므로 적극적으로 매수해야 한다.

(4) 자동차 등록 대수와 현대모비스 주가 추이

차트 2-37 자동차 등록 대수

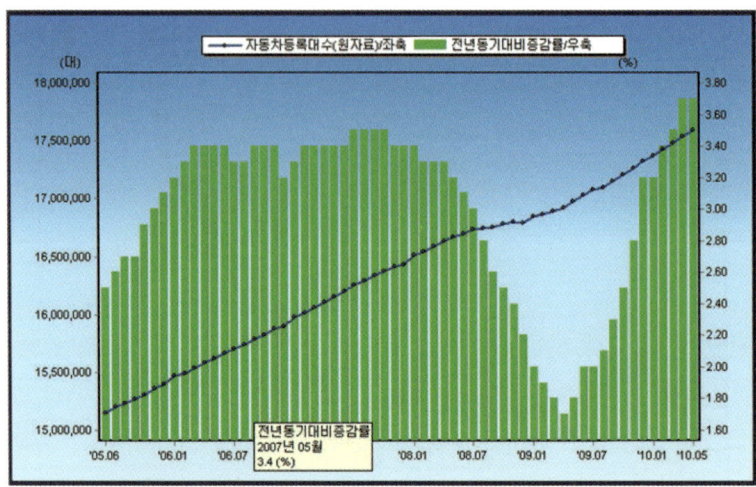

• 2010년 5월 기준 1,759만 대 등록

차트 2-38 현대모비스 월간 주가흐름

[차트 2-37]을 보자. 차트에서 확인할 수 있듯이 자동차 등록 대수가 2006년 이후 2008년 6월까지 정점을 찍고 이후 경기침체로 감소세를 보였다. 마찬가지로 현대모비스의 주가 추이도 2006년도에서 2008년도까지 크게 변화가 없다. 그러다가 금융위기 이후 자동차 등록 대수 증가율에 따라 현대모비스 주가도 큰 폭으로 상승을 꾀하는 모습이 동일하다.

(5) 신차효과

환율효과와 더불어 자동차 관련 주식에서 중요한 것은 신차효과이다. 기아자동차는 기존의 모닝, 포르테, 쏘렌토 이외에도 소울(2008년 9월), 포르테, 쏘렌토R 등 신형모델로 업그레이드했다. 또 K7을 출시(2009년 11월)하고 K5를 출시(2010년 5월)하면서 금융위기 때 5,000원이었던 주가가 32,000원대까지 수급상승한다.

[차트 2-39]를 보자. 기아자동차는 2010년 6월 중순에 K5 신차효과로 주가가 34,000원까지 급등했고, 이후 일부 기관과 외국인의 차익실현이 나오며 상대적으로 기간조정을 보였다. 기아자동차 뿐만이 아니다. 현대자동차가 2011년형 소나타 출시로 재상승을 꾀했던 것도 신차효과가 주가에 얼마나 큰 영향을 미치는지 확인할 수 있는 사실이다.

꿈이 있는 기업은 주가가 급등할 수밖에 없다. 자동차 기업은 중형주라 상당한 탄력성을 지닌 끼를 발산하면서, 외국인과 기관을 강력

차트 2-39 ▶ 기아자동차 신차효과

하게 이끌어 내는 끈을 가지고 있는 주식이다. 여기에 일봉상 20일선 아래에서 우상향하는 대세상승의 꼴을 가지고 있기 때문에 조정 시 반드시 매수해야 하는 배포(깡)가 있어야 한다.

💰 끼와 끈을 갖춘 종목을 매수하라

끼라는 것은 과거 급등의 흔적을 말한다. [차트 2-40]을 보면 현

차트 2-40 현대자동차와 도요타의 비교

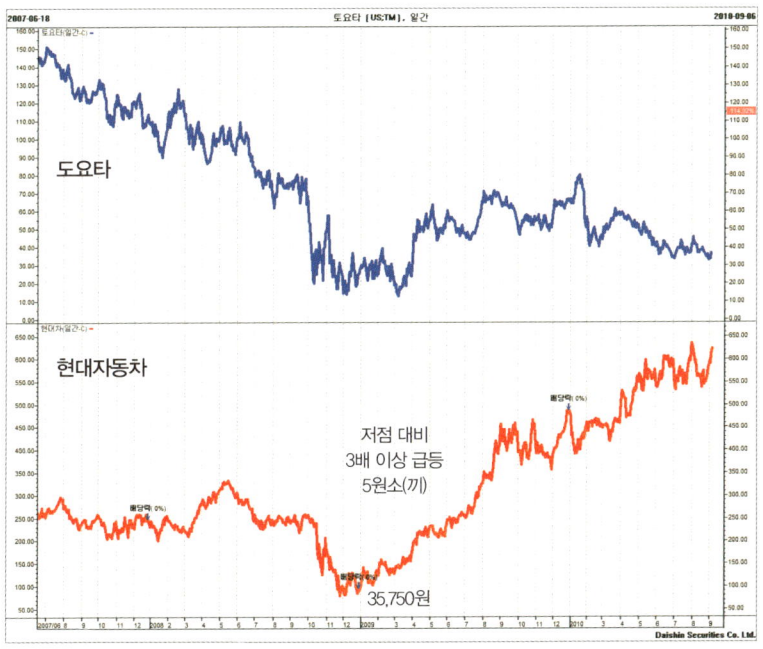

대자동차가 도요타보다 주가가 훨씬 큰 폭으로 상승한 것을 알 수 있다. 도요타 주가는 금융위기 이후 지속적인 박스권을 보이지만, 현대자동차는 우상향 지그재그 형태의 대세상승을 보였다. 주가는 35,000원대에서 14만 원대로 300% 이상 급등하였다. 무엇보다 2009년부터 2년 이상 현대·기아자동차는 고유가, 환율효과, GM과 크라이슬러의 파산, 세계 경기침체, 도요타 리콜 사태 등으로 세계시장 점유율이 높아졌다. 이것은 인지도가 향상된 상태에서 주가급등의 '끼'가 발산하는 것이라 할 수 있다.

국내 자동차 관련주에서 주가탄력성(동종업종 대비 주가상승 폭이 큰 것)이 큰 순으로 보자면 기아자동차, 글로비스, 현대모비스, 현대자동차 순으로 진행된다는 것을 알 수 있다.

💰 수급(끈)에서 차트상 매매급소를 노려라

탄력성이 큰 종목들은 일봉 상 20일선을 자주 이탈하기도 한다. 다

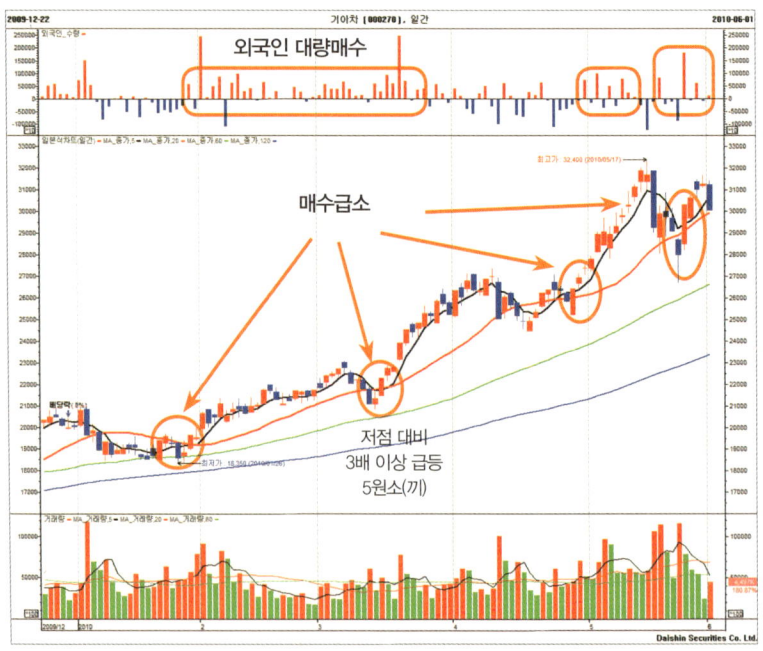

차트 2-41 기아자동차의 수급과 매수급소

만 주봉상 20개월선은 자주 깨트리지는 않는다. 일봉 차트상에서 봉 하나는 하루의 주가 움직임을 의미하고, 주봉 차트상에서 봉 하나는 일주일을 의미한다. 그러므로 일봉 차트상 20일선을 이탈하더라도 주봉 차트상 20개월선을 이탈하는 것은 아니다.

기아자동차의 경우 일봉 차트상에서 20일선 아래 음봉을 보이고 다시 20일선을 회복하는 양봉의 흐름이 나올 때 주가가 탄력적으로 상승을 꾀하는 모습을 볼 수 있다. 특히 수급상 매매주체인 기관이나 외국인이 강력하게 매도하지 않으면서 또는 매수세가 집중됨에도 불구하고 일시적으로 20일선을 이탈했다면, 이후 회복 시 적극 매수해야 한다는 점이다. 매도 포인트는 단기로는 5일선을 이탈하는 초기에 일부 비중을 축소하면 된다.

외국인은 2월 26일부터 3월 22일까지 3월 12일을 제외하고는 집중 순매수를 한다. 주가 역시 탄력적으로 상승을 꾀한다. 다만 차트상에 20일선을 단기적으로 이탈한 경우가 발생하는데, 이는 기관이 단기 차익 실현에 집중했기 때문이다. 하지만 지속적인 외국인 매수 덕분에 3월 중순에는 23,000원대부터 지속적인 상승을 하게 된다.

보통 개인투자자는 주가가 오르면 계속 매도를 시도하게 된다. 그것은 제5원소 중 꿈과 끈에 대한 확신이 부족해 일부 이익이 나올 때 매도하는 것이다. 중요한 것은 추세가 만들어지면 20일선을 이탈하더라도 기준이 되는 60일선을 훼손하지 않는 한 중기 보유하겠다는 배포(깡)이다. 또한 추세를 이탈했을 때 매도하는 배포를 가져야 한다.

표 2-16 ▶ 기아자동차의 수급과 매수급소

일자	개인	기관	외국인
2010/03/22	−1,123,270	443,850	701,580
2010/03/19	−2,997,705	504,595	2,477,070
2010/03/18	−760,024	223,338	616,656
2010/03/17	−1,898,203	936,563	955,050
2010/03/16	−2,066,982	1,421,250	289,522
2010/03/15	−618,372	−47,175	617,042
2010/03/12	2,372,859	−1,983,325	−83,077
2010/03/11	1,240,793	−1,251,306	140,583
2010/03/10	1,164,501	−1,314,448	127,257
2010/03/09	1,075,634	−1,370,656	396,770
2010/03/08	435,163	−972,683	688,470
2010/03/05	−647,650	172,920	409,890
2010/03/04	−304,472	−75,786	404,768
2010/03/03	−792,046	234,636	604,200
2010/03/02	−789,494	665,678	141,543
2010/02/26	−363,057	297,560	65,007

• 제 5원소 중 수급, 즉 끈의 흐름으로 매매 강도를 확인할 수 있다.

사례 ◀ 현대자동차의 수급과 매매급소 파악하기

표 2-17 ▶ 현대자동차의 수급주체(세력) 동향

날짜	외국인	기관계	개인
2009/06/30	1,500만 주 순매수	1,179만 주 순매도	244만 주 순매도
2009/05/29	1,037만 주 순매수	1,000만 주 순매도	68만 주 순매수
2009/04/30	831만 주 순매수	725만 주 순매도	42만 주 순매도
2009/03/31	45만 주 순매수	294만 주 순매도	289만 주 순매수

• 2009년 3월 1일~2009년 6월 30일

차트 2-42 ▶ 현대자동차의 수급주체(세력) 동향에 따른 주가흐름

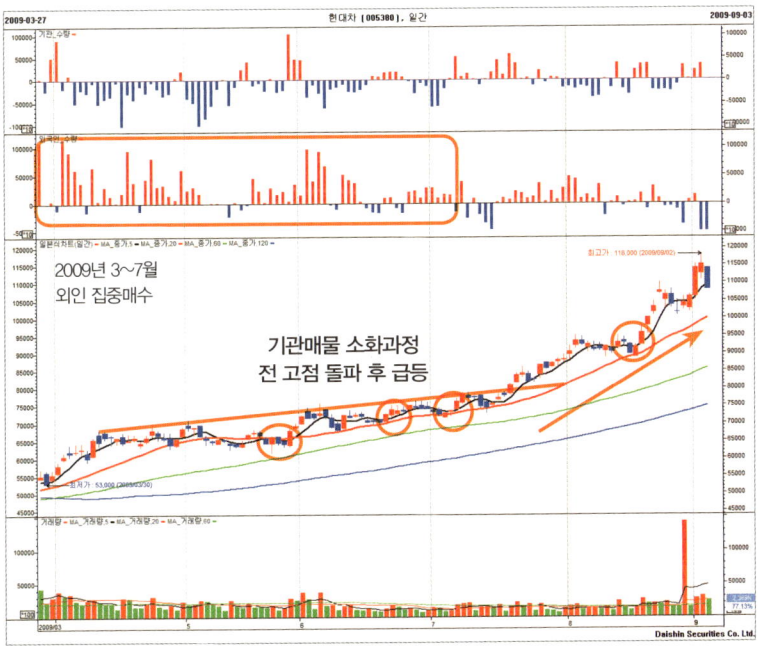

[차트 2-42]를 보면 2009년 3월 이후 외국인의 적극적인 순매수가 이어지지만, 기관은 환매압력에 따른 매도세가 집중됨을 볼 수 있다. 차트상으로 7월 초까지는 기간조정을 보임에도 외국인은 집중적으로 매수함을 알 수 있다.

끈, 즉 수급주체 중에서 외국인의 폭발적인 매집은 현대자동차가 GM의 파산으로 글로벌 시장에서 반사적 이익을 얻을 거라는 판단 하에 매수세가 집중된 것이다. 실제로 글로벌 시장에서 현대자동차의 시장점유율이 늘어났고, 당해년도 2분기 실적도 큰 폭으로 호전

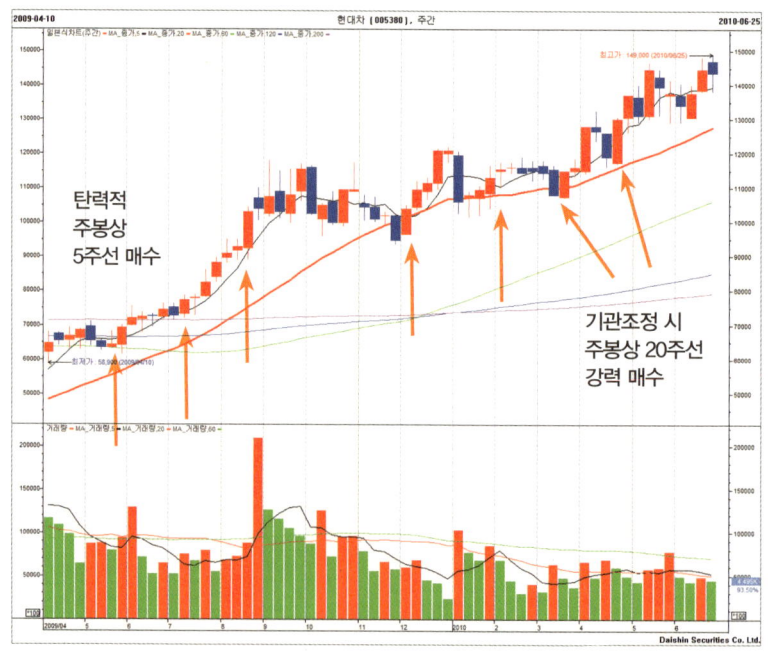

차트 2-43 ▶ 현대자동차의 매매급소(꼴) 파악하기

되었다. 이후 주가는 탄력적으로 전 고점을 뛰어넘고 상승함을 알 수 있다.

이런 사례에서 볼 수 있듯이 주식 금맥 5원소 중 하나인 수급주체(세력)가 매수의 '끈'을 집요하게 잡고 있는 주식은 뭔가 이유가 있는 것이다. 그 이유가 실적호전이라는 '꿈'을 갖추면 주가는 매수세가 집중됨을 알 수 있다.

주간차트로 보면 주가가 탄력적일 때는 5주선을 이탈하지 않는다. 이는 일간 차트상에서도 5일선을 이탈하지 않고 상승을 한다. 즉 주가가 탄력적으로 상승할 때는 5일선 또는 5주선 매수를 하면 되며, 이탈 시 매도하여 수익을 챙겨주면 된다.

일정 기간 횡보한 후에 주가흐름, 즉 꼴을 보면 주간 차트상에서 반드시 조정을 보이면서 20주선까지 밀린다. 이후에 양봉흐름이 나오면서 상승하는 모습을 알 수 있다. 기간조정 시 매수급소는 20주선 또는 20일선으로 보면 된다.

Chapter
03

성공하는 투자자가
즐겨보는 투자지표

5원소에 꼭 필요한 투자지표의 확인,
자신에게 가장 알맞은 투자방법을 개발하라!

주식투자의 원칙이나 요령을 모두 실천할 수 있으면 투자는 반드시 성공할 수 있다. 그러나 시세의 명인이라 하더라도 투자원칙을 100% 실천할 수 없다. 성격이나 습관 등을 고려해 자기에게 가장 알맞은 투자방법을 개발해야 한다. 예를 들어 인기주의 편승매매에 능한 사람은 그 계통으로 주력하고, 유연성이 부족한 사람은 좋은 종목을 주가가 낮을 때 사 놓고 장기적으로 기다리는 것이 유리하다.

1
돈 되는
주가예측 경제지표

주식투자자 중 국내외 경제지표를 보면서 투자를 하는 사람들이 많을까 적을까? 보통은 직접적인 연관성도 없어 보이고 복잡하고 이해하려면 머리도 아프니 잘 신경 쓰지 않는다. 하지만 OECD 경기선행지수, 무역수지, GDP 정도만 파악해도 상당히 유용하다.

가끔씩 뉴스나 신문에서 미국시장에 영향을 끼친 경제지표를 이야기할 때가 있다. 그 지표들은 무엇을 의미할까? 다음은 미국의 분기별 경제지표 발표일이다.

경제지표 관련 용어

- OECD 경기선행지수 : 경기예측 정확성이 높은 경제지표이며, OECD 33개 회원국을 대상으로 100을 기준으로 경기의 확장 및 수축을 예측
- 무역수지 : 상품수지라고도 하며, 일정기간 상품의 수출과 수입의 차이를 나타냄
- GDP : 국내총생산, 국경 내에서 이뤄지는 생산활동을 모두 포함하는 생산의 중심지표

미국 경제지표

표 3-1 1분기 미국 경제지표

1월	월요일	화요일	수요일	목요일	금요일
첫째 주	11월 건설지출 12월 ISM 제조업지수	11월 공장주문 11월 미결주택판매 12월 자동차판매	12월 챌린저 고용지표 12월 ADP 고용지표 12월 ISM서비스업지수, 주간 원유재고	주간 신규실업수당 청구건수 주간 연속실업수당 청구건수	12월 비농업 부문, 고용자변동 12월 실업률 11월 도매재고 11월 소비자신용
둘째 주		11월 무역수지	주간 원유재고 베이지북 12월 재정수지	주간 신규연속 실업수당 청구건수 12월 소매판매 수입물가지수 11월 기업재고	12월 CPI 12월 근원CPI 1월 엠파이어 스테이트 지수 12월 산업생산 1월 미시간대 소비자심리지수
셋째 주		11월 해외자본 유출입동향	12월 건축허가 12월 주택착공 12월 PPI 12월 근원PPI 주간 원유재고	주간 신규연속 실업수당 청구건수 12월 경기선행지수 1월 필라델피아 연준지수	
넷째 주	12월 기존주택 판매	11월 케이스실러 주택가격지수 1월 소비자신뢰지수	12월 신규주택판매 주간 원유재고 FOMC 기준 금리결정	주간 신규연속 실업수당 청구건수 12월 내구재 주문	4분기 GDP(잠정치) 1월 시카고PMI 1월 미시간대 소비자심리지수

2월	월요일	화요일	수요일	목요일	금요일
첫째 주	12월 개인소득 개인지출 건설지출 1월 ISM 제조업지수	12월 미결주택판매 1월 자동차판매	1월 챌린저고용지표 1월 ADP 고용지표 1월 ISM 서비스업지수 주간 원유재고	주간 신규실업수당 청구건수 주간 연속실업수당 청구건수 12월 공장 주문	1월 비농업 부문 고용자변동 1월 실업률 12월 소비자신용
둘째 주		12월 도매재고	주간 원유재고 베이지북 1월 재정수지	주간 신규연속 실업수당 청구건수 1월 소매판매 수입물가지수 12월 기업재고	2월 미시간대 소비자심리지수
셋째 주		2월 엠파이어 스테이트 지수 12월 해외자본 유출입동향 2월 주택시장지수	1월 건축허가 1월 주택착공 1월 수입물가지수 1월 설비가동률 1월 FOMC 회의록 1월 재정수지	주간 신규연속 실업수당 청구건수 1월 경기선행지수 1월 PPI 1월 근원PPI 1월 필라델피아 연준지수	1월 CPI 1월 근원CPI
넷째 주		12월 케이스실러 주택가격지수 2월 소비자신뢰지수	1월 신규주택판매 주간 원유재고	주간 신규연속 실업수당 청구건수 1월 내구재주문	4분기 GDP(수정치) 2월 시카고PMI 2월 미시간대 소비자심리지수 1월 기존주택판매

3월	월요일	화요일	수요일	목요일	금요일
첫째 주	1월 개인소득 개인지출 건설지출 2월 ISM 제조업지수	2월 자동차판매	2월 챌린저고용지표 2월 ADP 고용지표 ISM 서비스업지수 주간 원유재고 베이지북	주간 신규실업수당 청구건수 주간 연속실업수당 청구건수 1월 공장주문 1월 미결주택판매	2월 실업률 1월 소비자신용
둘째 주			1월 도매재고 주간 원유재고 2월 재정수지	주간 신규연속 실업수당 청구건수 1월 무역수지	2월 소매판매 3월 미시간대 소비자심리지수 1월 기업재고
셋째 주	3월 엠파이어 스테이트 지수 12월 해외자본 유출입동향 2월 산업생산	2월 건축허가 2월 주택착공 2월 수입물가지수 2월 FOMC 기준금리결정	1월 재정수지	주간 신규연속 실업수당 청구건수 2월 경기선행지수 2월 CPI 2월 근원CPI 4Q 경상수지 3월 필라델피아 연준지수	
넷째 주		2월 기존주택판매	2월 내구재주문 신규주택판매	주간 신규연속 실업수당 청구건수	4분기 GDP(확정치) 4분기 개인소비(확정치) 2월 미시간대 소비자심리지수(확정치)

대부분의 경제지표는 달마다 발표되는데, 이것을 매일 미국 증시 결과로 확인해볼 수 있다. 주간으로 발표하는 경제지표도 여러 가지가 있다. 매주 수요일에 발표하는 주간 원유재고, 목요일에 발표하는 주간 신규실업수당 청구건수와 주간 연속실업수당 청구건수가 있다.

이 중에서 신규실업수당 청구건수는 매주 관심 있게 지켜봐야 할 지표 중의 하나이며, 이 지표를 통해 고용상황을 빠르게 판단할 수 있다. 하지만 주간 변동성이 크고 산업별로는 판단하기 어려운 지표이다. 일반적으로 이 지표에서 신규실업수당 청구건수가 40만 명 미만이면 경기가 회복국면에 확실히 들어섰다고 해석한다. 증가와 하락에 따른 투자심리에 영향을 주는 지표로 활용된다.

또한 수요일에 발표하는 주간 원유재고는 매주 미국 에너지부에서 발표하는 지표로, 대개 다음과 같이 이해하면 된다.

> 주간 원유재고 예상 밖 증가 → 국제유가 하락
> 주간 원유재고 감소 → 국제유가 상승

💰 첫째 주간에 발표하는 지표들

미국의 월별로 발표되는 지표 중 첫째 주간의 고용지표가 금융시장에 큰 영향을 준다. 이 고용지표가 개선되었다는 것은 기업들의 투자

차트 3-1 고용지표

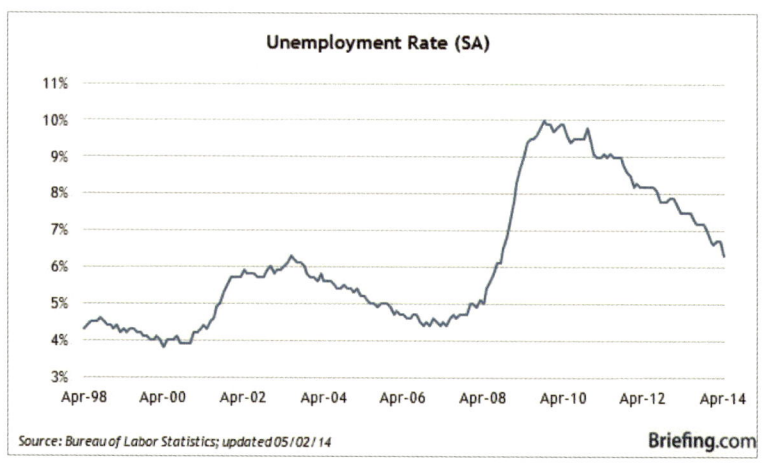

여건이 회복되어 신규 일자리가 늘어났다는 것이다. 또한 자금이 원활하게 순환하고 있다는 것을 뜻한다.

우선 첫째 주 수요일에는 민간 고용보고업체인 ADP와 챌린저 등의 고용지표가 먼저 발표되면서, 금요일에 발표될 고용보고서에 대한 시장반응을 본다. 그다음 목요일에는 주간 실업청구 건수가 발표되고, 금요일에는 비농업 부문 고용자변동 및 실업률 발표가 진행된다.

ADP 고용보고서는 2001년부터 작성되기 시작한 것으로, 정부가 발표할 고용지표를 미리 산정해볼 수 있다. 시장에서 늘 관심 있게 보는 지표이나 정부 관련 고용 부분은 제외된 수치이므로 정부의 고용지표와는 차이가 있다.

금요일에는 실업률을 포함하는 정부의 고용보고서가 발표된다. 여

차트 3-2 ADP 고용보고서

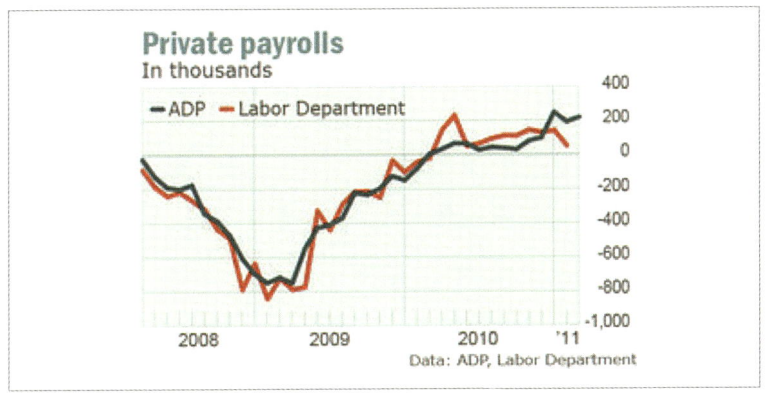

기에는 실업률, 비농업 분야 급여자 수, 평균일수와 평균시간당 임금 등 여러 가지가 포함된다. 미국의 전체 경제지표 중에서도 상당히 큰 비중을 갖는 지표로, 미국의 고용시장에 대해서 살펴볼 수 있는 지표로 활용된다. 미국에서 발표되는 가장 중요한 지표 중의 하나이며, 시장에 미치는 영향력이 크다고 할 수 있다.

일반적으로 실업률이 하락하고 비농업 부문 신규 취업자 수가 증가하면, 주식시장에 긍정적인 호재로 본다. 주식시장에서 실업률은 후행성 지표이다.

실업률 증가 → 주가 약세
실업률 감소 → 주가 강세

분기 첫째 주에 발표되는 다른 지표도 살펴보자.

매월 첫 영업 일에 발표되는 공급자협회ISM의 제조업지수가 있다. 이 지표는 구매가격, 신규주문, 공급자 물자수송, 생산, 제조업 재고, 제조업 고용현황까지 전체적으로 다룬다. 이 때문에 금융시장에 중요한 정보로서 상당한 가치를 가지고 있으며, 보통 지표가 50 이상이면 경기 확장을 나타낸다.

ISM 제조업지수 50 이상 → 경기 확장
ISM 제조업지수 50 미만 → 경기 위축

미결주택판매는 신축을 포함해 판매계약은 했지만 최종매매대금은 지급하지 않은 것으로, 기존주택판매에 대해서 선행지수 역할을

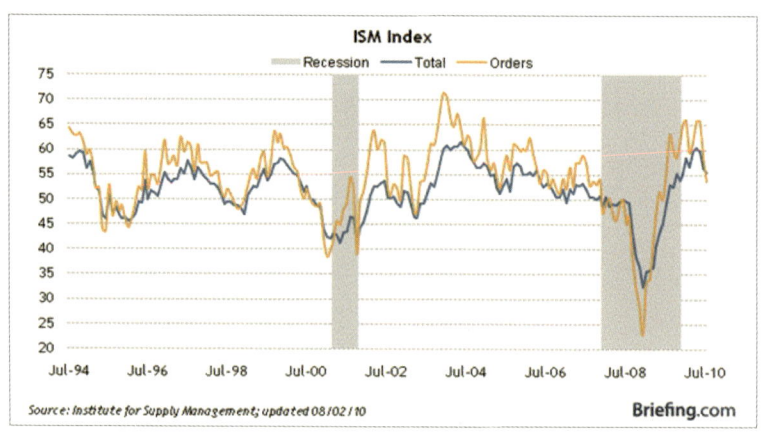

차트 3-3 ISM 제조업지수

차트 3-4 ISM Prices and Deliveries

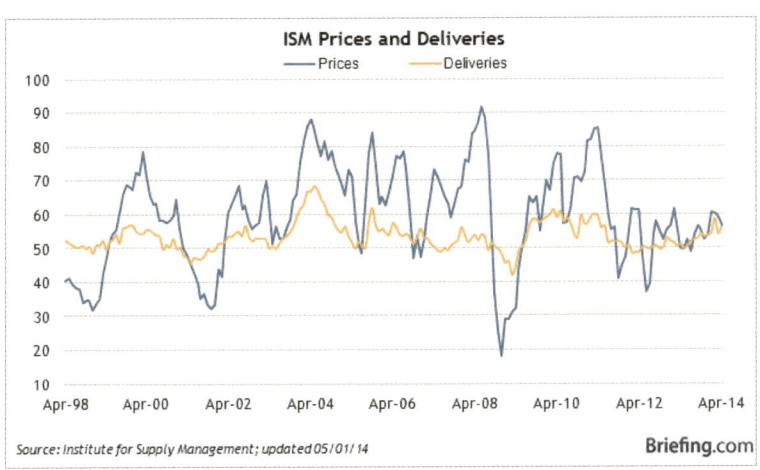

Source: Institute for Supply Management; updated 05/01/14   Briefing.com

표 3-2 미결주택판매

NATIONAL ASSOCIATION OF REALTORS®
Pending Home Sales Index (PHSI)

Year		United States	Northeast	Midwest	South	West	United States	Northeast	Midwest	South	West
2011		89.9	67.5	80.8	98.0	104.2	*	*	*	*	*
2012		100.5	79.3	95.8	110.6	105.7	*	*	*	*	*
2013		105.5	84.8	106.6	117.2	101.7	*	*	*	*	*
		Seasonally Adjusted Annual Rate					Not Seasonally Adjusted				
2013	Mar	105.7	83.7	105.1	119.0	102.4	122.1	103.0	124.0	144.8	99.3
2013	Apr	107.7	90.1	106.5	119.6	104.0	127.5	125.9	136.6	143.8	93.7
2013	May	109.6	86.1	112.8	120.5	107.3	131.1	122.7	140.2	138.6	116.5
2013	June	110.8	86.6	112.8	118.9	114.9	128.5	109.3	130.7	144.6	116.0
2013	July	108.2	82.4	111.8	120.2	105.8	117.5	85.1	113.4	136.5	117.0
2013	Aug	107.1	85.1	110.8	117.0	104.8	115.9	85.5	108.6	125.2	132.6
2013	Sept	104.0	85.0	105.4	116.5	97.8	92.2	64.5	87.9	99.5	106.7
2013	Oct	101.9	85.0	103.7	113.9	94.2	103.2	85.6	107.5	108.6	103.8
2013	Nov	100.7	83.3	100.5	113.9	93.9	84.3	61.2	78.9	89.8	99.3
2013	Dec	94.9	77.2	95.3	107.4	88.4	62.7	41.8	63.3	74.6	59.5
2014	Jan	94.7	79.0	92.7	110.7	84.2	77.7	57.6	73.2	89.5	79.4
2014	Feb r	94.2	77.7	95.3	106.7	86.1	85.2	68.2	98.3	95.8	67.9
2014	Mar p	97.4	78.8	94.5	112.7	91.0	113.1	96.1	111.0	138.4	88.6
vs. last month:		3.4%	1.4%	-0.8%	5.6%	5.7%	32.7%	40.9%	12.9%	44.5%	30.5%
vs. last year:		-7.9%	-5.9%	-10.1%	-5.3%	-11.1%	-7.4%	-6.7%	-10.5%	-4.4%	-10.8%

©2014 NATIONAL ASSOCIATION OF REALTORS®

차트 3-5 소비자신용

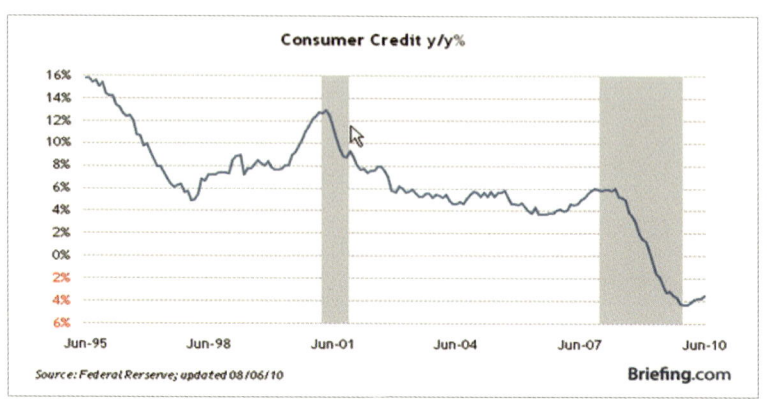

하는 지표이다. 매월 초에 발표한다.

　소비자신용지수는 미연방제도이사회FRB에서 매월 초순에 발표하는 지표로, 개인들에게 제공되는 소비재 및 서비스구매 관련 신용을 의미한다. 미국은 자동차 등의 소비성 내구재 이외에도 신용카드를 사용한 구매가 일반화되어 있다. 그래서 소비자신용 이용도가 매우 높아 개인의 소비동향을 파악하는 데 필요한 자료이다.

　소비자신용 융자잔고가 감소하게 되면 경기침체 장기화 우려로 해석되며, 실제로 2008년 금융위기가 발발하면서 크게 문제가 되기도 하였다. 소비자신용 잔고는 주식시장과 양의 상관관계이다.

> 잔고 증가 → 증시 강세
> 잔고 감소 → 증시 약세

그림 3-1 베이지북

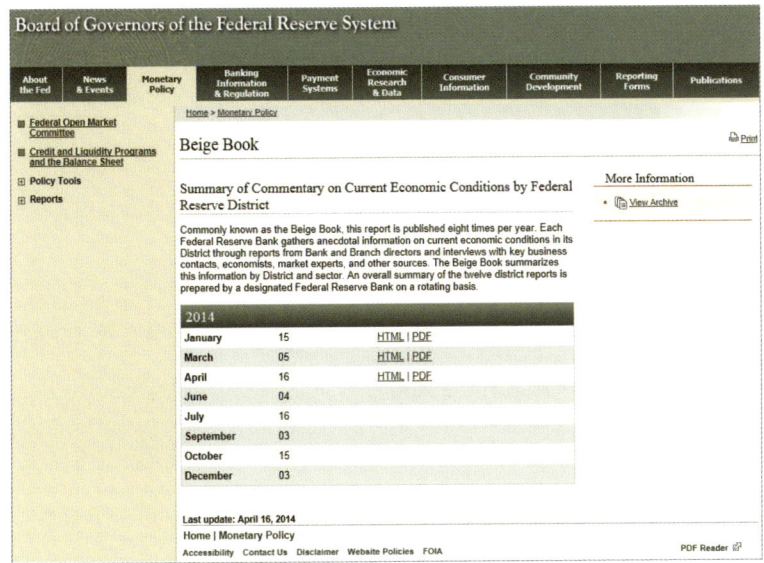

　베이지북은 미국 연방공개시장위원회FOMC 정기회의 개최일로부터 2주 전 수요일에 발표된다. 이 지표는 연간 8회 발표하는 미국의 경제동향 종합보고서이다. 12개 지역 연방은행 준비은행이 조사·분석한 것을 모은 자료집으로, 생산·소비·물가 등 미국 경제 전반에 대한 내용을 담고 있어 미국 연방공개시장위원회 정책결정에서 기초자료로 활용된다. 시장 영향력이 꽤 높은 지표로 경기와 금리 움직임 등의 영향에 따라 해석이 달라진다. 베이지북이 발표되기 전에 주식시장이 변동성이 커지는 이유도 그만큼 중요하기 때문이다. 베이지북의 경기동향 예측은 주식시장에 영향을 크게 준다.

💰 둘째 주간에 자주 발표하는 지표들

둘째 주간에 발표하는 지표 중 가장 중요한 것은 정부의 재정수지와 무역수지이다. 재정수지는 나라의 전체 수입과 지출을 나타내는 지표이며, 무역수지는 재화와 서비스를 대상으로 한 수출과 수입의 차이를 말해주는 지표이다. 이 지표에서는 적자냐 흑자냐보다는 그 내용을 집중적으로 살펴보는 것이 더 중요하다.

미국은 재정수지가 만성적자인 국가로 무역수지도 적자를 보이고 있다. 대내채무 증가에 따른 재정수지 악화 및 국제 간 무역에서도 경상수지의 지속적인 적자를 보여왔다. 따라서 미국이 일본, 중국 등의 이머징마켓으로 하여금 자국통화 절상을 요구하는 것도 무역수지 적자를 개선하려는 조치라고 할 수 있다.

[**차트 3-7**]의 미시간대 소비자심리지수는 한 달에 두 번 발표되는

차트 3-6 재정수지와 무역수지

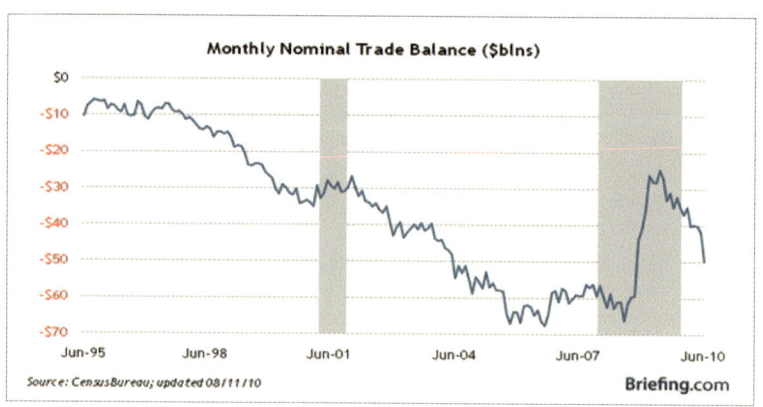

차트 3-7 미시간대 소비자심리지수

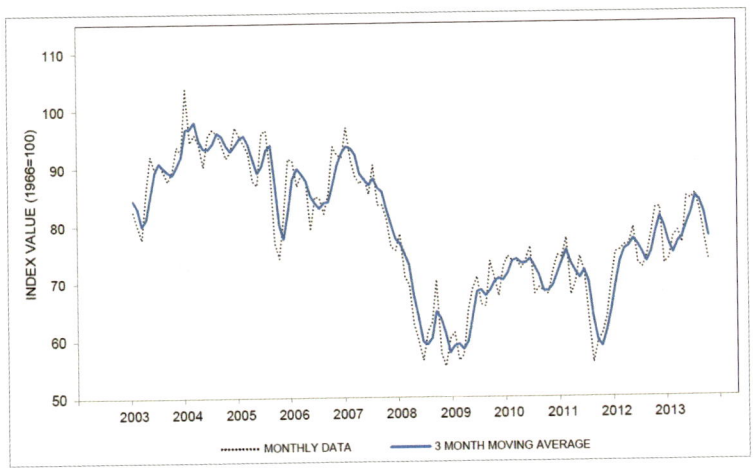

지표이다. 매월 중순에는 잠정치를 발표하며 마지막 주에는 확정치를 발표한다. 이 지표는 컨퍼런스보드Conference Board의 소비자신뢰지수보다 앞서서 발표되기 때문에 경기선행지표로 사용하고 있다. 미시간대 소비자심리지수는 주식시장에서 다음과 같이 판단하면 된다.

> 미시간대 소비자심리지수 증가 → 주식 강세
> 미시간대 소비자심리지수 감소 → 주식 약세

[차트 3-8]의 소매판매지수는 소비자의 지출 정도를 나타내는 대표적 경제지표이다. 미국 상무부가 내구재 및 비내구재를 포함해서 소

차트 3-8 소매판매지수

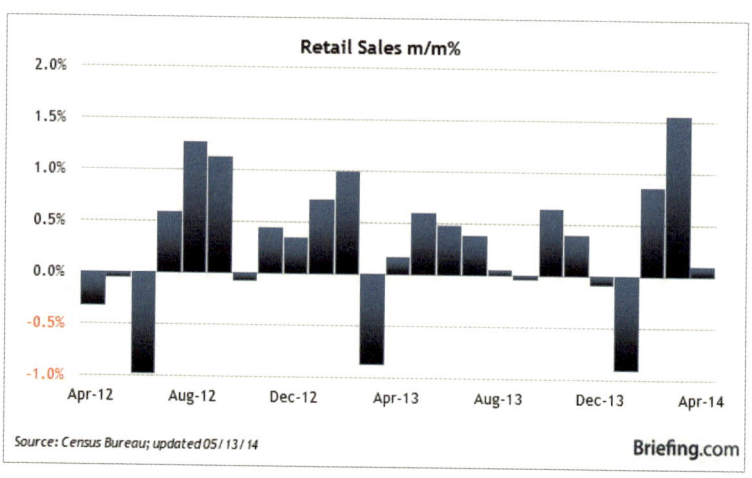

매상의 월 매출을 집계한 후, 매월 13일경 전월의 지수를 발표한다. 이 중에서 자동차는 월별 판매대수의 변화가 심해서 포함되지 않고 따로 발표한다. 특히 자동차 판매대수는 국내 자동차 관련 주가에도 크게 영향을 미친다. 소매판매의 증가는 소비의 증가로 해석되기 때문에 경기회복 신호로서 아주 중요하다.

[차트 3-9] 기업재고는 제조업체, 도매업체, 소매업체가 보유하고 있는 재고의 양을 측정한 것이다. 매월 15일 즈음 상무부 통계국에서 전전월 수치를 발표한다. 매출과 관련되어 산출된 재고 수준은 단기 생산활동의 방향을 보여주는 척도로 활용된다.

차트 3-9 기업재고

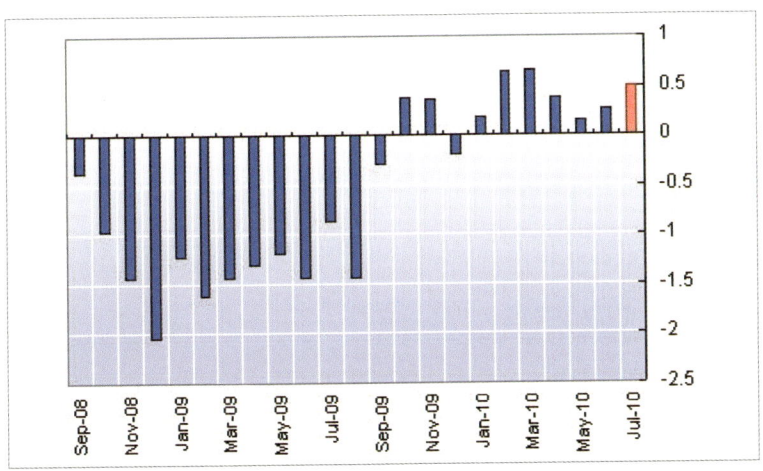

💰 셋째 주간에 자주 발표하는 지표들

 셋째 주간은 물가지표가 발표되며 주식시장에 상당한 파급효과를 미친다. 소비자물가지수와 생산자물가지수, 선행지수와 같은 상당히 굵직한 지표들이 발표된다. 평소에도 많이 들어본 지표들이 발표되므로 개념을 명확하게 이해하는 것이 좋다.

 먼저 소비자물가지수^{CPI}는 일정한 시기에 걸쳐 소비자들이 구매하는 재화의 서비스 항목 가격변동을 측정하기 위한 지수이다. 대표적인 인플레이션 척도로 활용된다. 미국 정책 당국자들이 재정정책과 통화정책을 수립하는 데 있어 반드시 고려해야 하는 지표이기 때문에 경제정책 결정에 대해서 선행성을 보이는 지표이다. 이 지표는 매

차트 3-10 소비자물가지수

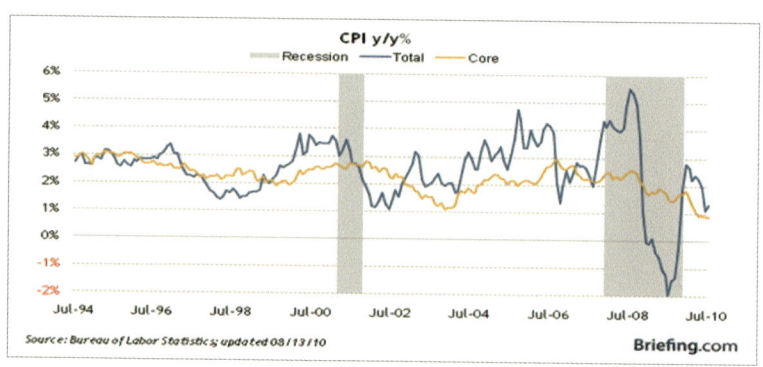

월 셋째 주에 전월 결과를 발표한다. 소비자물가지수를 주식시장에 활용한다면 다음과 같이 보면 된다.

> **소비자물가 상승 → 증시 약세**(인플레이션 우려, 긴축정책 요인)
> **소비자물가 하락 → 증시 강세**

생산자물가지수PPI는 일정한 시기에 생산자가 판매하는 재화와 서비스 항목의 판매가격 변동을 측정하기 위한 지표이다. 이 지표는 변동성이 높은 에너지 및 농산물을 제외했다. 생산자물가지수 역시 대표적인 인플레이션 관련 지표로서 원자재 등의 가격변동에 직접적인 영향을 받는다. 그렇기 때문에 일반적으로 소비자물가에 대해서 3개월 정도 선행한다고 볼 수 있다. 소비자물가지수와 생산자물가지수

차트 3-11 생산자물가지수

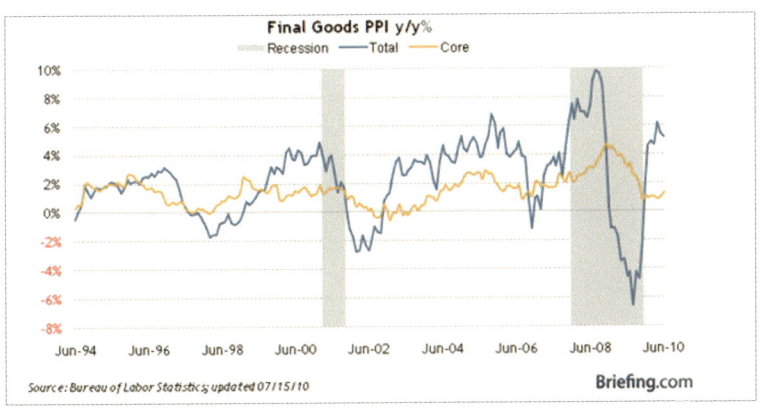

는 미국 정부나 미연방제도이사회의 정책결정에 활용된다. 생산자물가지수를 주식시장에 활용한다면 다음과 같이 보면 된다.

> 생산자물가 상승 → 증시 약세
> 생산자물가 하락 → 증시 강세

경기선행지수는 10개의 개별 지표에 가중치를 부여해 작성한다. 선행지수는 경기방향을 예상하는 데 유용한 지수로, 3개월 연속 하락은 경기침체 신호로 해석한다. 경기선행지수는 매월 셋째 주 목요일에 발표한다.

참고로 10개 개별지표는 제조업 주당 평균노동시간, 주간 실업청구 건수, 소비재 신규주문, 배송지연비율, 비국방자본재 수주, 신규

차트 3-12 ▶ 경기선행지수

주택착공 건수, S&P500 지수, 통화량, 장단기금리스프레드, 미시간대 소비자신뢰지수 등을 말한다. 주식시장에 적용하면 다음과 같이 해석하면 된다.

경기선행지수 증가 → 증시 강세
경기선행지수 감소 → 증시 약세

필라델피아 연준지수는 필라델피아 연방은행 담당 지역인 펜실베이니아·뉴저지·델웨어, 3개 주에 있는 제조산업의 현황을 보여주는 지표이다. ISM 제조업지수 및 산업생산지수와 비슷하게 움직이기 때문에 미국의 제조업동향을 살펴보는 지표로 활용된다. 매월 셋째 주

차트 3-13 필라델피아 연준지수

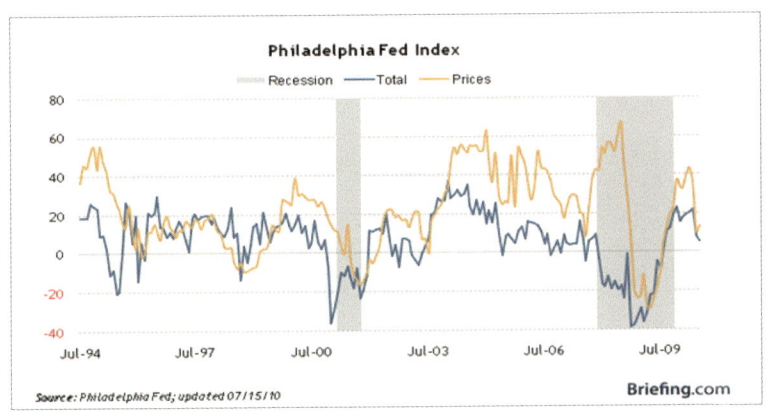

차트 3-14 엠파이어 스테이트 지수

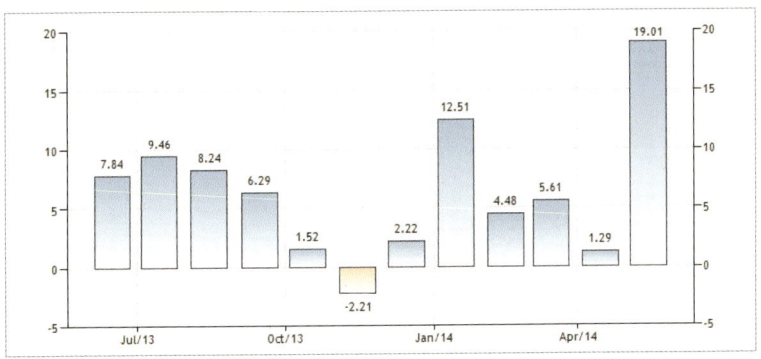

목요일에 발표한다.

[차트 3-14]의 엠파이어 스테이트 지수는 뉴욕에 있는 제조업의 사업상태와 기대치를 평가하는 지수이다. 필라델피아 연준지수뿐만 아니라 ISM 제조업지수와도 매우 높은 상호관계를 가진 지수이다. 이

지수는 미국의 전반적인 제조업 초기 지표로 유용하다. 이 지수는 0을 기준으로 양(+)일 경우 사업상태가 긍정적이라 판단하며, 음(-)일 경우 사업상태가 빈약함을 의미하게 된다.

[차트 3-15]의 산업생산&설비가동률을 보자. 산업생산은 국내총생산의 45% 이상을 차지하는 생산 부분의 동향을 살펴볼 수 있는 주요 지표로서 월별 변화율을 발표한다. 차트에서 노란색 선인 설비가동률은 자본재가 생산에 얼마만큼 사용되는지 나타내는 지표이다. 과도한 설비가동률 증가는 인플레이션 가능성으로 해석되기도 한다.

> 산업생산&설비가동률 증가 → 증시 강세
> 산업생산&설비가동률 증가 → 증시 약세

차트 3-15 ▶ 산업생산&설비가동률

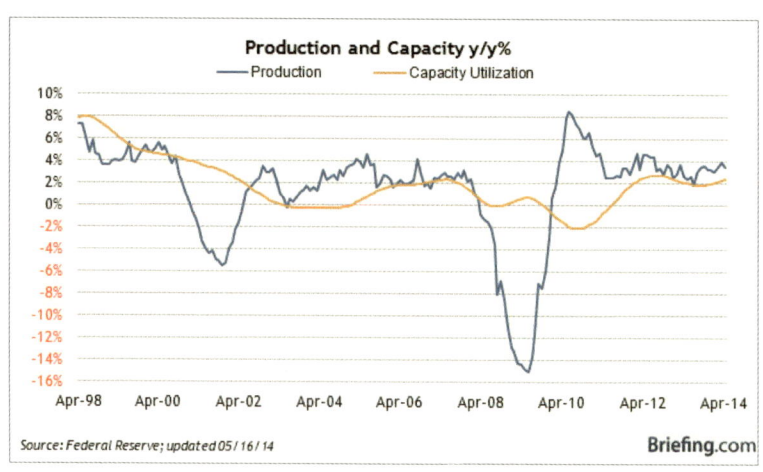

차트 3-16 주택착공&건축허가

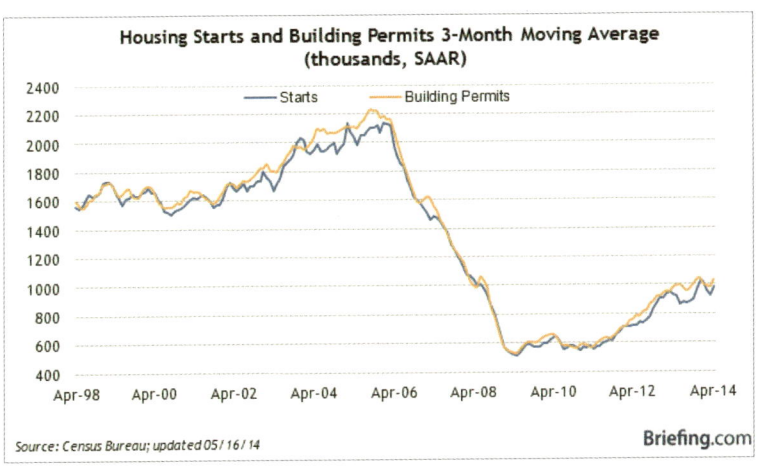

　[차트 3-16]의 주택착공&건축허가는 매월 미국 통계청에서 발표하는 지표로, 부동산 경기의 수준을 짐작해 볼 수 있는 대표적인 지표이다. 주택착공은 주거용 건물착공 건수를 기준으로 산출되고, 주택건설은 겨울철에 변동성이 심해질 수 있기 때문에 3개월 이상의 이동평균을 이용해 추세를 파악하여 해석하게 된다. 주택착공&건축허가 지표를 주식시장에 적용하면 다음과 같다.

주택착공&건축허가 증가 → 증시 강세
주택착공&건축허가 감소 → 증시 약세

💰 넷째 주간에 자주 발표하는 지표들

[차트 3-17]의 시카고PMI구매관리지수는 시카고지역의 제조업 활동에 관한 지수로 필라델피아 연준지수와 더불어 지역경기 지표이다. 시카고는 미국의 최대 제조업 지역이자 물류유통 도시이기 때문에 시카고지역의 산업활동 지표는 미국 전체의 산업활동 지표로 활용된다. 발표 시기는 매월 둘째 주까지 설문응답 자료를 기초로 만들어 해당하는 달 마지막 영업일에 발표한다.

[그림 3-2]는 컨퍼런스보드에서 매월 마지막 주 화요일에 발표하는 소비자신뢰지수이다. 미국 경제 상태를 나타내는 경기선행지수 중 하나이다. 미국의 통화결정에 가장 관심을 두는 지표 중 하나로 현재

차트 3-17 ▶ 시카고PMI

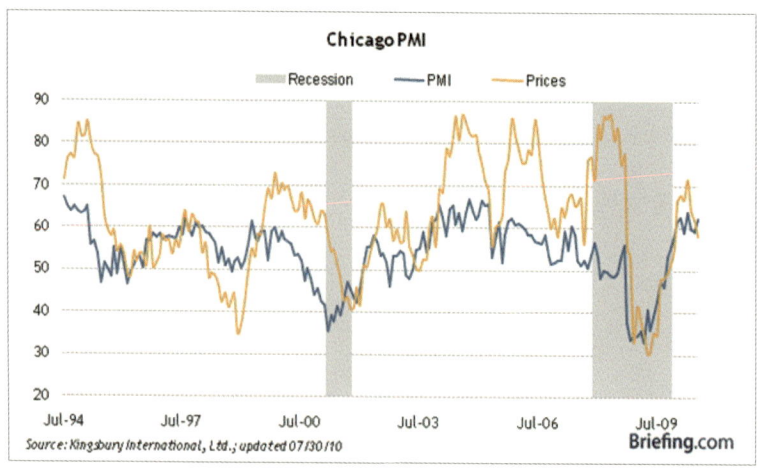

그림 3-2 컨퍼런스보드의 소비자신뢰지수

의 경제상황, 고용상태, 6개월 후의 지역경제 및 가계수입에 대한 전망을 조사해 발표하며 실물경제를 예측하는 데 상당히 유용한 지표이다. 지난 85년간의 평균치를 100으로 놓고 이를 기준으로 비율로 표시한다. 주식시장에서는 다음과 같이 이해하면 된다.

소비자신뢰지수 상승 → 증시 강세
소비자신뢰지수 하락 → 증시 약세

차트 3-18 신규주택매매 및 기존주택매매

참고로 지난 2010년 6월 20일에 컨퍼런스보드에서 4월 중국경기 선행지수 하향조정으로 중국 증시가 급락한 바 있다.

[차트 3-18] 신규주택매매 및 기존주택매매는 주택매매 관련 지표이다. 말 그대로 신규주택은 신규주택의 매매, 기존주택은 기존주택의 매매를 말한다. 상대적으로 기존주택매매보다 신규주택매매가 조금 더 의미 있는 지표로 활용되며 미국의 소비 관련 흐름과 주택시장을 함께 볼 수 있는 지표로 활용된다.

[차트 3-19]의 내구재 주문지수는 매월 하순에 발표하는 지표로 자동차, 항공기, 컴퓨터, 통신장비 등과 같이 내구연수 3년 이상의 제품 주문 자료를 토대로 작성된다. 이 지표는 생산 및 설비투자의 선행지표로서 중요한 의미가 있다. 신규수주의 경우 항공기 수주 등으로 인

차트 3-19 내구재 주문지수

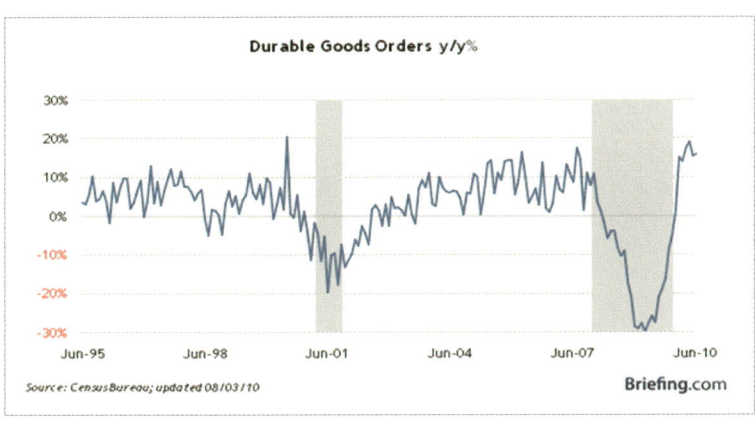

해 월간 자료 변동성이 크기 때문에 3개월 평균 및 전년 동월 대비 자료를 주로 사용하는 지표이다. 내구재 주문지수는 주식시장에서 다음과 같이 이해하면 된다.

> 내구재 주문 증가 → 증시 강세
> 내구재 주문 감소 → 증시 약세

국내총생산, 즉 GDP는 국적에 상관없이 해당 국가 안에서 생산된 재화와 서비스의 시장가치를 평가한 것으로 소비, 투자, 재정(정부지출), 수출입 등의 합산으로 계산된다. 핵심적인 수치는 매 분기 발표되는 전 분기 대비 성장률이나 전년 대비 성장률이다.

차트 3-20 GDP

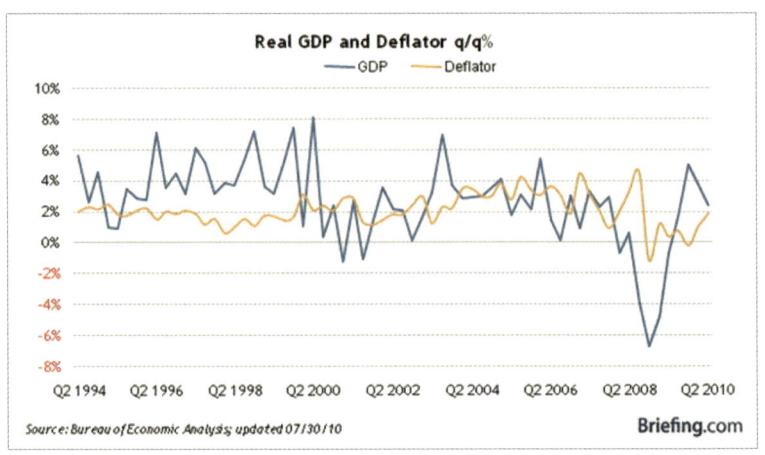

미국의 GDP 보고서는 3가지로 발표된다. 첫 달에 잠정치, 두 번째 달에 수정치, 세 번째 달에 확정치로 발표하며 시장에 상당한 영향력을 미치는 경제지표이다. 미국의 GDP 구성에는 소비가 가장 큰 비중(60% 이상)을 차지하고 있으며 그다음에는 정부지출, 자본지출 순이다. 주식시장에서는 다음과 같이 이해하면 된다.

> GDP 증가 → 증시 강세
> GDP 감소 → 증시 약세

💰 미국시장 이해를 돕는 사이트 및 주요 지표 발표일

- 브리핑닷컴 – 투자의견 변경 종목 확인 시 유용

  www.bondbriefing.com/Investor/Public/Calendars/UpgradesDowngrades.htm

- 월스트리트저널 – 마켓 데이터 유용

  www.wsj.com

- CNBC – 시장전망 및 인터뷰 유용

  www.cnbc.com

- 마켓워치 – 시장동향, 기업정보 등 유용

  www.marketwatch.com

- 블룸버그 – 시장 관련 속보, 분석자료 유용

  www.bloomberg.com

표 3-3 미국의 주요 지표 발표일자

지표	발표기관	발표일자
건설지출	상무부	매월 첫번째 주중
제조업지수	전국구매관리자협회	매월 업무개시 첫째 날
개인소득 및 지출	상무부	매월 첫번째 주중
자동차 및 트럭 판매량	상무부	매월 업무개시 셋째 날
고용지표	노동부	매월 첫 번째 금요일
경기선행지수	컨퍼런스보드	매월 세 번째 주 주중
소비자신용	미국연방제도이사회	매월 다섯 번째 영업일
생산성 및 비용	노동부	매분기 두 번째 달의 제7일
소매판매	상무부	매월 13일경
생산자물가지수	노동부	매월 두 번째 주 금요일
산업생산 및 설비가동률	미국 연방제도이사회	매월 15일경
기업재고	상무부	매월 15일경
소비자물가지수	노동부	매월 15일에서 20일 사이
신규주택 착공	상무부	매월 16일에서 20일 사이
무역수지	상무부	매월 20일경
소비자신뢰도	컨퍼런스보드	매월 마지막 주 화요일
	미시간대 조사연구소	매월 두 번째 및 마지막 주말
연방예산	재무부	매월 세 번째 주
내구재 주문량	상무부	매월 세 번째 혹은 네 번째 주
공장주문	상무부	내구재 주문량 발표 다음 주
고용비용지수	노동부	매분기 말에 지난 분기 지수 발표
기존주택판매	전국소매인협회	매월 25일경
신규주택판매	상무부	매월 마지막 사업일
GDP	상무부	매월 세 번째 혹은 네 번째 주

표 3-4 미국 경제지표 중 주식과 가장 민감한 지표 순위

순위	지표
1	Employment Situation Report
2	ISM Repert – Manufacturing
3	Weekly Claims for Unemployment Insurance
4	Consumer Prices
5	Producer Prices
6	Retail Sales
7	Consumer Confidence and Sentiment Surveys
8	Personal Income and Spending
9	Advance Report on Durable Goods
10	GDP

표 3-5 미국 경제지표 중 달러의 가치에 가장 영향을 주는 지표 순위

순위	지표
1	Employment Situation Report
2	International Trade
3	GDP
4	Current Account
5	Industrial Production/Capacity Utilization
6	ISM Repert – Manufacturing
7	Retail Sales
8	Consumer Prices
9	Consumer Confidence and Sentiment Surveys
10	Productivity and Costs

2
전자공시시스템

💰 공시도 알아야 번다

HTS^{Home Trading System}, 홈트레이딩시스템을 보고 있으면 장중 기업 관련 공시가 나온다. 이때 관련 기업 주가는 호재일 경우 일시적으로 오르다가 다시 하락하는 경우가 많다. 차트를 보면 공시가 나오기 며칠 전부터 오르는 경우도 많다.

이런 정보를 바탕으로 공시매매를 하다가는 일부 투자자들도 한 박자 늦은, 이른바 충동매매에서 벗어나지 못하게 된다. 시장에서는 공시는 이미 노출된 내용, 즉 주가에 후행성이라는 생각이 지배적이다.

그래서 돈을 벌기 위해서는 남들이 알지 못하는 선행성 내부정보를 알아내야 한다고 생각하는 투자자들이 많다.

그러나 주가에 선행하는 정보를 습득하기 위해서는 상당한 노력과 시간이 요구된다. 정보를 발로 뛰어 직접 얻어내더라도 그 정보를 세밀하게 분석해야 하기 때문이다. 정보를 얻었다고 하더라도 대부분은 잘못된 정보나 검증되지 않은 루머를 붙들고 있다가 대응이 늦어지면서 손실을 보는 경우가 많다.

공시분석방법

금융감독원 전자공시시스템 사이트 www.dart.fss.or.kr에는 기업실적은 물론 기업의 여러 가지 정보가 자세히 공개되어 있다. 핵심은 노출된

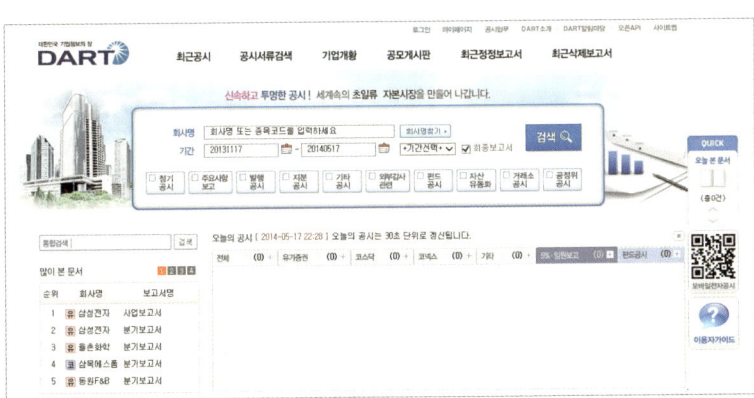

그림 3-3 ▶ 전자공시시스템 사이트 화면

공시자료에 대한 철저한 분석 능력이다. 똑같은 자료라 해도 그것을 어떻게 해석하느냐에 따라 큰 수익이 되기도 하고 큰 손실이 되기도 한다.

금융감독원 전자공시시스템을 처음부터 잘 이해하고 분석하는 투자자는 별로 없을 것이다. 가장 좋은 방법은 전자공시시스템에 자주 접속하여 기업 공시가 뜰 때마다 주식시장에 상장된 기업의 주가가 어떤 반응을 보이는지 자주 확인하는 것이다. 이를 반복적으로 꾸준히 하다 보면 습관이 되고, 나중에는 공시분석을 주식투자에 활용할 수 있는 능력을 갖추게 되는 것이다.

💰 투자의 금맥, 전자공시시스템

주식투자자는 본인이 보유하고 있는 종목에 대해서 반드시 전자공시시스템을 참고해야 한다. 왜냐하면 상장기업들은 전자공시시스템에 기업 내용에 영향을 줄 수 있는 중요한 사항에 대해서는 의무적으로 알려야 하기 때문이다.

기업들이 올린 전자공시 내용을 통해서 투자자는 관련 기업을 분석하여 수익을 내거나 손실을 회피하는 데 도움을 받는다. 현재 전자공시시스템 사이트에는 거래소, 코스닥 및 코넥스 시장에 상장된 기업들이 금융감독원과 증권거래소에서 지정하는 양식에 맞추어 공시 등을 무료로 제공하고 있다.

표 3-6 ▶ 영업실적 공시(삼성전자)

연결재무제표 기준 영업(잠정)실적(공정공시)(한국채택국제회계기준 적용기업)

※ 동 정보는 잠정치로서 향후 확정치와는 다를 수 있음.

1. 실적내용

구분 (단위 : 백만 원, %)		당기실적 (10년 2분기)	전기실적 (10년 1분기)	전기 대비 증감율	전기동기실적 (09년 2분기)	전년동기 대비 증감율
매출액	당해실적	378,919	346,381	9.4%	325,104	16.6%
	누계실적	725,300	346,381	–	611,814	18.5%
영업이익	당해실적	50,142	44,056	13.8%	26,736	87.5%
	누계실적	94,198	44,056	–	32,667	188.4%
법인세비용 차감전순이익	당해실적	53,140	49,729	6.9%	29,785	78.4%
	누계실적	102,869	49,729	–	37,187	176.6%
당기순이익	당해실적	42,770	39,937	7.1%	23,344	83.2%
	누계실적	82,707	39,937	–	29,167	183.6%
–		–	–	–	–	–

2. 정보제공내역

	정보제공자	IR팀
	정보제공대상자	국내외 투자자 및 언론 등
	정보제공(예정)일시	2010년 7월 30일 오전 10시 예정
	행사명(장소)	2010년 2분기 삼성전자 경영설명회 (Conference Call, 영문) ※ 2010년 7월 30일 오후 15시 30분 국문 Conference Call 진행 예정

전자공시시스템을 참고하는 방법은 다음과 같다. 첫째, 전자공시시스템과 연동된 각 증권사 홈트레이딩시스템에 나온 기업들의 공시 내용이 호재인가 악재인가를 바로 파악해야 한다. 많은 투자자들이 쉽게 생각하고 넘어갔던 공시가 나중에 보면 큰 호재가 되어 주가에 강력한 영향을 주기도 한다.

둘째, 주식투자의 고수일수록 차트분석보다는 전자공시시스템을 통해서 투자정보를 더 많이 연구하고 분석하는 데 심혈을 기울인다. 차트 미인주라도 전자공시시스템을 보면 망하기 직전의 부실한 기업인 경우가 있다. 고수라면 이때 차트를 중시하겠는가, 전자공시시스템을 중시하겠는가? 전자공시시스템은 누구나 볼 수 있지만, 그 공시 내용을 해석하는 것은 분명 개인마다 차이가 있다.

그러므로 우리는 전자공시시스템을 통해 나온 공시를 쉽게 흘려보내서는 안 된다. 공시는 단순한 기사나 뉴스가 아니다. 주식투자에 금맥을 찾기 위한 지름길이다.

[표 3-6]은 우리가 비교적 자주 접하는 공시 중의 하나이다. 공시에 나오는 숫자 하나하나를 음미해 본 적이 있는가? 매출액이나 영업이익이 늘었다면, 또는 줄었다면 그 원인은 어디에 있는지를 추적해 본 적이 있는가? 매출액이나 영업이익 늘어나는 것은 그 당시 관련 기업의 업황이 개선되었다는 것을 알려준다. 반대로 줄었다면 기업을 둘러싼 대내외 업황이 부진했다는 뜻이다.

[표 3-6]에서 삼성전자의 2010년 2분기 매출액과 영업이익이 급증

하는 것을 확인할 수 있는데, 그 원인이 무엇인가 고민해 봐야 한다. 실적발표 당시 경영설명회에서 영업이익이 큰 폭으로 증가한 이유를 밝혀내고 다음 분기 전망을 참고하면, 삼성전자 및 휴대폰 협력업체를 분석하는 데 큰 도움이 될 것이다.

💰 전자공시시스템에서 반드시 알아야 할 것

(1) 지분매입신고 공시, 적대적 M&A

자본시장법상 해당 기업의 지분을 5% 이상 취득하게 되면 매수시점의 결제일 기준 5영업일 안에 증권거래소에 의무적으로 신고해야 한다. 또한 신고사항에서는 매수수량과 매수단가 등의 내용을 전자공시를 통해 반드시 공시하도록 명시되어 있다.

전자공시를 보면 과점주주에 대한 신고사항이 있는데, 공시 내용 중에서 특히 '신고대상자'와 '매입목적'을 잘 살펴야 한다. 신고대상자가 회사의 주요 임원이나 특수관계인이 아니라 일반투자자, 경쟁업체, 기타법인과 같이 불특정한 매수 주체가 많은 지분을 취득할 시에는 특히 유의해서 봐야 한다.

여기서 가장 중요한 것은 '매입목적'에 기재된 내용을 토대로 정확한 매수목적을 알아내는 것이다. 단순투자 목적인지, 경영권 참여 목적인지 등을 판단해야 한다.

사례 1 소버린자산운용의 SK㈜ 적대적 M&A 시도

2003년 SK텔레콤 등 SK그룹의 지주사인 SK㈜를 소버린자산운용이 단순투자 목적으로 장내매수를 통해 14% 주식을 매집한 후, 투명경영을 요구하며 SK 경영진을 압박하였다. 소버린자산운용은 그룹 소유주의 약점을 파고들어 임시주총을 통해 경영진 교체를 요구하고 표 대결까지 갔지만 실패하였다. 그러나 소버린자산운용은 M&A 이슈라는 호재를 통한 주가상승으로 SK 주식에 투자한 지 2년도 되지 않아 1,800억 원의 원금을 1조 원이 넘는 가격으로 매도하여 시세차익만 7,800억 원을 남겼다.

사례 2 현대그룹 지분경쟁

2010년도에 현대건설 인수를 둘러싸고 범현대가와 현대상선 중심의 현정은 회장 간의 적대적 M&A 이슈가 있었다. 범현대가(현대중공업 및 현대자동차 등)는 현대의 정통성 계승 차원에서 현대건설 인수를 원했고, 현대상선은 경영권을 지키기 위한 지분경쟁이었다. 이때 이와 관련된 기업들의 주가가 큰 폭으로 상승하였다.

사례 3 칼 아이칸의 KT&G 지분매집

KT&G의 경우에는 외국 수급주체(세력)인 칼 아이칸Carl Icahn과 스틸파트너스Steel Partners가 그 배경에 있다. 이들은 2005년 6월부터 5% 이상의 주식을 매입한 후 알짜 자산 매각, 고배당 등 국내외 주주들이 솔깃할 만한 제안을 내놓아 KT&G에 실체적인 위협으로 주목받기도 했다. 외국투자자뿐만 아니라 국내에서도 기업사냥꾼이나 슈퍼개미라 불리는 투자자들이 기업 소유구조의 허점을 노리고 경영권을 공격하는 경우가 간혹 있다.

결론적으로 투자자는 지분매입 관련 공시를 철저하게 연구·분석하여 주가에 호재인지 악재인지 알아야 한다. 경영참여 목적일 경우에는 해당 기업의 주가만이 아니라 경영에도 관심이 있다는 증거이다. 이 경우 경영권 확보를 위해 추가매집으로 현재 경영권을 위협하고 적대적인 M&A를 시도하면 지분경쟁이 기사화되면서 시장에서 주목받게 된다.

(2) 생산 및 설비에 관한 사항

사업보고서를 보면 '사업의 내용'이라는 항목이 있는데, 이 중에서 '생산 및 설비에 관한 사항'을 유의해서 봐야 한다. 원래 이 항목은 공장이나 제품에 대한 가동률을 통해 회사의 영업환경이 좋아지는지 파악하는 데 사용했다. 부수적으로 부동산의 위치와 장부상의 가치 등을 파악하는 데 많이 사용한다. 또한 해당 기업의 생산활동을 위한 토지 및 구축물에 대한 상세내역은 물론 장부가액도 알 수 있다. 주당 순자산이 얼마나 증감이 있는가를 통해 자산가치주를 찾는 데 매우 유용하게 사용된다.

표 3-7 LG화학 생산 및 설비에 관한 사항

(단위 : 백만 원)

사업 부문	품목	사업소	제10기 1분기
석유화학 사업 부문	PVC, PE류, 가소제, 아크릴류, ABS, PS, EP, 특수수지류	• 국내사업장 : 여수, 울산, 나주, 대산, 익산, 김천 • 해외사업장 : 중국 천지·영파·광주, 인도 비자카파트남	3,579,320
정보 · 전자 소재 사업 부문	전지, 편광판 등	• 국내사업장 : 청주, 오창 • 해외사업장 : 중국 남경·북경, 대만 타이페이, 폴란드 브르쵸와프	1,748,130
합계			5,327,450

(3) 타법인 출자 현황

사업보고서를 보면 '이사회 등 회사의 기관 및 계열회사에 관한 사항'이 있는데, 이 중에서 '타법인 출자 현황'을 살펴보자. 이 항목으로 지주회사나 자회사의 지분법 평가이익을 알 수 있으며, 자회사의 투자목적과 지분 등을 통해 관계회사의 종속관계를 파악할 수 있다.

지분법 평가익은 모회사가 타 회사의 지분을 보유하고 있을 때 지분보유만큼 얻는 이익 또는 손실을 말한다. 예를 들어 A 기업이 B 기업 지분 30%를 보유하고 있다. B 기업의 당기순이익이 100억 원이 발생하면, A 기업의 지분법평가익은 30억 원으로 회계상 평가받는다.

[표 3-8]을 보면 다우기술은 키움증권의 지분을 47.70% 보유하고

표 3-8 다우기술의 타법인 출자 현황

(단위 : 백만 원, 천 주, %)

법인명	최초 취득일자	출자 목적	최초 취득금액	기초잔액 수량	기초잔액 지분율	기초잔액 장부가액	증가(감소) 취득(처분) 수량	증가(감소) 취득(처분) 금액	증가(감소) 평가 손익	기말잔액 수량	기말잔액 지분율	기말잔액 장부가액	최근 사업연도 재무현황 총자산	최근 사업연도 재무현황 당기순손익
㈜다우와기움 (비상장)	1996. 06. 02	경영참여	14,874	880	63.63	19,140	–	–	–	880	63.63	19,140	17,112	-1,680
키움증권㈜ (상장)	2000. 01. 31	경영참여	34,485	10,542	47.70	111,361	–	–	–	10,542	47.70	111,361	4,253,652	64,889
㈜사람인 HR (비상장)	2005. 11. 24	경영참여	167	2,879	45.20	2,294	-144	-115	–	2,735	30.77	2,179	37,418	4,800
㈜알바인(비상장)	2011. 02. 28	경영참여	1,500	3,000	100	1,500	–	–	–	3,000	100	2,000	296	-1,787
다오과기(대전) 유한공사(비상장)	2007. 12. 10	경영참여	627	–	64	1,229	–	42	–	–	67	1,271	1,508	47
Daou Hongkong Limited(비상장)	2008. 02. 11	경영참여	3,605	–	56.58	14,986	–	–	–	–	56.58	14,986	49,962	1,148
다우재팬㈜ (비상장)	2008. 06. 30	경영참여	88	5	99	515	–	–	–	5	99	515	1,297	488
㈜이토마토 (비상장)	2007. 07. 25	단순투자	1,687	1,920	27.43	2,136	–	–	–	1,920	27.43	2,136	18,240	2,534
한국정보인증㈜ (비상장)	1999. 06. 24	단순투자	2,000	9,226	42.78	17,473	–	–	–	9,226	42.78	17,473	40,869	4,005
NSHC㈜ (비상장)	2010. 09. 17	단순투자	500	21	25.05	500	–	–	–	21	25.05	500	2,238	348

• 기준일 : 2012년 12월 31일

있다. 키움증권의 당기순이익이 약 649억 원인데, 이 중 지분율만큼 지분법 평가익으로 회계상 평가된다. 따라서 다우기술에 당기순이익도 타법인 투자회사의 이익의 증감 여부에 영향을 받는다.

(4) 연구개발 활동

연구개발 활동을 통해 해당 회사의 성장성을 알 수 있다. 특히 제약 및 바이오 관련 회사의 경우에는 연구개발 활동을 공부해야 한다. 신약개발, 신기술, 정부 국책과제 수행 같은 내용은 앞으로 관련 기업 주가에 강한 모멘텀으로 작용할 수 있는 호재이기 때문이다.

표 3-9 조아제약 연구개발 활동

연구과제	EPO(Erythropoientin) 대량생산을 위한 연구개발
연구기관	조아생명공학연구소
개발연도	1999년~현재
연구결과 및 기대효과	지난 2002년 체세포 복제돼지 생산 이후 EPO 형질전환돼지를 생산하기 위하여 방광특이프로모터와 유선특이프로모터를 사용하여 돼지의 오줌과 젖에서 EPO를 생산하는 연구를 동시에 진행. 2005년 8월 형질전환에 성공한 유선특이프로모터의 경우는 실험동물(생쥐)에서 EPO의 발현량과 생리활성이 높은 것으로 나타나 동일 유전자가 형질전환된 돼지에서도 거의 유사한 결과를 얻을 수 있을 것으로 기대
향후 연구계획	향후 돼지뿐만 아니라 오줌과 젖 등에서 보다 효과적으로 EPO를 생산할 수 있는 다른 형질전환동물의 연구 및 EPO 외 기타 다른 고부가가치의 약품을 발현하는 다양한 형질전환동물의 연구를 위해 추가적으로 시설 투자를 확대할 예정

연구과제	인간성장호르몬 분비 복제돼지 생산연구
연구기관	조아생명공학연구소
개발연도	진행중
연구결과 및 기대효과	인간 성장호르몬은 대뇌의 뇌하수체 전엽에서 분비되는 단백질로 몸속에서 뼈와 연골 등의 성장에 관여하는 호르몬
향후 연구계획	돼지의 체세포에 사람의 인간 성장호르몬 유전자를 미리 주입한 뒤 이를 핵이 없는 공여난자에 이식, 대리모에게 임신시키는 체세포복제방식으로 생산 성공

차트 3-21 ▶ 조아제약

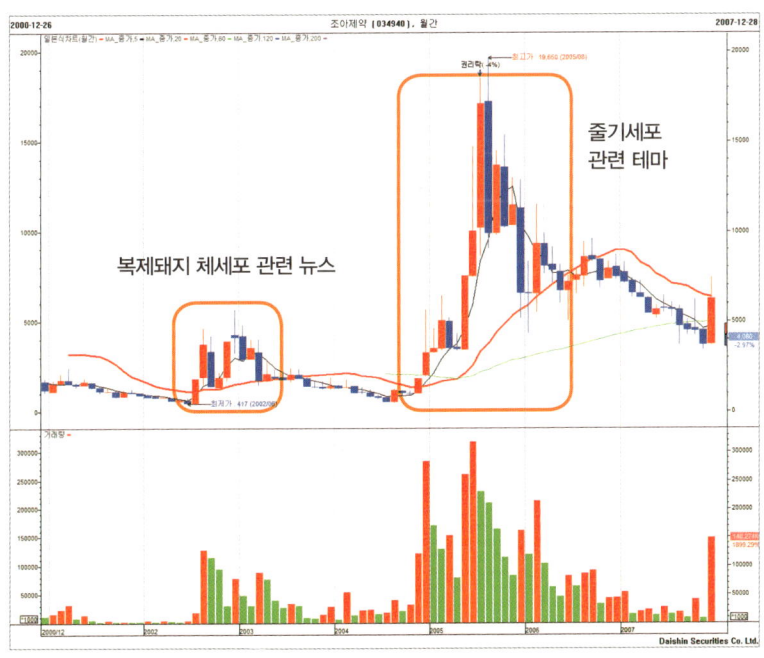

조아제약은 형질전환 돼지를 생산하기 위한 체세포 복제돼지 생산 관련 뉴스가 발생할 때마다 큰 폭의 상승을 보였다. 2002년에는 초기 복제돼지 관련 뉴스로 크게 올랐고, 2005년에는 줄기세포 관련 테마와 동조화되면서 주가가 대시세를 내었다.

(5) 사업목적 변경 및 추가

기존의 사업에 한계를 느낀 기업들이 신(新)사업에 뛰어들었을 때 그 사업이 잘 된다면 새로운 성장 모멘텀이 될 것이다. 그러므로 어떤 기업이 사업목적을 변경한다면 주의해서 살펴볼 필요가 있다. 어떤 테마의 열기가 뜨거워질 경우, 그 테마에 합류하는 사업진출이나 사업목적 변경 및 추가 등의 재료로 주가가 치솟는 일도 비일비재하다는 사실도 기억해야 한다.

(6) 장래 사업계획

장래 사업계획도 주가를 변화시킬 수 있는 요소가 된다. 이는 투자자들에게 기업의 활동을 보여주는 것이고, 전망이 밝고 구체적인 사업안이 제시될 경우에는 주가에 기대치가 녹아들 수 있기 때문이다. 사업계획에 관한 공시를 접한 후에는, 이에 대한 다양한 시각을 보여주는 경제신문 기사나 전문가들의 의견을 검색하여 그 의미를 정확히 파악하는 것이 좋다.

만약 사업계획은 제시되었지만 재원 마련이나 일정 등 추가적인 세

표 3-10 바이오랜드 신규 사업 내용 및 전망

인공피부	인공피부(Bioartificial Skin)란 인체의 세포를 생체적합성 재료에서 재구성하여 인공조직 및 장기를 제작하는 조직공학(Tissue Engineering) 기술을 이용한 것이다. 인체의 피부조직을 실제 피부와 같게 3차원적으로 배양했으며, 화상환자 이식 용도와 신약물의 효능 검사용으로 만들어진 피부이다. 현재 인공피부의 지지체로 사용되는 콜라젠 스펀지는 생물학적 안전성 시험을 완료하였으며, 연구용지 지체와 콜라젠은 판매중이다.
인공각막	인공각막은 보건복지부에 선정된 4개년 과제(2001~2005년, 17억 원)를 통하여 연구 기반 기술을 확보하였다. 개발 내용은 양막과 콜라젠을 이용하여 각막 상피세포를 3차원 조직 배양한 것으로서, 각막 손상 시 시력 회복을 위한 이식용 인공각막과 독성검사 및 약물 효능 시험용 생인공각막 키트에 이용할 수 있다. 세계보건기구 보고서에 따르면 세계적으로 1억 6천만 명 정도가 시력장애를 겪고 있고, 25년 후면 2배로 증가할 것으로 예상하고 있다. 실명으로 인한 노동력 상실은 국가적으로 막대한 보이지 않는 경제적 손실이다. 수만 명에 이르는 각막환자를 치료하는 이러한 고부가가치 의료산업의 발전은 국가 경제발전에 이바지할 것이다. 또한 이 사업에 속하는 양막 조직은행 사업은 식약청으로부터 인체조직 이식재 취급업소에 대한 안전평가를 통해 양막조직을 가공하는 조직은행이다. 2005년 1월에 허가되어 양막 관련 제품의 판매가 이루어지고 있으며, 앞으로 점진적인 매출 증대가 예상된다.

부계획이 없다면 언제 실현될 것인지 알 수 없다. 그러므로 반드시 투자 전에 체크하는 습관을 지녀야 한다.

바이오랜드는 2000년 이전에 신규 사업으로 인공피부와 인공각막 등을 전자공시시스템에 공시했고, 실제 2005년 이후 인공각막 관련 제품이 판매되어 매출이 발생하고 있다. 인공피부 관련 연구용 지지체와 콜라젠도 현재 판매되어 매출액에 영향을 주고 있다. 바이오랜

드의 기술력 및 성장성을 보고 대기업인 SKC㈜에서 지분의 9.75%를 취득하였다.

💰 사업보고서에서 꼭 확인해야 할 사항들

사업보고서는 해당 회사의 개황, 사업의 내용, 재무에 관한 사항, 공인회계사의 감사의견 등을 기록·작성한 보고서로 기업의 모든 정보를 확인할 수 있는 자료다. 사업보고서를 비롯하여 경영실적과 관련된 분기보고서와 반기보고서는 제출기한이 있다.

분기보고서는 결산일 후 45일 안(연결기준 기업은 IFRS상 60일)에 반기보고서는 결산일 후 60일 안에 제출해야 하고, 사업보고서는 각 사업연도 결산 후 90일 안에 제출해야 한다. 기한 안에 보고서를 제출하지 못한 기업은 재무제표상 큰 문제가 발생했을 가능성이 높기 때문에 주의해야 한다.

사업보고서에는 수많은 항목이 있다. 하나하나 살펴보면서 꼭 확인해야 할 항목은 무엇이 있으며, 어떻게 분석해야 하는지 다음 내용에서 설명하려고 한다. 먼저 전자공시시스템을 통해 사업보고서의 구성요소를 살펴보도록 하자.

(1) 자본금 변동사항

자본금 변동사항에서는 증자·감자현황과 앞으로 자본금 변동예정 내용으로 전환사채, 신주인수권부사채, 현물출자 등을 알 수 있다.

① 증자 · 감자현황

증자는 자본금이 초기 자본금 대비 증가했는지 말해준다. 감자는 자본금이 감소하는 것으로 기업분할이나 부실기업이 재무구조 개선을 위해 종종 발생한다.

여기에서 가장 세심히 살펴봐야 하는 부분은 자본금 변동상황이다. 이 항목에서는 유상증자, 무상증자, 감자 등의 내역을 확인할 수 있다. 이러한 요소들은 앞으로 주가에 큰 영향을 미치는 부분이므로 사전분석이 매우 중요하다

② 자본금 변동예정 내용

자본금 변동예정 내용은 공시 대상기간 중 자본의 변동내용(자본금, 주식의 종류와 수의 변동)을 기재하는 것이다. 대표적으로 전환사채, 신주인수권부사채 등을 말한다. 주식 관련 사채가 있는 경우에는 행사 가능 주식 수와 행사 가능 기간을 반드시 확인해야 한다.

이는 전환사채와 신주인수권부사채가 행사 전환 시 물량에 대한 부담과 주가의 가치를 저하하는 부정적인 요인이 될 수 있기 때문이다. 대다수의 안정적인 재무구조의 회사는 추가자금이 필요 없기 때문에 전환사채나 신주인수권부사채를 발행하지 않는다.

③ 전환사채

전환사채는 장기적인 자금조달을 위해 발행하는 채권으로 일정 기간 경과 후 소유자의 요청이 있을 때는 채권금액만큼 주식으로 전환할 수 있는 사채이다. 먼저 전환청구 가능 기간이 어떻게 되는가를 확인해야 한다. 현재가 가능 기간이라면 언제든지 행사만 한다면 바로 매물로 나올 수 있기 때문에 주의가 필요하다. 조만간 그 기간이 다가오는 경우에도 마찬가지로 주의해야 한다.

추가로 기전환사채와 미전환사채를 비교하면서 기존에 얼마만큼 행사가 되었는가를 파악해야 한다. 만약 기전환된 사채가 대부분이라면 행사가 된다 하더라도 매물 부담이 적다.

바이넥스의 전환사채는 주가에서 물량부담으로 작용한다. 전환사채는 당초 행사가액인 14,100원보다 주가가 하락하면 세 번 전환가액이 조정될 수 있다. [표 3-11]을 보면 조정가액이 9,870원으로 조정되었고, 이것은 바이넥스 주가가 9,870원 이상이면 언제든지 전환사채가 행사된다는 것을 의미한다.

④ 신주인수권부사채

신주인수권부사채는 장기적인 자금조달을 위해 발행하는 채권이다. 이 채권은 일정 기간 경과 후 소유자의 요청이 있을 때는 발행회사의 주식을 행사가격에 매입할 수 있는 사채이다.

먼저 신주인수권행사 가능 기간이 어떻게 되는가를 확인해야 한

표 3-11 바이넥스 전환사채발행현황

＊당사는 2010년 1월 21일 제2회 국내 무기명식 이권부 무보증 전환사채 200억 원을 발행하였습니다. 전환가능일인 1월 21일 이후 6월 30일 현재 기 행사된 전환사채가액은 31억 원이며 전환 주식수는 259,492주입니다.

(기준일 : 2010. 06. 30) (단위 : 원, 주)

구분		제2회 국내 무기명식 이권부 무보증 전환사채
발행일자		2010년 1월 21일
만기일		2013년 1월 21일
권면총액		20,000,000,000
전환청구 가능 기간		2010. 02. 21~2012. 12. 21
전환조건	전환비율(%)	100
	전환가액	9,870
전환대상주식의 종류		보통주
기전환사채	권면총액	3,100,000,000
	기행사주식 수	259,492
미전환사채	권면총액	16,900,000
	행사가능주식 수	1,712,259
비고		당초 행사가액 14,100원 2010년 3월 22일 조정 13,500원 2010년 4월 20일 조정 11,200원 2010년 5월 20일 조정 9,870원

다. 현재 행사 가능 기간이라면 언제든지 행사만 한다면 바로 매물로 나올 수 있기 때문에 주의가 필요하다. 조만간 행사 가능 기간이 다가오는 경우에도 마찬가지로 주의해야 한다.

추가로 기행사 신주인수권부사채와 미행사 신주인수권부사채를 비교하면서 기존에 얼마만큼 행사가 되었는가를 파악해야 한다. 만약 기행사된 신주인수권부사채가 대부분이라면 행사가 된다 하더라도 매물부담이 적다.

[표 3-12]를 보자. 바이넥스는 2009년 5월 28일 행사가액 8,647원으로 60억 원을 신주인수권부사채로 발행하였다. 이 중 20억 원을 상환하였으며 나머지 40억 원은 미상환되어 있기 때문에 2012년 5월 28일 이전에 상환하여야 한다. 신주인수권은 2010년 5월 28일부터 2012년 5월 27일까지 행사할 수 있다.

이때 주가가 8,647원 이상이면 신주인수권을 보유한 사람이 693,882주를 시장에 신규상장할 수 있다. 그만큼 주식 수가 늘어났기 때문에 수급상 부담되어 약세를 보일 수 있다.

(2) 전환사채와 신주인수권부사채의 차이점

전환사채는 보통 사채의 경우와 마찬가지로 일정한 이자를 받으면서 만기에 사채금액을 상환받을 수도 있고, 미리 정한 가격을 적용해 주식으로 바꿀 수 있는 권리가 있다. 전환사채는 사채를 주식으로 전환하는 것이기 때문에 권리를 행사하면 사채는 없어지고 신주가 채

표 3-12 바이넥스 신주인수권부사채

*당사는 2009년 5월 28일 제1-1회, 1-2회 사모 신주인수권부사채 60억 원을 발행하였습니다. 공시서류작성 기준일 현재 기 행사된 신주인수권은 없으며 2010년 5월 28일부터 신주인수권 행사가 가능하며 동일 20억 원을 상환하였습니다. 사모 신주인수권부사채 발행 관련 세부 내역은 다음과 같습니다.

(기준일 : 2010. 06. 30) (단위 : 원, 주)

구분		1-1회, 1-2회 무기명식 이권부 분리형무보증 사모 신주인수권부사채
발행일자		2009년 5월 28일
만기일		2012년 5월 28일
권면총액		6,000,000,000
사채배정방법		사모
신주인수권행사 가능 기간		2010. 05. 28~2012. 05. 27
행사조건	행사비율(액면 대비)	100
	행사가액	8,647
행사대상주식의 종류		기명식 보통주
기행사신주 인수권부사채	권면총액	-
	기행사주식 수	-
미행사신주 인수권부사채	권면총액	6,000,000,000
	행사가능주식 수	693,882
상환내용	상환금액	2,000,000,000
	미상환금액	4,000,000,000
	비고	

권자에게 발행된다.

　신주인수권부사채도 보통 사채의 경우와 마찬가지로 일정한 이자를 받으면서 만기에 사채금액을 상환받을 수 있다는 점은 전환사채와 같다. 차이점이라면 주식시가가 발행가액보다 높은 경우 자신에게 부여된 신주인수권을 가지고 회사 측에 신주의 발행을 청구할 권리가 있다는 점이다. 결국 채권은 그대로 둔 채 따로 돈을 내서 주식을 매입하는 것이다.

💰 배당성향을 통해 배당수익률을 알아보자

　전자공시시스템에 접속하여 확인할 수 있는 사업보고서를 보면 'Ⅰ.회사의 개요' 중 '6. 배당에 관한 사항' 등의 항목을 통해 배당성향을 확인할 수 있다. 특히 '최근 3사업연도 배당에 관한 사항' 세부항목에서는 배당가능이익과 현금배당금 주식배당금이 얼마나 되는지 알 수 있다.

　KT는 2010년(제29기)에 주당 2,410원에 배당금을 배당하였으나, 2011년(제30기)에는 주당 2,000원으로 감소하였다. 이는 회사의 영업상황 및 경영환경에 따라 감소했다는 것을 알 수 있다. 그렇지만 주당 2,000원은 그 당시 주가 대비 5%대 이상의 고배당 성향을 가지고 있다.

표 3-13 KT 배당에 관한 사항

*당사는 향후 3년간(2012~2014년 회계연도) 매년 최소 주당 2,000원 배당을 실시할 계획입니다. 단, 배당 정책은 회사의 영업상황 및 경영환경에 따라 달라질 수 있습니다.

구분	주식의 종류	제31기	제30기	제29기
주당액면가액(원)		5,000	5,000	5,000
당기순이익(백만 원)		719,351	1,289,055	1,248,846
주당 순이익(원)		2,953	5,299	5,135
현금배당금총액(백만 원)		487,445	486,602	586,150
주식배당금총액(백만 원)		–	–	–
현금배당성향(%)		67.8	37.7	46.9
현금배당수익률(%)	보통주	5.2	5.3	5.0
	우선주	–	–	–
주식배당수익률(%)	보통주	–	–	–
	우선주	–	–	–
주당현금배당금(원)	보통주	2,000	2,000	2,410
	우선주	–	–	–
주당주식배당(주)	보통주	–	–	–
	우선주	–	–	–

• 상기 배당 관련 정보는 별도 기준으로 작성됨

💰 사업내용을 알면 기업을 알 수 있다

　사업의 내용 중 사업의 개요에서 업계와 회사의 현황을 알아볼 수 있다. 전반적인 회사의 분위기나 시장점유율, 시장특성, 신규 사업 등의 내용 및 전망이 세세히 제시되어 있다.
　생산설비를 통해 회사의 규모를 확인해볼 수도 있다. 생산 및 설비에 관한 사항을 보면 다음과 같은 세부항목이 있다.

- 생산능력 및 생산능력의 산출 근거
- 생산실적 및 가동률
- 생산설비의 현황 등

　이 중에서 생산설비의 현황을 꼼꼼히 읽어 토지 건물 구축물의 자산현황을 파악해야 한다. 특히 토지나 건물이 시장의 이슈가 되는 지역이라면 부동산 상승에 따른 수혜를 볼 수 있기 때문에 더욱 세밀하게 조사해야 한다.
　대한화섬의 토지항목을 보면, 부산과 울산의 장부가액과 공시지가의 차이가 크다는 것을 알 수 있다. 이것으로 대한화섬의 자산가치가 회계상 적게 평가되었다는 것을 알 수 있다. 자산재평가를 하게 되면 이 회사의 주당순자산이 커질 수밖에 없고 자산주가 시장에 부각될 때 큰 수혜를 받을 수 있는 기업이 된다.

표 3-14 **대한화섬의 생산 및 설비에 관한 사항**

(자산 항목 : 토지) (단위 : 백만 원)

소재지	면적	기초장부가액	당기증감		당기상각	기말장부가액	비고 (공시지가)
			증가	감소			
경기	2,951.00㎡	316	–	–	–	316	1,223
울산	252,759.00㎡	30,060	–	–	–	30,060	47,500
대구	8,748.00㎡	2,668	–	–	–	2,668	4,321
부산	202,260.00㎡	62,629	–	–	–	62,629	88,492
합계	466,718.00㎡	95,673	–	–	–	95,673	141,536

• 기말장부가액은 재무상태표에 투자부동산으로 분류된 토지분 65,613백만 원을 포함한 금액

재무제표를 모르면 주식투자하지 마라

(1) 실전에서 유용한 요약 재무정보

요약 재무상태표는 대차대조표와 손익계산서를 요약한 것으로 실전 주식투자에서 가장 많이 참고한다. 전자공시시스템의 사업보고서 메뉴에서 'Ⅲ. 재무에 관한 사항'을 클릭하면 '1. 요약연결재무정보'가 있다. 이 메뉴를 누르면 자산, 부채, 자본, 이익 등이 일목요연하게 정리된 요약 재무상태표를 볼 수 있다. 요약 재무상태표를 이용하기 위해서는 먼저 용어와 개념을 이해해야 한다.

그림 3-4 요약 재무상태표의 용어와 개념

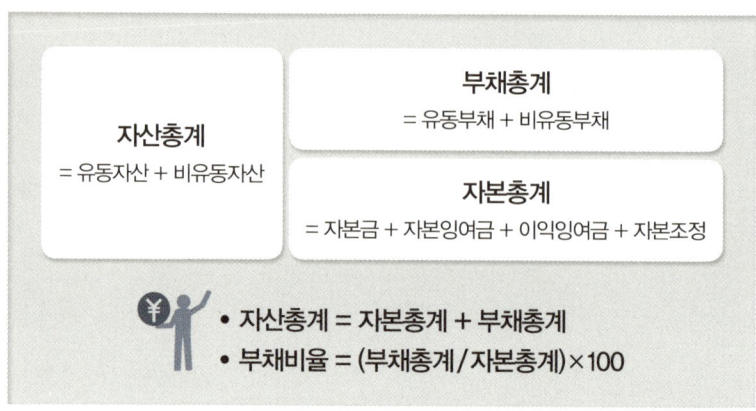

자산총계는 '무엇에 자금을 사용하였는가' 하는 자금의 운용 측면으로서 자본금의 구체적인 운용형태를 나타낸다. 부채총계 및 자본총계는 어디에서 자금이 들어왔는가, 즉 자금의 조달원칙을 나타낸다.

(2) 재무상태표 자산·부채항목

① 유동자산

유동자산은 비유동자산에 대립되는 개념이다. 현금 및 1년 이내에 현금화할 수 있는 예금·받을 어음·외상 매출금·미수금·유가증권 등의 당좌자산과 상품·제품·반제품·원재료·제공품·저장품 등의 재고자산이 포함된다.

② 비유동자산

비유동자산은 유형자산, 무형자산, 투자와 기타자산 3종류로 이루어져 있다. 유형자산에는 건물, 구조물, 기계장치, 토지 등이 있고 무형자산에는 영업권, 특허권 등이 있다. 투자와 기타자산에는 투자 유가증권, 관계회사 주식, 관계회사 사채, 출자금, 장기 대부금 등이 있다.

③ 유동부채

유동부채는 비유동부채에 대립하는 개념으로 단기간 내에 상환하게 되어 있는 채무다. 지급기한이 1년이 넘는 고정(장기)부채도 지급기한이 1년 이내가 되는 시점에서 유동부채로 대체하는 것이 일반적이다.

④ 비유동부채

비유동부채는 일반적으로 지급기한이 1년이 넘는 부채이며 사채, 장기차입금, 관계회사차입금 등이 있다.

(3) 재무상태표 자본총계 항목
① 자본금

기업의 소유자 또는 소유자라고 생각되는 자가 사업 밑천으로 기업에 제공한 금액이다. 자본금은 증자를 통해 증가할 수도 있고 감자를 통해 감소할 수도 있다.

② **자본잉여금**

주식 발행초과금처럼 자본거래에 따라 생기는 잉여금으로 회사의 영업이익 이외의 원천에서 발생하는 잉여금이다. 자본 준비금, 재평가 적립금, 국고 보조금 등이 있다.

③ **이익잉여금**

기업의 영업활동에서 생긴 순이익으로, 배당이나 임원상여금 등의 형태로 사외로 유출하지 않고 사내에 유보한 부분이다.

④ **자본조정**

자본조정은 자본금, 자본잉여금, 이익잉여금 어디에도 속하지 않는 임시적인 항목으로 자본총계에 가감하는 형식으로 기재하는 항목을 말한다.

(4) 손익계산서

① **매출액**

제품판매 또는 주요 사업활동을 통해 발생한 금액이다.

② **매출총이익**

매출액이 아무리 많아도 매출총이익이 얼마나 되느냐가 더 중요하다. 매출액 대비 매출총이익의 비중이 얼마가 되느냐에 따라 회사의 이익 체질이 달라질 수 있기 때문이다.

③ **영업이익**

매출액에서 제품원가와 인건비 기타 경비 등을 차감한 나머지 금액을 영업이익(매출총이익-판매비와 일반관리비)이라 한다. 매출총이익이 많지 않더라도 내부에서 노력해 경비를 줄여 내실경영을 한다면 영업이익을 낼 수 있다.

④ **영업외손익**

영업외손익은 주된 영업 이외의 활동에서 창출된 손익이다. 즉 채권 관련 투자로 발생한 배당금, 이자수익, 부동산 임대료 등의 수익을 합산한 항목이다.

⑤ **법인세 차감전순이익**

기업의 주된 영업에서 발생한 이익과 영업 이외 손익을 합산한 금액(영업이익+영업외손익-영업외비용)이다.

⑥ 당기순이익

경상이익에서 특별손익(토지매각 또는 보유주식 처분, 회사 부주의로 발생한 손실)과 세금비용을 차감한 나머지 이익을 말한다(경상이익+특별이익-특별 손실-법인세 비용).

💰 회사의 각 기관과 계열회사를 분석하자

이사회 등 회사의 기관 및 계열회사에 관한 사항은 다음의 세 가지 사항을 보면 된다.

- 이사회 등 회사 기관의 개요
- 계열회사에 관한 사항
- 타법인출자 현황

여기에서 중요한 핵심 포인트는 타법인출자 현황으로 출자한 회사의 종류와 투자금액 및 지분율을 확인해야 한다는 것이다. 예를 들어 출자한 회사에 이익이 크게 난다면, 모회사의 주가에 긍정적인 영향을 미칠 수밖에 없다. 또한 이익이 크지 않더라도 제약·바이오업종 같은 경우에는 신약개발이나 생명연장 물질 등의 테마를 수반하는 재료가 나왔을 때 수혜를 볼 수 있기 때문이다.

국제회계기준IFRS으로 변경됨에 따라 출자한 기업 중 일정 지분율,

즉 지분율 50% 이상 보유한 기업이거나 또는 지분율 50% 미만 보유 더라도 실질적인 지배력을 통해 지배력 행사가 가능한 기업이 있는 경우 연결대상에 포함된다. 그렇기 때문에 출자기업의 실적을 반드시 따져봐야 한다.

💰 주주에 대해 알아두는 것도 중요하다

주주에 관한 사항은 다음과 같다.

- 최대주주 및 그 특수관계인의 주식소유 현황
- 주식의 분포 현황
- 소액주주 현황
- 주식사무
- 주가 및 주식 거래실적

주주에 관한 사항을 확인하는 것은 회사의 최대주주 및 특수관계인들의 보유지분이 안정되게 경영활동을 할 만큼 소유하고 있는지 확인하는 것이다. 만약 보유한 지분이 적을 경우(30% 미만)에는 적대적 M&A 세력에 노출되는 경우도 있고, 지분경쟁이 벌어지면서 주가가 급등하기도 한다.

그리고 5% 이상 지분을 소유하고 있는 개인 또는 기관투자자 현황도 살펴볼 필요가 있다. 주식을 5% 이상 소유하고 있는 개인이나 기관투자자가 있다면, 추가적인 매수로 지분경쟁의 가능성이 있으나 잠재적 물량부담 요인으로 주가의 상승을 저해하기도 한다. 여기에서 중요한 것은 잠재적 물량 가격대를 주식담당자와 통화하여 알아보면 좋다.

💰 전자공시를 통한 기타 보고서 분석

(1) 감사보고서

　감사보고서는 회사 재무제표의 정확성 여부를 공인회계사가 객관적으로 감사하여 그 의견을 표시한 것이다. 회사가 의무적으로 제출하는 사업보고서와 함께 제출되는 중요한 보고서이기도 하다. 이 보고서는 외부감사인에 의해 작성된다.

　상장회사는 반기나 연간 결산 후에 회계감사법인으로부터 감사보고서를 제출받아 사업보고서와 같이 공시한다. 여기에서 중요한 것은 매 분기마다 실적이나 재무현황을 점검할 필요가 있다는 것이다. 실적이나 재무현황이 급격하게 나빠지면 반기나 연간 회계감사법인으로부터 의견거절이나 한정을 받을 가능성이 높다. 또한 최악의 경우에는 관리종목으로 편입되거나 상장폐지되는 경우도 있다.

① **적정의견**

적정의견은 감사인이 해당 기업의 재무제표가 기업회계기준에 맞게 모든 항목이 적절히 작성되어 기업의 회계기준에 일치하고, 불확실한 사실이나 또는 재무제표를 오인하게 할 여지가 없다고 확신했을 때 표시하는 경우를 말한다.

② **한정의견**

감사인이 회계처리방법과 재무제표 표시방법 중 일부가 기업회계에 어긋나거나, 재무제표의 일부 항목에서 합리적인 증거를 모두 얻지는 못하고 있어 관련되는 사항이 재무제표에 영향을 주거나 줄 수 있다고 표시하는 경우를 한정의견이라 한다.

한정의견에 해당하는 첫째는 감사인의 감사범위가 제약을 받거나 영향을 받는 경우이다. 둘째는 재무제표가 일반적으로 인정되는 기업회계기준에 어긋나거나 표시가 부적정한 경우이다. 셋째는 합리적인 추정을 할 수 없는 비정상적인 불확실성이 존재하는 경우이다.

③ **부적정의견**

부적정의견은 기업의 재무제표를 감사하였을 때 기업이 작성한 재무제표가 회계원칙에 따라 재무상태 및 경영성과를 적정하게 표시하고 있지 않다는 의견을 표명하는 것이다. 재무제표가 전체적으로 불합리하게 기재되어 있거나 왜곡되어 작성됨으로써 무의미하다고 인정되는 경우의 표시를 말한다.

④ 의견거절

의견거절은 감사인이 감사보고서를 작성하는데 해당 회사로부터 필요한 합리적인 증거물을 얻지 못하여 재무제표 전체에 대한 의견표명이 불가능한 경우, 기업의 존립에 의문을 제기할 만한 객관적인 사항이 특히 중대한 경우이다. 또는 감사의 독립적인 감사업무를 수행할 수 없는 경우에 의견거절을 표시할 수 있다.

(2) 자기주식취득 보고서

자기주식취득이란 기업이 발행한 주식을 회사자금으로 취득하여 보유하는 것을 말한다. 자기주식취득 방법은 회사가 직접 참여하는 직접취득방법과 금융기관과의 신탁계약 체결에 의한 간접취득방법으로 구분된다. 자기주식취득을 하는 이유는 주가안정 도모와 적대

표 3-15 직접취득과 간접취득의 차이점

	직접취득	신탁에 의한 간접취득
소각 여부	취득 이후 소각 가능	취득 이후 소각 불가능
취득기간	3개월 이내	제한 없음(연장 가능)
취득방법	시장매수 및 공개매수	당일 신탁회사에서 결정

적 M&A를 방어하기 위함이다. 또한 앞으로의 회사 경영상황 개선이라는 자신감의 표현이어서 주식시장에서 호재로 인식된다.

(3) 유상증자 결정보고서

 유상증자는 신주를 발행함으로써 자금을 새로 조달하여 자본금을 늘리는 것이다. 유상증자 방법은 주주 배정 공모 방식, 주주 우선 공모방식, 일반 공모방식, 제3자 배정방식 등으로 분류할 수 있다. 실권주는 유상증자 청약 납부일까지 주금이 납부되지 않은 신주인수권을 말하며, 보통 이사회의 결의를 통해 재발행한다.

① 주주 배정 공모방식

 기존 주주에게 신주를 싸게 매수할 수 있는 권리를 부여하는 방법으로 할인율에 제한이 없다.

② 주주 우선 공모방식

 기존 주주에게 유상증자 시 발생하는 예정주식을 먼저 배정해 우선 청약권을 주고, 그 청약 미달분에 대해 일반투자자에게 주는 방식으로 할인율에는 제한이 없다.

③ 일반 공모방식

 공모를 통해 불특정 다수에게 공개적으로 유상증자하는 방식으로 할인율은 30%로 제한하고 있다.

④ 제3자 배정방식

회사의 임원, 종업원, 거래처 등 연고관계에 있는 자, 또는 특정인에게 배정하는 방식으로 할인율은 10%로 제한하고 있다.

증자방식에서 유상증자의 방법을 확인할 수 있다. 예를 들면 유상증자 권한을 받은 주주들 중 정해진 기일에 청약을 하고 납부일에 주금 납부를 완료하면 신주상장일에 주식을 받게 된다.

(4) 감자 결정 보고서

감자는 주식회사의 자본금을 주주총회의 특별결의로 감소시키는 것을 말하며, 실질적 감자와 형식적 감자가 있다.

① 실질적 감자

사업규모를 축소할 목적으로 증권시장에서 당사 발행주식을 시가나 액면금액으로 매입하여 소각하는 방법이다. 실질적으로 순자산이 감소하므로 유상감자라고도 한다. 보통 실질적 감자 공시의 내용을 보면 자본금 규모의 적정화 및 회사 과잉재산의 주주 환원 차원에서 실시한다.

② **형식적 감자**

　회사의 결손금을 보전하기 위하여 주식의 액면금액을 줄이거나 발행된 주식 수를 줄이는 방법이다. 법정 자본금은 감소하지만 그 대가를 지급하지 않으므로 순자산 금액에는 변화가 없으며 무상감자라고도 한다.

　예를 들어 자본금 50억 원, 액면가 500원, 현재가 10,000원, 총 주식 수 1,000만 주, 시가총액 1,000억 원의 주식이 있다고 하자. 총 주식 수를 1/10로 줄이는 무상감자를 하면 자본금 5억 원, 액면가 500원, 현재가 100,000원, 총 주식 수 100만 주, 시가총액 1,000억 원이 된다. 즉 실제 보유주식의 가격에는 변화가 없고 회사 내부적으로 장부상의 자본금에만 변동이 생기는 것이다.

💰 상장폐지

　주식시장에 상장된 주식이 매매대상의 자격을 잃어 상장이 취소되는 것을 상장폐지라고 한다. 상장폐지는 상장회사로부터 상장폐지 신청에 의한 것과 상장폐지 기준에 해당하여 증권거래소가 상장을 폐지하는 경우가 있다. 특별한 경우로는 기획재정부 장관이 공익 또는 투자자보호를 위하여 상장폐지를 명하는 수도 있다.

　형식적 기준 중 정기보고서 미제출, 부도, 은행거래 정지, 자본잠식, 매출액 미달, 거래량 미달 등 객관적으로 폐지사유 확인이 가능하여 별도의 판단이 필요 없는 경우에는 이의신청 절차 없이 상장폐지를 한다.

표 3-16 유가증권시장 관리종목 지정 및 상장폐지 기준

구분	관리종목 지정 (유가증권시장 상장규정 제47조)	상장폐지 기준 (유가증권시장 상장규정 제48조)
정기보고서 미제출	– 법정제출기한(사업연도 경과 후 90일) 내 사업보고서 미제출 – 법정제출기한(분·반기 경과 후 45일 이내) 내 반기·분기보고서 미제출	– 사업보고서 미제출로 관리종목 지정 후 법 정제출기한부터 10일 이내 사업보고서 미 제출 – 반기·분기보고서 미제출로 관리종목 지정 후 사업·반기·분기보고서 미제출
감사인 의견 미달	– 감사보고서상 감사의견이 감사범위제한 한정인 경우(연결감사보고서 포함) – 반기 검토보고서상 검토의견이 부적정 또는 의견거절인 경우	– 최근 사업연도 감사보고서상 감사의견이 부적정, 또는 의견거절인 경우(연결감사보고 서 포함) – 2년 연속 감사보고서상 감사의견이 감사범 위 제한한정인 경우
자본잠식	– 최근 사업연도 사업보고서상 자본금 50% 이상 잠식 ＊자본잠식률=(자본금–자본총계)/자본금 ※종속회사가 있는 경우 연결 재무제표상 자본금, 자본총계(외부 주주지분 제외)를 기준으로 함	– 최근 사업연도 사업보고서상 자본금 전액 잠식 – 자본금 50% 이상 잠식 2년 연속
주식분산 미달	– 최근 사업연도 사업보고서상 일반주주 수 200명 미만 – 최근 사업연도 사업보고서상 일반주주 지 분율 10% 미만. 다만 200만 주 이상인 경 우 해당하지 않는 것으로 간주	– 일반주주 수 200명 미만 2년 연속 – 지분율 10% 미만(2년 연속), 다만 200만 주 이상인 경우 해당하지 않는 것으로 간주
거래량 미달	– 반기 월평균 거래량이 반기 말 현재 유동주 식 수의 1% 미만	– 2반기 연속 반기 월평균 거래량이 유동주 식 수의 1% 미만
지배구조 미달	– 사외이사 수가 이사 총수의 1/4 미만 등(자 산총액 2조 원 이상 법인의 경우 사외이사 3인 이 상, 이사 총수의 과반수 미충족) – 감사위원회 미설치, 또는 사외이사 수가 감 사 위원의 2/3 미만 등(자산총액 2조 원 이상 법인만 해당)	– 2년 연속 사외이사 수 미달, 또는 감사위원 회 미설치 등

공시의무 위반	– 최근 1년간 공시의무위반 누계벌점 15점 이상 – 불성실공시법인이 개선 계획서 미제출 – 공시책임자/공시담당자 교체 요구 불응	– 관리종목 지정 후 최근 1년간 누계벌점이 15점 이상 추가 – 공시책임자/공시담당자 교체 요구 불응 – 관리종목 지정 후 고의, 중과실로 공시의무 위반(상장적격성 실질심사)
매출액 미달	– 최근 사업연도 50억 원 미만 (지주회사의 경우 연결매출액 기준)	– 2년 연속 매출액 50억 원 미만
주가/시가 총액 미달	– 주가가 액면가의 20% 미달 30일간 지속 – 시가총액 50억 원 미달 30일간 지속	– 관리종목 지정 후 90일 이내 관리지정사유 미해소
회생절차	– 회생절차 개시신청	– 회생절차 기각, 취소, 불인가 등 – 기업의 계속성 등 상장법인으로서의 적격성이 인정되지 않는 경우(상장 적격성 실질심사)
파산신청	– 파산신청	– 법원의 파산선고 결정
기타 즉시 퇴출 사유		– 최종부도 또는 은행거래정지 – 법률에 따른 해산사유 발생 – 주식양도에 제한을 두는 경우 – 당해 법인이 지주회사의 완전 자회사가 되고 지주회사의 주권이 신규 상장되는 경우 – 우회상장 시 우회상장 기준 위반
상장 적격성 실질심사		– 주권의 상장 또는 상장폐지와 관련한 제출서류의 내용 중 중요한 사항의 허위기재, 또는 누락내용이 투자자보호를 위하여 중요하다고 판단되는 경우 – 기업의 계속성, 경영의 투명성, 기타 공익과 투자자 보호 등을 종합적으로 고려하여 상장폐지가 필요하다고 인정되는 경우 · 유상증자나 분할 등이 상장폐지요건을 회피하기 위한 것으로 인정되는 경우 · 당해 법인에 상당한 규모의 재무적 손실을 줄 것으로 인정되는 횡령·배임 등과 관련된 공시가 있거나 사실 등이 확인된 경우 · 외감법 제13조 제3항(분식회계)의 중대한 위반이 확인된 경우 · 주된 영업이 정지된 경우 · 자본잠식에 따른 상장폐지 기준에 해당한 법인이 자구 감사보고서를 제출하여 상장폐지 사유를 해소한 경우 · 거래소가 투자자보호를 위해 상장폐지가 필요하다고 인정하는 경우

그림 3-5 ▶ 코스닥 상장폐지 절차

단계	내용	주체
1 단계	형식적 요건 해당 심사 → 실질적 요건 해당 심사 (실질심사위원회)	거래소
2 단계	상장폐지 기준 해당 사실 통보 & 공시	거래소
3 단계	이의신청(개선계획표)	상장기업
4 단계	심의	상장위원회
5 단계	상장폐지 / 개선시간 부여(6개월 이내)	거래소
5-1 단계	개선계획 이행 여부 심의	상장위원회
6 단계	상장폐지	거래소

표 3-17 ▶ 코스닥시장 퇴출요건

구분	관리종목	퇴출요건
매출액	최근 연도 30억 원 미만(지주회사는 연결기준) *기술성장기업은 상장 후 3년간 미적용	2년 연속
법인세 비용 차감 전 계속 사업손실*	자기자본 50% 이상(&10억 원 이상)의 법인세 비용 차감 전 계속사업 손실이 최근 3년간 2회 이상(&최근 연도 계속사업 손실) *기술성장 기업은 상장 후 3년간 미적용	관리종목 지정 후 자기자본 50% 이상(10억 원 이상)의 법인세 비용 차감 전 계속사업 손실 발생
장기영업손실	최근 4사업연도 영업손실(지주회사는 연결기준) *기술성장기업(기술성장기업부)은 미적용	5년 연속 시
자본잠식/ 자기자본**	(A) 사업연도(반기) 말 자본잠식률 50% 이상 (B) 사업연도(반기) 말 자기자본 10억 원 미만 (C) 반기보고서 제출기한 경과 후 10일 내 반기검토(감사)보고서 미제출, 또는 검토(감사)의견 부적정·의견거절·범위제한 한정 *자본잠식률=(자본금-자기자본)÷자본금×100	근년 말 완전자본잠식 (A) 또는 (C) 후 사업 연도(반기) 말 자본잠식률 50% 이상 (B) 또는 (C)후 사업연도(반기)말 자기자본 10억 원 미만 (A)나 (B), 또는 (C) 후 반기 말 반기보고서 기한 경과 후 10일내 미제출 또는 감사의견 부적정·의견거절·범위제한 한정

감사의견***	–	감사보고서 부적정 · 의견거절 · 범위제한 한정 *계속기업 불확실성에 의한 경우 사유 해소 확인 시 반기 말까지 퇴출 유예
시가총액	보통주 시가총액 40억 원 미만 30일간 지속	관리종목 지정 후 90일간 '연속 10일, 또는 누적 30일간 40억 원 이상'의 조건을 미충족
거래량	분기 월평균 거래량이 유동주식 수의 1%에 미달 *월간 거래량 1만 주, 소액주주 300인 이상이 20% 이상 지분 보유 등은 적용 배제	2분기 연속
지분 분산	소액주주 200인 미만, 또는 소액주주 지분 20% 미만 *300인 이상의 소액주주가 유동주식 수의 10% 이상으로서 100만 주 이상을 소유하는 경우는 적용 배제	2년 연속
불성실공시	2년간 불성실공시 벌점 15점 이상	(실질심사대상)
공시서류	(A) 분기, 반기, 사업보고서 미제출 (B) 정기주총에서 재무제표 미승인, 또는 정기주총 미개최	년간 3회 분기, 반기, 사업보고서 미제출 사업보고서 제출기한 후 10일 내 미제출 (A)(미제출상태유지) 또는 (B) 후 다음 회차에 (A) 또는 (B)
사외이사 등	사외이사/감사위원회 요건 미충족	2년 연속
회생절차/파산신청	회생절차 개시신청 파산신청	(실질심사 대상) 개시신청 기각, 결정 취소, 회생 계획 불인가 등
(기술성장 기업특례)	장 이후 매 반기별 사업진행공시 및 기업설명회 미개최 시(상장 후 3년간 적용)	다음 반기 연속 미이행 시
기타 (즉시 퇴출)	기타 상장폐지 사유 발생	종부도 또는 은행거래 정지 해산사유(피흡수합병, 파산 선고) 정관 등에 주식양도제한 두는 경우 유가증권시장 상장의 경우 우회상장 시 우회상장 관련 규정 위반 시 (심사종료 전 기업결합완료 및 보호예수 위반 등)

*연결재무제표 작성 대상 법인의 경우 연결 재무제표상 법인세 비용 차감 전 계속사업 손실 및 자기자본 기준
**연결재무제표 작성 대상 법인의 경우 연결재무제표를 기준으로 하되 자기자본에서 비지배 지분을 제외
***연결재무제표 작성 대상 법인의 경우 연결재무제표에 대한 감사의견을 포함
· 2013년 3월 22일 개정규정 기준

표 3-18 코스닥시장 즉시 상장폐지 기준

상장폐지 기준	최종부도 또는 은행거래정지
	법률규정에 의한 해산사유 발생
	최근 사업연도 말 자본전액잠식
	감사보고서상 부적정 · 의견거절 · 범위제한 한정 ＊계속기업불확실성에 의한 경우 사유해소 확인 시 반기 말까지 퇴출 유예
	2년간 3회 분기 · 반기 · 사업보고서 미제출
	사업보고서 제출기한 후 10일 내 미제출
	정관 등에 주식양도제한을 두는 경우
	유가증권시장 이전 상장의 경우
	우회상장 시 우회상장 기준 위반

• 2013년 2월 22일 코스닥시장 상장규정 기준

표 3-19 상장폐지 실질심사 주요 기준

(1) 개별적 요건

심사항목	주요 심사기준
불성실공시	위반한 공시내용이 시장 및 투자자에게 미치는 영향 1. 기업경영에 미치는 영향의 중요성 2. 해당 법인의 고의, 중과실 여부 3. 당해 기업의 상습적 공시의무 위반 여부
회생절차 개시결정	– 변제계획 등 회생계획의 충실한 이행 여부 – 회생계획상 사업계획에 따른 영업실적 및 법원의 회생계획 인가결정 등 종합 고려

심사항목	주요 심사기준	주요 세부심사항목
상장 관련 허위서류 제출		허위신고 내용이 상장심사에 미치는 중요성 1. 허위신고 내용이 투자판단에 미치는 영향 2. 당해 기업의 고의, 중과실 여부 등

(2) 종합적 요건

심사항목	주요 심사기준	주요 세부심사항목
(1) 영업, 재무상황 등 기업경영의 계속성	가. 영업의 지속성	
	매출의 지속 가능성	– 영업활동의 지속적 악화로 인한 매출의 계속성 여부 – 영업활동 개선 계획으로 인한 매출 회복 가능성 – 매출액 미달로 관리종목에 지정된 기업이 일시적인 상품매출로 인해 퇴출을 계속하여 회피하였는지 여부
	수익성 회복 가능성	– 최근 3년간 영업활동의 현저한 악화로 발생한 손실규모 및 향후 손실지속 여부 – 영업권상각, 자산감액손실등 영업외손실이 당기순손실에 차지하는 크기 및 추가감액 여부 – 중단사업으로 인한 계속사업손실의 축소나 비경상적 이익 발생으로 수익성 퇴출 요건 회피 여부
	나. 재무상태 건전성 여부	
	재무상태 취약 여부	– 차입금 규모, 만기구조, 상환계획 등을 고려한 채무불이행이나 부도발생 가능성 – 자본잠식이 있는 경우 잠식의 정도, 추이 등에 비추어 자본잠식의 해소 가능성 – 자본잠식 해소를 위한 유상증자 등 자구의 반복성 여부 – 자구로 조달된 자금의 성격 및 시설투자 · 운영자금 등 기업경영을 위해 자금이 사용되었는지 여부
	경영진의 불법행위에 의한 재무상태 악화 여부	– 횡령 · 배임 등이 재무상태에 미치는 영향 – 횡령 · 배임 등의 발생금액에 대한 구상권 행사 및 회수 가능성 – 분식회계가 최근 사업연도의 재무상태에 미치는 영향

		우발채무의 실현으로 재무상태 악화 여부	- 최대주주 및 경영진에 대한 불법적인 지급보증, 담보제공 등 우발채무의 실현으로 인한 재무상태에 대한 영향 - 경영권분쟁 등 기업경영에 중대한 영향을 미치는 소송이나 불법행위로 인해 재무상태에 미치는 영향
(2) 지배구조, 내부통제제도, 공시체제 등 경영투명성		가. 지배구조의 중대한 훼손 여부	
		최대주주 및 경영진의 불법행위 여부	- 최대주주 및 경영진의 횡령·배임 관련 여부, 횡령·배임 금액의 크기 - 최대주주 및 경영진의 조직적인 분식회계 관여 여부
		경영의 안전성 위협	- 최대주주 및 경영진의 횡령·배임 등으로 인한 내부통제제도 중대 훼손 여부 - 최대주주의 빈번한 교체 및 경영권 분쟁 등으로 인한 경영 안정성 위협 여부
		나. 내부통제제도의 중대한 훼손 여부 검토	- 최대주주 및 경영진의 횡령·배임 등으로 인한 내부통제제도 훼손 여부 - 최대주주 및 경영진의 횡령·배임 등을 사전에 방지하기 위한 내부 통제장치 확립 및 운영 여부
		다. 공시체계의 중대한 훼손 여부	
		회계처리 불투명성	- 분식회계의 발생연도, 지속성, 규모 및 현재 재무상태에 미치는 영향을 고려하여 위반행위의 중대성 여부 - 분식회계의 재발 방지 위한 내부회계관리제도 구축 여부 - 감사보고서의 재발행으로 인한 감사의견의 변경 내용
		공시위반 행위의 악의·상습성 여부	- 공시위반 내용이 최대주주 변경 등 경영권 관련 여부 - 제삼자 배정증자 등 자금조달 관련 여부 - 공시위반 내용이 타법인출자 등 자금유출 활동을 통한 추가적 횡령발생 가능성 여부
(3) 기타		투자자 보호 및 증권시장 건전한 발전 저해	기업경영의 계속성 및 경영 투명성에 준하는 사유로서 투자자 보호 및 증권시장의 건전한 발전 저해로 상장적격성 인정이 곤란한 경우

- 2013년 2월 22일 코스닥시장 상장규정 기준
- 한국거래소

3

실전매매
PER과 ROE

💰 PER과 ROE의 개념

(1) PER

PER이란 'Price Earning Ratio'의 약자로 주가수익비율이라고 하는데, 주가를 EPS^{주당순이익}로 나눈 것을 말한다. 여기서 EPS^{Earning Per Share}는 당기순이익을 발행주식 수로 나눈 것이다. 즉 기업이 1년 동안 벌어들인 돈이 한 주당 얼마인가를 따져보는 것이다.

예를 들면 한 기업이 1년 동안 벌어들인 순이익이 10,000원이고 총

주식 수가 100주라면 EPS는 100원이 된다. 따라서 EPS가 높으면 높을수록 주식투자에 가치가 높은 기업(돈 잘 버는 기업)이라고 할 수 있다. EPS가 높다는 것은 그만큼 기업의 수익가치가 높다는 것이니 주가도 이를 반영한다.

PER은 주가를 EPS로 나눈 값인데 PER이 10배면 주식 한 주가 벌어들이는 수익의 10배에서 거래되는 것을 의미한다. PER이 높으면 고평가, 낮으면 저평가되고 있다는 것을 의미하므로 높을수록 주가에는 부정적이다.

물론 PER이 무조건 낮다고 좋은 것은 아니다. PER이 저평가받는 것은 일반적으로 시장에서 적정한 평가를 못 받고 있는 것을 의미하지만, 분명 이유가 있기 마련이므로 그 이유를 분석하는 것이 중요하다. PER은 EPS에 의해서 영향을 받으므로 EPS가 일시적으로 좋아진 것인지, 꾸준히 좋아지거나 유지되고 있는가를 체크해야 한다.

실전매매에서 제조업의 경우 시장환경이 좋을 때는 영업이익에 PER을 10배 정도 책정한다. 시장환경이 좋지 않을 때에는 당기순이익 대비 PER을 7~8배로 책정하여 보수적으로 보는 것이 좋다. 그러면 시장이 좋을 때 영업이익은 어떨까? 업황이 좋아지고 있기 때문에 영업이익은 더 증가한다. 이때는 영업 외 손실이 크지 않으면 영업이익을 따지면 된다.

시장환경이 좋지 않을 때는 영업이익이 감소하는 경우가 많다. 여기에 영업 외 손실도 포함해 최대한 보수적으로 산정하여 당기순이익으로 따져야 한다. 인터넷이나 바이오 같은 고성장산업의 경우에는 PER이 상대적으로 높다. PER 산정기준은 글로벌 인터넷기업, 또는 바이오기업의 PER을 기준으로 하거나 대표종목에 PER을 기준으로 산정하여 투자에 임하는 게 좋다.

(2) ROE

ROE$^{\text{Return on Equity}}$는 기업의 순수 자기자본을 말한다. 예를 들어 ROE가 40%인 기업에 투자해서 자기자본에 투자금을 넣어 두면, 그 투자금이 매년 40%씩 복리로 늘어난다는 이야기이다.

자기자본을 말하는 'EQUITY'는 쉽게 말해 순수한 내 몫을 뜻한다. 예를 들어 2억 원짜리 아파트를 은행 융자 1억 원을 끼고 샀다면, 현재 순수한 내 자본이 2억 원으로 불어난다는 것을 뜻한다. ROE를 구하는 공식은 다음과 같다.

> 자기자본이익률＝당기순이익／자기자본×100

순이익은 말 그대로 1년 동안 벌어들인 돈에서 법인세까지 제할 것은 다 제하고 순수하게 남은 당기 순이익을 뜻한다. '자기자본=자본금+자본잉여금+이익잉여금'이며 자본조정이 있는 경우에는 그것까지 포함한다.

자본금이란 액면가와 발행주식 수를 곱한 값이고, 자본잉여금은 실제 주식을 발행해서 회사로 유입된 주식대금 중 자본금을 제외한 프리미엄을 말한다. 예를 들어 액면가 5,000원짜리 주식에 9배의 프리미엄을 얹어 10만 원에 주주를 모집했다면, 액면가 5,000원은 자본금, 나머지 95,000원은 자본잉여금으로 쌓이는 셈이다.

이익잉여금은 당기순이익에서 배당을 제외하고 회사에 차곡차곡 쌓이는 이익을 말한다. 회사는 주식을 발행해서 운영자금을 마련하고, 그 자금으로 돈을 벌어 이익을 차곡차곡 쌓아간다. 바로 그 운영자금과 쌓인 이익이 결국 주주의 몫이기 때문에 자기자본이 된다. 종합해보면 다음과 같다.

- 주가수익비율^{PER} = 주가 / 주당순이익^{EPS}
- EPS = 순이익 / 총발행주식 수
- 자기자본이익률^{ROE} = 순이익 / 자기자본 × 100
- 자기자본 = 자본금 + 자본잉여금 + 이익잉여금 + 자본조정
  (※자본조정이 있는 경우 포함됨)
- 주가순자산비율 = 주가^{PBR} / 주당순자산^{BPS}
- BPS = 순자산 / 총발행주식 수

💰 PER의 응용

언론에서 한국 증시의 역사적 저평가, 고평가 등에 대한 기사를 읽어본 경험이 있을 것이다. 그렇다면 고평가, 저평가라는 개념을 주식

시장에서는 어떻게 적용할 수 있을까?

(1) 전방산업의 호조

전방산업 호조에 따라 중심 PER을 산업 내 포함되는 종목들의 PER과 비교분석하는 것이다. 예를 들어 반도체산업 호조에 따르면 PER이 10배는 받아야 하는데, 협력업체들의 PER이 5배라면 저평가로 사야 할 것이다.

(2) 전방산업 침체 초기

전방산업이 침체되기 시작할 때 PER을 논하는 것은 의미가 없다. 산업 자체 사이클이 둔화되고 있는 시점에서 PER이 낮으면 이런 이야기는 큰 도움이 되지 않는다. PER이란 주주들이 가진 주식 1주당 벌어들이는 순이익 대비 현재 주가의 프리미엄이 몇 배인지 따지는 것이고, PBR은 주식 1주당 순자산 대비 현재 주가의 프리미엄이 몇 배인지 따지는 것이다.

이론적으로 PER이 10이라면 주식 1주당 벌어들이는 순이익 대비 1,000% 프리미엄으로 주식을 사는 것이고, PBR이 2라면 1주당 순자산 대비 200% 프리미엄을 주고 주식을 사는 것이다.

① HTS를 최대한 활용하라

가치투자 개념을 이해하는 데는 수학적 연산이 필요한 개념들이 많

표 3-20 HTS의 활용

FY-end	매출액 (억 원)	Chg. (%)	영업이익 (억 원)	당기순이익 (억 원)	EPS (원)	PER (배)	PBR (배)	ROE (%)	EV/EBITDA (배)	순부채비율 (%)
2007(A)	801	−31.5	98	147	471	5.0	1.3	29.4	5.1	−22.0
2008(A)	756	−5.5	99	125	376	3.3	0.6	18.2	1.5	−31.2
2009(A)	911	20.5	57	120	363	11.7	1.6	14.6	11.9	−40.0
2010(E)	2,027	122.4	300	334	999	7.5	2.1	33.7	6.4	−38.6
2011(E)	2,351	16.0	405	420	1,256	6.0	1.5	30.8	4.1	−48.0

표 3-21 저PER 스타일 중 낙폭과대와 EPS 상향 종목

종목코드	종목명	시가총액 (십억 원)	낙폭 (%, 1개월)	12개월 이상				
				PER (×)	PBR (×)	ROE (%)	EPS Growth (%)	EPS chg. (%, 1개월)
001120	LG상사	11,628	−8.6	5.3	0.84	32.8	32.4	6.2
000210	대림산업	20,685	−10.2	5.5	2.06	9.8	11.4	1.8
009830	한화케미칼	22,179	−6.8	5.7	1.39	13.9	8.5	15.4
005280	부산은행	20,255	−9.2	5.7	1.21	15.2	21.4	2.3
009540	현대중공업	163,400	−15.2	5.9	0.79	25.6	12.8	2.0

• 기준일 : 2010년 5월 31일
• FnGuide Consensus, 한국증권

다. 주식투자도 어려운데 일일이 수학적 연산을 해야 하는가? 물론 아니다. 개념도 어려운데 그럴 필요는 없다. 증권사 HTS에 자세하게 나와 있으므로 이를 읽고 해석할 줄만 알면 된다.

많은 가치투자 관련 서적이나 강의 교재를 보면 계산법을 강조하지만, 필자는 불필요하다고 생각한다. 그러나 PER, EPS, ROE는 주가 분석을 할 때 필요하기 때문에 이해하고 있어야 한다. 가치투자의 본질 자체가 주가가 기업가치보다 싼 것에 투자하기 위함이기 때문에 이러한 개념을 배우는 것이다.

PER이 낮으면 기업의 가치는 어떨까? EPS가 높으면 기업의 가치는 어떨까? 이런 것들을 생각하면 가치투자 개념을 이해하는 주요 목적을 이해할 수 있다. PER이 낮으면 주가가 주당 순이익에 비해 낮다는 뜻이기 때문에 기업의 가치에 비해 주가가 낮게 평가되고 있다는 뜻이다. 참고로 PBR은 주가의 자산가치를 가지고 평가한 것에 비해, PER이나 EPS는 회사의 주가를 회사가 벌어들이는 수익으로 평가하는 방법이라 할 수 있다. 하지만 이 또한 절대적인 개념이 아니다. 주당순이익인 EPS가 낮아지면, 즉 회사가 동일한 매출에 비용이 많이 발생하여 EPS가 낮아진다. 저PER이었던 회사가 낮은 EPS 때문에 바로 고PER이 되는 것이 원리이기 때문이다.

이 원리를 쉽게 이해하기 위한 예를 들어보자

현재 주가가 5만 원이며, 주식 총 발행 수가 100주, 1년 당기순이익이 100만 원인 회사가 있다고 하자. EPS는 '100만 원/100주=1만

표 3-22 주목할 만한 코스닥 가치주(저PER · PBR 종목)

(단위 : 배)

종목명	PER	PER	섹터
성도이엔지	2.85	0.87	IT
아이디스	3.05	0.87	IT
대원산업	4.30	0.75	경기소비재
KNN	4.62	0.75	경기소비재
동원개발	4.82	0.69	산업재
인탑스	4.90	0.68	IT
성우하이텍	5.15	0.91	경기소비재
키이스트	5.65	0.91	경기소비재
이테크건설	5.90	0.66	산업재
에이스침대	6.05	0.69	경기소비재
팜스토리	6.59	0.93	필수소비재
NICE평가정보	7.05	0.82	산업재
SG&G	8.40	0.55	경기소비재
네오위즈홀딩스	8.64	0.57	IT
에버다임	9.28	0.98	산업재
피에스케이	9.29	0.77	IT
아이디스홀딩스	9.40	0.75	IT
선광	9.55	0.39	산업재

• 2013년 6월 18일, FnGuide

원'이 된다. 그럼 PER은 '5만 원(현재 주가)/EPS(1만 원)=5'가 된다. 그런데 올해에 회사를 확장하고 이전하는 과정에서 50만 원을 썼다고 하자. 매출이나 수익은 변동이 없는 상태에서 비용 50만 원이 지출된 것이다. 그럼 이 회사의 올해 EPS와 PER의 변화는 어떻게 될까?

EPS는 '50만 원/100주=5,000원'이 된다. PER은 현재 주가(5만 원)가 변동이 없다고 할 경우, '5만 원/EPS(5천 원)=10'이 된다. 순이익이 줄어드니 EPS는 반으로 줄었고 PER은 2배로 늘어났다. 그러니 무조건 PER이 낮고 EPS가 높은 회사의 주식이 좋은 주식은 아니라는 것이다. 이 PER과 EPS는 기업의 순이익에 따라 언제든 변동이 될 수 있다는 점을 알아두어야 한다. 주식시장은 언제나 유동적이며 마치 살아 있는 유기체와 같이 변화무쌍해서 가치투자를 할 때 기본적인 매매원칙과 기법이 필요하다.

💰 ROE의 응용과 단점

ROE는 자본보다 얼마나 벌어들였나를 보는 것으로, 경영자가 얼마나 효율적인 자본운영을 했는지를 나타내는 지표여서 높을수록 좋다. 그렇지만 이를 통해서는 부채가 얼마나 있는지는 알 수 없으며, 심지어는 부채가 많을수록 ROE가 높게 나오는 경우도 있다. 부채는 재무제표상에서 부채항목에서 찾으면 상세하게 나오니 참조하길 바란다. 이와 관련된 지표는 부채비율과 이자보상배율이 있다.

4
가치주는 PBR이다

PBR은 주가순자산비율을 말하며 공식은 다음과 같다.

주가순자산비율=주가/주당순자산

즉 주가가 한 주당 자산의 몇 배로 거래되고 있는지를 말해주는 지표가 PBR이다. 계산식을 보면 주가가 오르면 PBR은 올라가고, BPS가 오르면 PBR은 하락한다. 참고로 주당순자산인 BPS의 공식은 다음과 같다.

주당순자산=순자산/총발행주식 수

또한 주가가 BPS보다 크면 PBR은 1이 넘고, 반대가 되면 PBR은 1보다 작게 된다. 기업의 순자산에 대해 비교할 수 있는 프리미엄이다. BPS는 청산가치, 즉 회사가 문을 닫을 때 각 주주들에게 돌아가는 액수이다. 그런데 만일 주가가 BPS보다 높으면 어떨까?

사례 1 주가가 BPS보다 높은 경우

주가가 1만 원, BPS가 5,000원인 경우에 PBR은 2.0이 된다. 그리고 기업이 문을 닫으면 주주들은 1만 원을 투자하고도 5,000원밖에 돌려받지 못한다. 따라서 이러한 기업은 고평가되었다고 말할 수 있으며, 투자에 리스크가 크다고 할 수 있다.

[차트 3-22]는 단순한 루머에 의해서 주가가 단기간에 16,000원대까지 올랐다. 그 시점에 PBR은 무려 8배 이상 치솟았으며 PER도 황당할 정도로 높았다. 일반적으로 아무리 우량하고 성장성이 높은 기업이라도 PBR이 3 이상이면 현명한 주식투자자들은 고평가라 생각하고 분할매도 전략을 취한다. 부실한 종목들이 폭탄 돌리기식으로 주가를 끌어올린 다음 차익을 실현할 때의 PBR은 3 이상인 경우가 대부분이다.

차트 3-22 고PBR 종목의 주가흐름

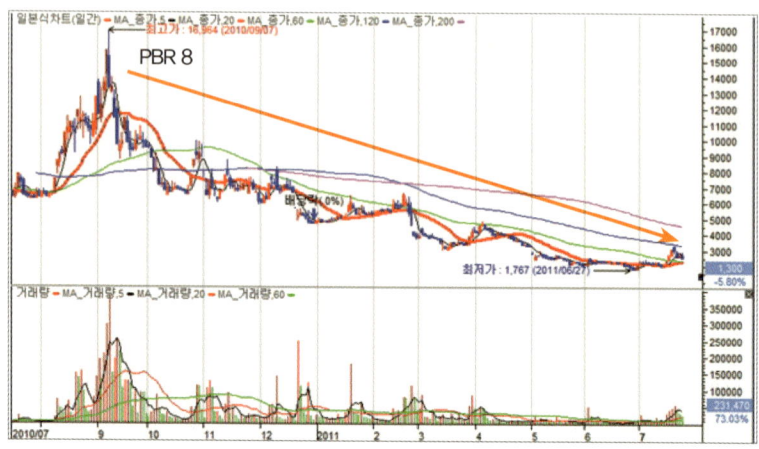

📄 사례 2 주가가 BPS보다 낮은 경우

주가가 5,000원이고, BPS가 1만 원인 경우에 PBR은 0.5가 된다. 기업이 문을 닫으면 주주들은 5,000원을 투자하고도 1만 원을 돌려받을 수 있게 된다. 그러므로 이러한 기업은 저평가되었다고 말할 수 있으며 투자리스크가 적다고 할 수 있다.

예를 들어 [차트 3-23] 대동기어의 경우에는 2010년 8월 초까지 23,000원을 횡보했다. 이때 주당순자산은 4만 원이다. 단순히 비교해도 BPS가 주가보다 높은 것이다.

또한 이전 4월에는 주가가 39,900원까지 급등한 끼가 있었다. 이후 주가는 가격조정과 기간조정을 거치면서 저PBR주가 된다. 그러다가 8월 18일에 슈퍼모멘텀인 자산재평가 공시가 나오자 점상한가

차트 3-23 대동기어

를 기록하면서 70%가 넘는 급등세를 보인다. 이유는 무엇일까? 바로 '가치주=저PBR주+바닥권+저평가+슈퍼모멘텀'에 5원소를 갖추었기 때문이다.

결론적으로 PBR이 낮은 기업은 주가가 상승할 가능성이 높고, 또한 안전하다. 그러나 PBR이 낮다고 해서 무조건 투자가치가 있는 것은 아니며, 그렇다고 그 반대로 절대적인 투자기준이 아니라고 보는 것은 아니다.

차트 3-24 대동기어

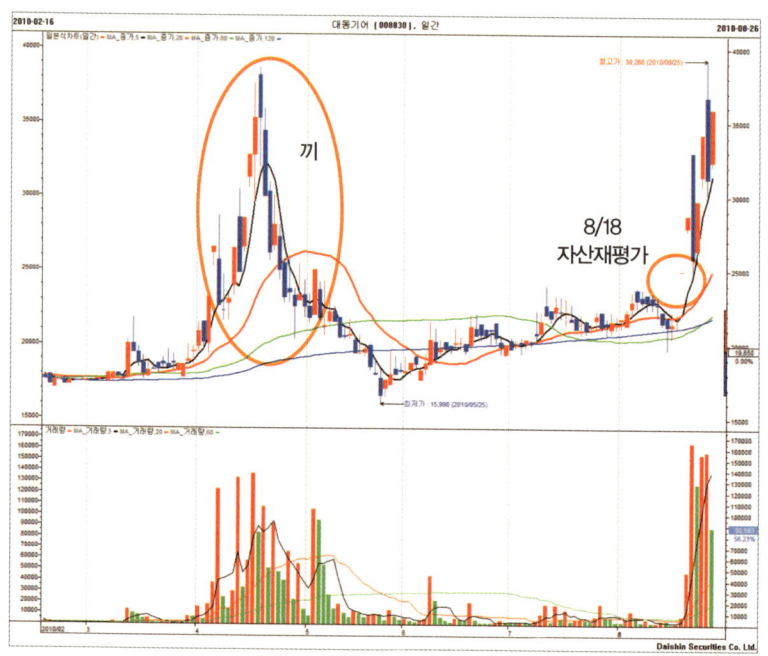

 이에 대한 이유는 다음과 같다. 첫째, PBR은 지난 분기의 데이터를 활용하기 때문에 시황을 실시간으로 반영하기 어렵다. 둘째, 매출채권과 미수금, 현금화가 어려운 자산들로 인해 PBR이 왜곡될 수도 있다. 이러한 난점을 극복하기 위해서는 다른 지표와 함께 고려해야 하는데, 일반적으로 PER과 동시에 활용하면 될 것이다.

> PBR 상승 → 고평가(주가하락 가능성) : 2 이상(3 이상 특히 조심)
> PBR 하락 → 저평가(주가상승 가능성) : 1 미만

5
자산재평가는
영원한 테마이다

🪙 자산재평가란

자산재평가revaluation는 기업이 보유하고 있는 사업용 자산을 시장가치에 맞춰 재조정하는 작업을 말한다. 토지, 건물, 장비 등의 자산을 취득 당시 가격이 아니라 현재의 공정가치로 평가하는 것이다. IFRS가 도입되면서 달라진 것 가운데 하나가 자산과 부채에 대한 공정가치평가가 가능해진다는 점이다.

기존 회계방식K-GAPP은 기업이 자산을 취득하면 취득원가로 계산하여 자산가치를 반영하지 못하는 단점이 컸다. IFRS가 도입되면서 공정가치로 반영하기 때문에 투자자들이 실제 가치가 얼마나 되는지 손쉽게 알 수 있는 셈이다.

부동산을 포함한 유형자산을 많이 가진 기업은 자산재평가를 통해 재무구조가 급격히 개선될 수 있다. 특히 알짜배기 땅이나 주식 등을 많이 가진 기업이 자산재평가를 할 경우 수혜를 입을 가능성이 커졌다.

그렇다고 자산재평가를 마음대로 할 수 있는 것은 아니다. 지난 1998년 외환위기 직후 구조조정 활성화를 위해 2000년 말까지 한시적으로 허용된 후, 다시 묶였다가 2008년 말 기업들의 외환차손 처리를 위해 재(再)허용됐다. IFRS 조기도입도 배경이 됐다.

(1) 자산재평가 효과와 부작용

자산재평가는 인플레이션 상황, 또는 투자가치가 급격히 상승한 결과 장부가격과 시가에 큰 격차가 발생했을 때 필요하다. 자산재평가는 장부상으로만 이뤄지는 것이어서 실질적인 현금유입은 없으나, 평가차익이 발생해 재무구조를 개선하는 효과가 있다.

자산재평가는 신규설비 도입을 위해서 이뤄지기도 한다. 기존설비 감가상각을 통해 적립금을 마련하고 동시에 세금부담을 덜기 위해 행해지기도 한다.

자산재평가의 부작용도 있다. 짧은 주기로 자산을 재평가하면 재무제표의 변동성이 커지고, 평가차익이 발생했다면 세금부담도 있다. 유럽연합 기업들도 초기 IFRS 도입 당시 자산재평가에 대해서는 신중한 입장을 보인 바 있다. 자산재평가로 인한 세금부담은 차액의 22%다. 이는 자산을 매각할 때 납부해야 하는 이연법인세로 분류된다.

참고로 국내 대기업들이 자산평가를 할 때 왜 신중했는지 다음 사례를 보면 알 수 있다.

삼성전자의 경우 IFRS 도입을 위해 토지를 재평가한 결과 3조 8,163억 원의 재평가 차액에 8,396억 원의 이연법인세가 붙었고, 한국가스공사는 1조 1,919억 원에 2,632억 원의 세부담이 생겼다. KT&G는 이런 세부담으로 IFRS를 조기도입하고도 자산재평가를 하지 않았다.

결론적으로 국제회계기준을 실시한다고 기업 본연의 가치가 변하는 것은 아니지만, 달라진 회계기준에 따라 새로운 방식으로 장부를 표기하기 때문에 주가순자산비율^{PBR} 같은 주요 투자지표가 달라질 수 있다. 자산재평가를 실시하게 되면 숨겨진 가치가 드러나거나 주가가 재평가될 수 있어 투자 패러다임의 변화가 나타날 것으로 예상한다. 우량 자회사가 많거나 자산재평가 이익이 많은 상장기업과 영업권 상각 의무가 줄어드는 기업의 주가에 긍정적 영향이 있을 것이라고 분석하고 있다.

(2) 자산재평가시 수혜기업

표 3-23 자산재평가 수혜기업

수혜업종	수혜기업
우량자회사 보유기업	삼성전자, 삼성전기, 현대자동차, 현대모비스, 성우하이텍, 한일이화, 제이엠아이
저PBR주	태양금속, 신화실업, 동성화학, 하이스틸 등
지주회사	LG, GS, 한화, 두산, 효성, 코오롱, 신한금융지주

• 기준일 : 2010년 10월

위의 표에 해당하는 기업들이 자산재평가를 받는 이유는 아래와 같다.

① 우량자회사 보유기업

IFRS가 도입되면서 대차대조표나 손익계산서 등 모든 재무제표가 자회사 실적을 반영한 연결기준으로 작성된다. 따라서 우량한 자회사를 보유한 기업들은 지금보다 순익이 늘어나게 된다. 대체적으로 IT, 자동차 회사가 많다.

② 우량 부동산 보유기업

부동산을 포함한 유형자산을 많이 가진 기업이 자산재평가를 통해 재무구조가 급격히 개선될 수 있다. 특히 알짜배기 땅이나 주식 등을 많이 가진 기업이 자산재평가를 할 경우 수혜를 입을 것으로 보인다.

기존 회계방식은 기업이 자산을 취득하면 취득원가로 계산, 자산가치를 반영하지 못하는 단점이 컸다. IFRS가 도입되면서 공정가치로 반영하기 때문에 투자자들이 실제 가치가 얼마나 되는지 손쉽게 알 수 있게 되었다.

③ 지주회사

지주회사 입장에서도 IFRS가 도입되면서 긍정적 효과가 나타났다. 연결재무제표를 통해 그룹의 전체적인 특성을 제대로 반영할 수 있는 환경이 조성되었기 때문이다.

지분이 30~50% 사이의 자회사들이 연결자회사에 포함되었다. 하지만 지분법 손익이 영업수익으로 잡혀 영업이익의 변동성을 줄어들었다. 또 연결공시의 주기가 매 분기로 짧아져 비상장사의 영업활동이 직접 지주회사의 모멘텀으로 작용할 가능성이 높아졌다.

💰 자산주 시세의 역사

(1) 1993년 자산주 광풍

증권거래법 200조 폐지전망에 따른 적대적 M&A 이슈 부각

외국인 투자가 허용된 1992년에 외국인들의 투자 잣대인 PER에 대한 새로운 도입으로 저PER주 혁명 이후 PBR이 부각되면서 1993년 경남지역 연고 기업들에 의해 촉발된 자산주 광풍은 10배에서 30배의 시세를 보여주었다.

1993년도 9~11월의 자산주 시세에 중요한 원인은 그 해 11월 국회에서 주식의 대량소유를 제한하는 〈증권거래법 200조〉가 폐지될 것이라는 전망 때문이었다. 주식대량소유제한의 폐지는 바로 '적대적 M&A'의 허용을 의미하는 것이고, M&A에 있어서 가장 중요한 준거

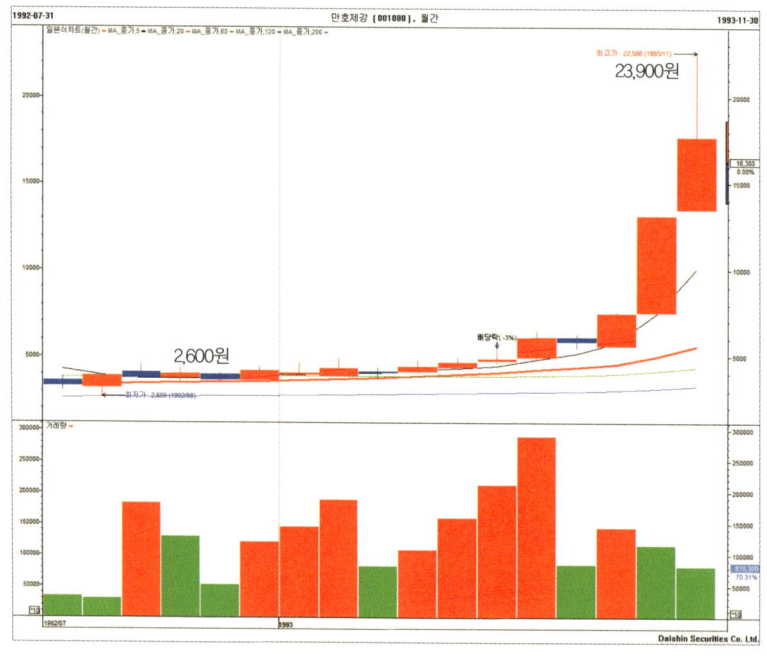

차트 3-25 ▶ 만호제강(1992년~1994년)

의 틀은 '기업의 청산가치'이다.

　청산가치는 현재 시점에서 기업의 영업활동을 중단하고 청산할 경우 회수 가능한 금액의 가치를 말한다. 일반적으로 주당순자산을 청산가치로 보는 경우가 많다. 현재의 주가보다 청산가치가 높을수록 자산대비 현재 주가는 저평가되어 있다고 한다.

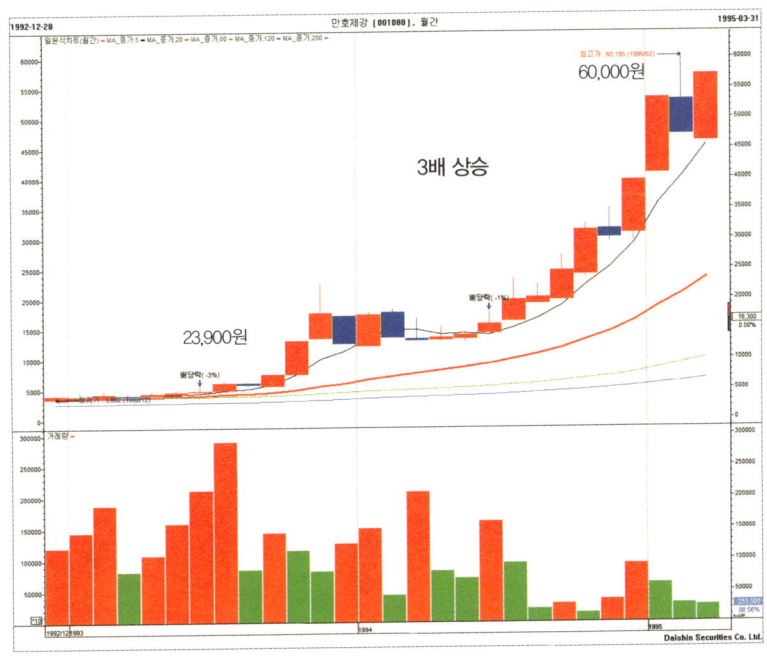

차트 3-26 　만호제강 월간 차트(1993년~1995년)

[차트 3-25]는 만호제강으로 1992년도 자산주 열풍이 불면서 2,600원대에 있었던 주가는 1993년 9월부터 급등하여 3개월 동안 4배, 저점 대비 10배의 시세를 분출하였다.

그 이유는 1992년 외국인들한테 주식매입(증시개방) 한도를 늘이면서 외국인들이 자산을 많이 보유한 기업들(만호제강, 성창기업, 방림)에 관심이 많아졌기 때문으로, 그 당시 투자자들도 매수세를 이끌어 주가가 급등하였다.

1993년 연말부터 6개월 이상 기간조정을 받은 후에 주가는 23,900원부터 6만 원대까지 3배 정도 상승하였다. 이유는 자산주 열풍이 다시 불었기 때문이다. 1994년 만호제강의 주당순자산은 88,551원인데 주가는 2만 원대였기 때문에 자산가치 대비 주가가 저평가되어 큰 폭으로 상승할 수밖에 없었다.

(2) 2001년 자산주 열풍

기술주 거품에 대한 반성으로 자산가치 부각

2000년 이후 인터넷 혁명과 함께 나타난 벤처붐은 기술주의 거품이 꺼지면서 대세하락으로 접어들게 된다.

그 당시 광란에 가까웠던 기술주에 대한 '묻지 마 투자'를 반성하고 가치투자가 크게 부각되면서 자산가치에 대한 관심이 크게 고조되었다.

신세계 백화점이 전국에 이마트를 구축하면서 최고의 장기적 자산

차트 3-27 **롯데칠성 월간 차트**(2001년~2002년)

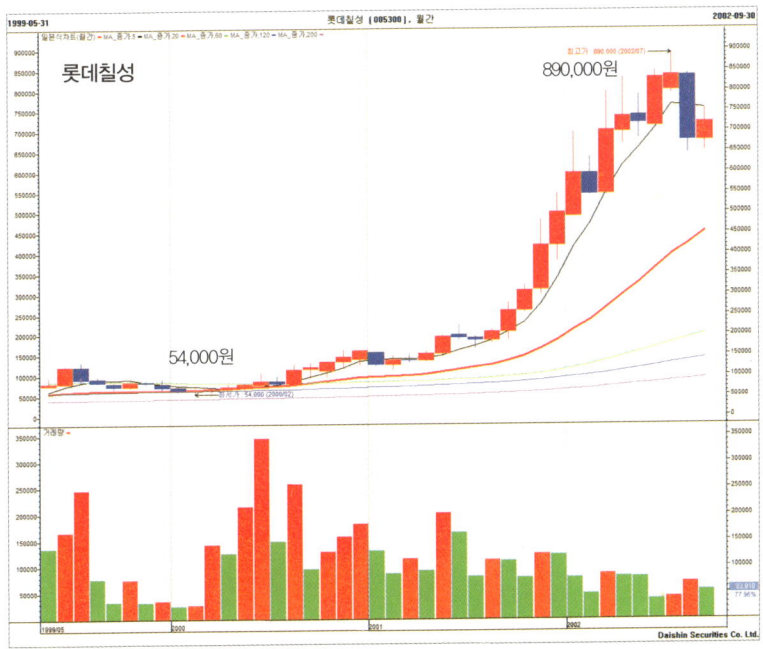

주로 사랑받은 것처럼 롯데칠성은 전국적인 유통망에 의해 형성된 토지자산이 엄청난 시세 상승의 이유가 되었다.

2001년 자산주 열풍의 대장주는 당연 롯데칠성이다. 2000년 당시 주당순자산은 281,042원인데 주가는 10만 원대 초반이었다. 기술주에 대한 거품이 꺼진 후에 주식시장은 안전한 자산을 보유한 기업을 선호하기 시작하였다. 이 중에서 롯데칠성은 안정적인 실적과 국내의 주요한 부동산을 가지고 있어서 저평가된 자산가치주로 부각되면

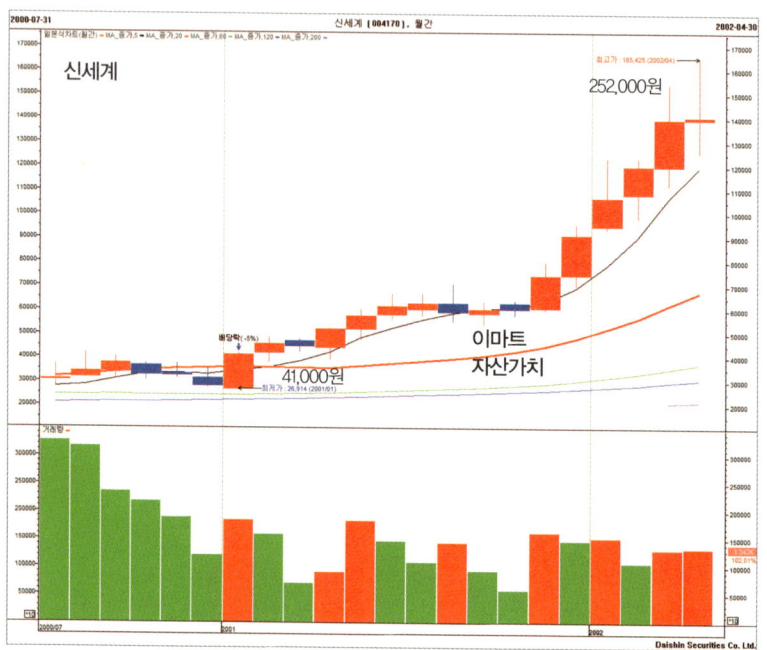

차트 3-28 ▶ 신세계 월간 차트(2001년~2002년)

서 2002년에는 89만 원까지 급등하였다.

[차트 3-28]은 신세계로 2001년 주가가 41,000원대부터 점진적인 상승을 보이다가 2001년 말부터 이마트 자산가치가 크게 부각되면서 주가가 9만 원대에서부터 25만 원대까지 꾸준히 상승하였다. 이마트는 전국 주요 요지에 위치해 있는데, 매출액과 부동산 가치가 올라가면서 주가상승의 요인으로 작용하였다. 자회사의 자산가치가 증가될수록 모회사의 주가에는 호재가 된다.

(3) 우량 자회사 부각과 장하성펀드

재벌의 지배구조 개선을 위한 지주사 설립과 장하성펀드

장하성 펀드는 지배구조 개선이라는 명목하에 2006년 자산가치가 높은 자산주와 지주회사가 크게 주목받는다. 장하성펀드 관련주라는 루머가 나돌기만 하면 급등하였다. 이때 주목받은 기업은 태광산업, LG생활건강, 대상홀딩스, 한솔제지 등이다.

아쉽게도 장하성펀드 관련주는 추종 매매 흐름을 보였지만 실적개

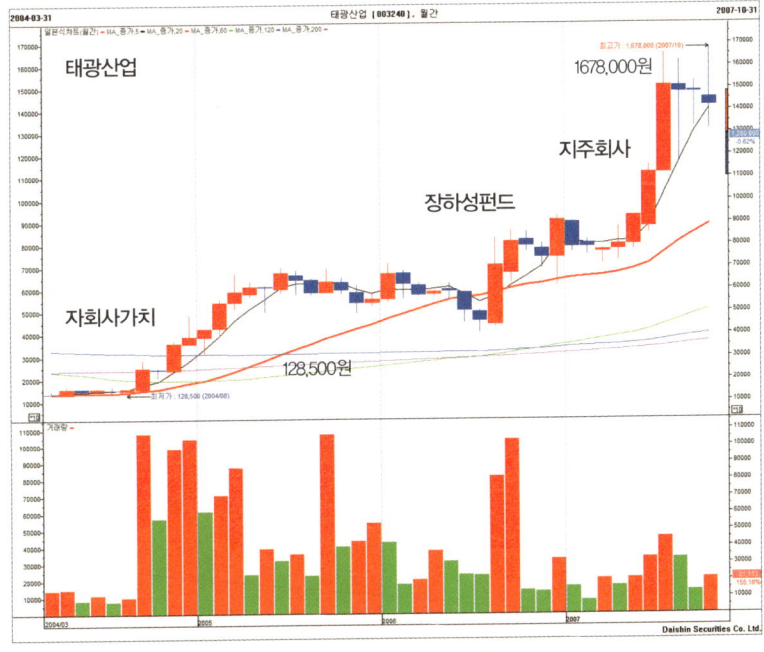

차트 3-29 ▶ 태광산업 월간 차트

선이 뒷받침되지 않은 종목과 거래량이 적은 종목들은 이후 조정을 받는 흐름이 나왔다. 일부 종목에 대해서는 장하성펀드 내에서 지분이 감소하는 흐름도 보였다.

　필자는 장하성펀드가 2010년에 등장하였다면 성공확률이 상당히 높았을 것으로 본다. 국제회계기준의 채택과 시행에 따른 자산재평가는 강력한 자산주와 지주회사에 있어서 상승 모멘텀이 될 수 있기 때문이다.

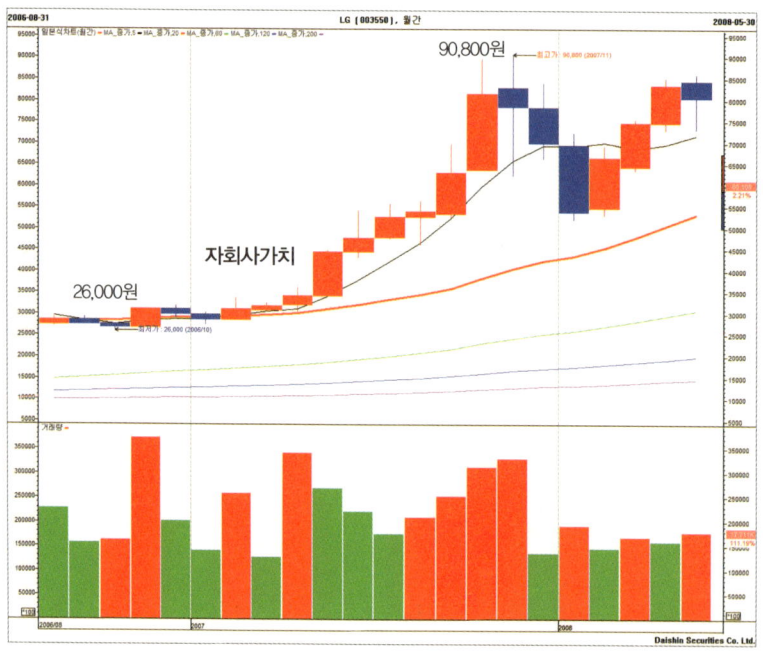

차트 3-30 LG 월간 차트

[차트 3-29]는 태광산업으로 우량자회사를 많이 보유하고 있어 저평가 자산주로 주식시장에서 평가받고 있었으나 주가는 오르지 못하였다. 2006년에 지배구조 개선 목적의 장하성펀드가 지분을 매입하면서 주가는 점진적으로 상승하기 시작하였다. 그 당시 주당순자산은 1,442,269원으로서 주가가 순자산 가격을 넘어서기도 했다.

[차트 3-30]은 LG그룹이 지주회사체계로 전환된 후 LG전자의 주가가치 상승과 지주회사 열풍에 의해 2007년도 5만 원대에 거래되던 LG는 자회사의 실적향상과 주가상승으로 지분법 평가익이 크게 증가하면서 2008년에 168,000원대까지 상승을 이끌어 갔다.

6
지배구조를 알면 수익이 보인다

💰 지배구조의 핵심은 지주회사이다

　기업지배구조란 일반적으로 기업 내부의 의사결정시스템, 이사회와 감사의 역할과 기능, 경영자와 주주와의 관계 등을 말한다.

　기업지배구조 개편이란 말이 있는데 이는 경영권을 승계하는 것으로 이해하면 된다. 경영권 승계 시 후계자에게 지분을 넘겨주어야만 안정적으로 경영권을 확보할 수 있다. 그렇게 하려면 당연히 후계자가 지분을 많이 보유한 기업이 그룹 내에서 부각되어 기업가치가 높아질 수밖에 없다. 이러한 기대감으로 주가가 크게 오르고 실제로 그

차트 3-31 ▶ 현대자동차 3인방의 순이익 추이

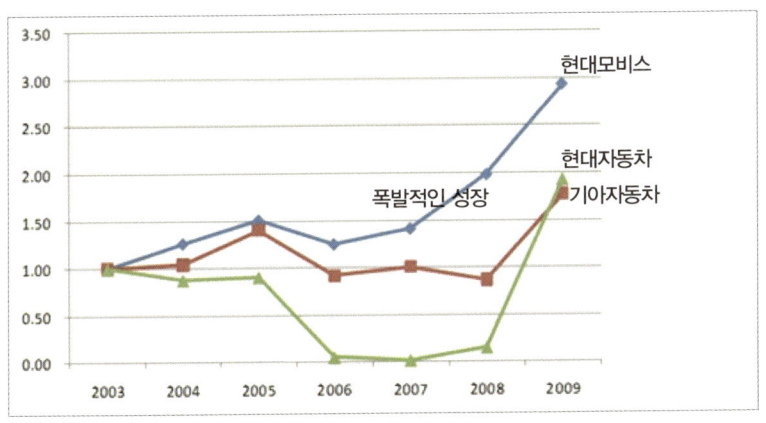

기업의 매출과 이익이 급증한다.

지배구조를 알면 중장기 주식투자로 성공할 수 있다. 현대자동차 그룹의 지배구조를 분석하게 되면 현대차의 '꿈', '끼', '끈'과 더불어서 중장기 투자할 수 있는 '깡'을 갖추게 되기 때문에 지배구조를 통한 현대기아차 그룹의 전망을 예측하는 것이 중요하다.

현대자동차 3인방의 순이익 추이를 보면 외국진출이 본격화된 2003년 이후 2009년까지 현대모비스는 안정성과 성장성을 수반하면서 꾸준히 증가하고 기아차도 2008년 하반기 이후 폭발적으로 성장한다. 반면 현대차는 다소 더딘 회복을 보였다.

순이익 측면에서 현대모비스는 꾸준하게 현대차 지분을 매입하게 된다. 2009년 8월 28일 현대제철이 보유한 현대차 지분 5.84%를 1

차트 3-32 현대모비스의 현대차 지분매입

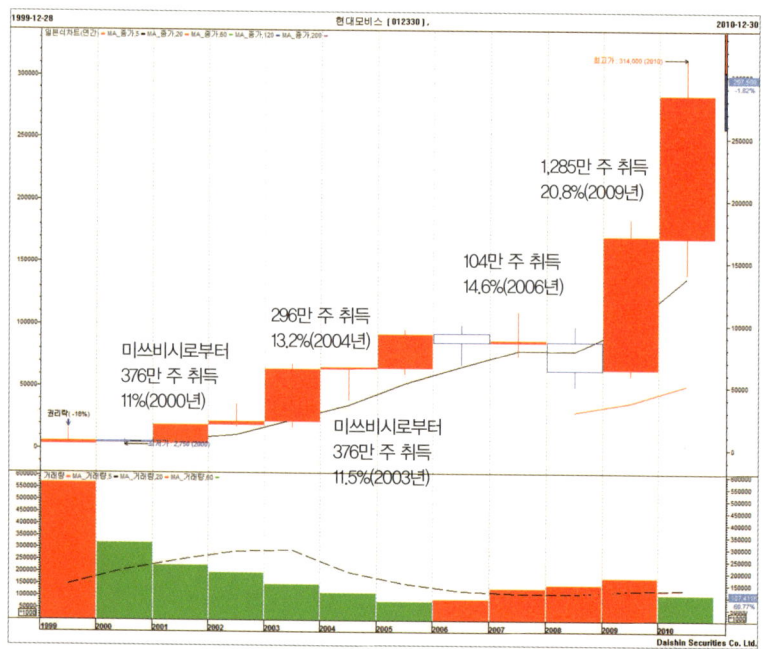

조 3천억 원에 매입하게 되어 지주회사 요건인 20%를 넘기게 된다.

구체적으로 정의선 부회장의 경우 현대모비스 지분을 직접 보유하고 있는 상황이 아니므로 31.88%를 가지고 있는 현대글로비스를 활용하여 현대모비스와 지분 맞교환이든지 어떤 방법으로든 지주회사의 지분을 취득해야 하는 구조였다.

기아차와 현대제철이 보유하고 있는 현대모비스 지분도 매각하게 되면 거액의 현금이 유입될 수 있다. 따라서 포스트 정몽구 회장 이

그림 3-5 ▶ 현대차그룹의 지배구조

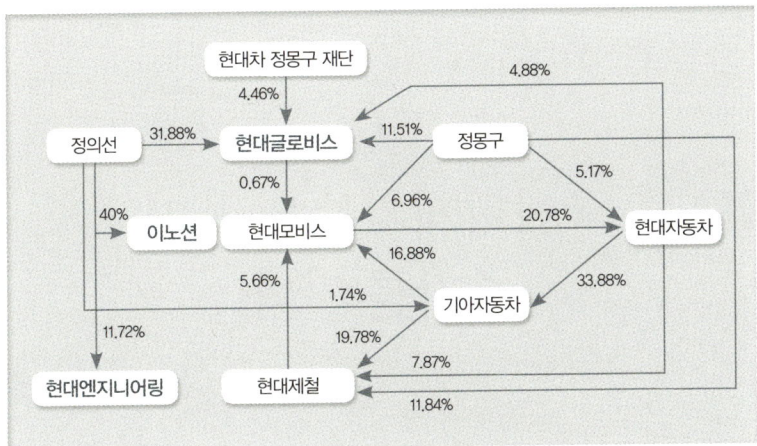

• 2014년 1분기 말 기준

후 정의선 부회장 중심으로 지주회사가 완료될 것이기 때문에 핵심 계열사인 현대글로비스의 주가가 양호하게 이어지는 이유가 바로 여기에 있다. 지주회사 측면에서는 현대글로비스와 현대모비스를 중장기로 보유하는 것이 유리하다고 보았었다.

7
국제회계기준을 알면 주가를 안다

💰 국제회계기준

(1) 국제회계기준의 정의

　자본시장의 세계화 추세에 따라 전 세계적으로 단일기준으로 작성된 신뢰성 있는 재무정보의 요구가 높아지고 있다. 이러한 수요에 부응하기 위한 국제회계기준IFRS은 국제회계기준위원회가 제정하는 회계기준으로, 현재 110여 개 국가에서 채택되었거나 도입 예정에 있다. 미국 등 IFRS를 도입하지 않고 자국의 GAAP를 적용하는 국가도

IFRS와의 호환을 계획하고 있으며, 대한민국은 2011년부터 IFRS를 한국어로 번역한 한국채택국제회계기준K-IFRS을 전면 도입하였다.

(2) 국제회계기준 도입의 필요성

① 전 세계적인 회계기준 단일화 추세에 적극 대응

자본시장이 글로벌화됨에 따라 국제적으로 통일된 회계처리기준에 대한 요구가 크게 증가하였던 2007년 3월 당시 EU, 호주, 캐나다 등 100여 개국이 국제회계기준을 자국의 회계기준으로 수용하였다. 이에 우리나라도 세계적인 회계기준 단일화 추세에 적극적으로 대응할 필요가 있어 K-IFRS를 채택하였다.

② 회계 투명성에 대한 신뢰도 제고

외환위기 이후 정부는 기업회계 선진화를 위해 회계감독을 강화하고 꾸준히 제도개선을 실시했지만, 기업의 재무상태와 영업성과를 나타내는 기초언어인 회계처리기준이 국제회계기준과 달라 외국인이 한국 기업의 회계를 신뢰하지 못하는 한 원인이 되어 왔다. 이에 '코리아 디스카운트'의 원인 중 '회계기준 미흡' 요인을 제거하여 회계정보에 대한 대내외 신뢰도를 높일 필요가 있었다.

③ 글로벌 기업들의 회계장부 이중 작성 부담 경감

국내 기업이 외국증시에 상장할 경우 해당 국가의 회계처리기준을 적용하여 재무제표를 다시 작성하고 외부감사도 받게 되므로 기업부담이 발생하나, 국제회계기준을 도입하게 되면 국내법규에 의한 재무제표를 국제자본시장에서 그대로 사용할 수 있게 되어 이중으로 회계장부를 작성하는 부담이 없어졌다.

(3) IFRS와 이전 K-GAAP의 차이점

① **회계처리원칙**: 기존 회계기준이 규칙주의(해야 할 것 등 구체적 조항을 정하는 방식)이었다면 IFRS는 원칙주의(큰 틀의 원칙만 준수하면 세부사항은 각 기업이 알아서 처리하는 방식)이고, 회계처리 선택권을 넓게 허용한다.

② **공시체계의 차이**(연결재무제표vs개별재무제표): 국제회계기준은 연결재무제표 공시를 기본으로 하고 모든 공시자료를 연결재무제표 기준으로 작성·공시하고 있다. 과거 K-GAAP는 개별재무제표 공시를 원칙으로 하고 연결재무제표는 부수적으로 기말에만 공시하였다.

③ **자산·부채의 평가방법 차이**(역사적 원가vs공정가치): IFRS 도입에 따라 자산·부채 평가 방식, 연결재무제표 작성에 가장 큰 변화가 발생했다. 기존 회계기준은 자산이나 부채를 평가할 때 취득원가를 원칙으로 채택하였으나 IFRS는 공정가치측정을 기본원칙

으로 채택하고 있다. 공정가치를 반영하면 자산이나 매출, 부채 등에서 상당한 변동이 불가피하다. 매출이나 영업이익, 자산이 높아지면서 기업가치가 상승할 수 있다. 반면 부채비율도 급격하게 증가할 수 있다.

④ **법률 및 정책적 목적에 따른 기준의 차이**: 우리나라는 법률 및 정책적 목적에 따라 현실을 고려하여 일부 항목에 대해 특정한 회계처리를 규제 또는 허용하고 있다.

(4) 국제회계기준 도입효과

2012년 이후에는 자산총액 2조 원 미만 기업도 IFRS 의무적용 대상이 되었다. 자산주는 자산가치 대비 저평가 종목들을 의미하며 과거에는 증시 주변 여건이 불투명해질수록 이러한 저평가 자산주에 투자자들의 관심이 집중되었다. 그러나 국제회계기준 도입으로 자산 취득 시점이 오래되고(취득원가), 과거 자산재평가를 했던 적이 없는 토지, 건물 등 부동산을 보유하고 있는 기업, 업황 모멘텀, 실적호전 전망, 배당매력 등의 다른 요인의 모멘텀이 반영되면서 가치주로 재평가받고 있는 기업들이 수혜를 받았다. 특히 보유 토지 및 화폐성 외국자산 대비 저평가인 기업들이 최고의 수혜를 받았다. 그래서 특히 토지나 건물이 시장의 이슈가 되는 지역이라면 부동산 상승에 따른 수혜를 볼 수 있기 때문에 많은 관심을 받았다.

표 3-24 ▶ 이전 국내회계기준과 국제회계기준의 차이

구분	국내회계기준	국제회계기준
공시 체계 (주재무제표)	개별재무제표	연결재무제표
연결 범위	소유지분율 30% 초과 최다출자자 및 실질 지배력 외부감사 대상 제외 등의 사유로 일부 종속회사는 연결 대상에서 제외	지배의 정의에 근거하여 종속회사 여부를 결정 소유지분율 50% 초과 및 실질 지배력
자산·부채의 평가 방법	국내 회계기준은 정보의 신뢰성을 중시하여 객관적 평가가 어려운 항목은 역사적 원가로 평가	시의적절한 정보제공을 위해 자산·부채를 원칙적으로 공정 가치로 평가
	투자 부동산은 취득원가로 평가	공정가치 평가 허용
	유형자산은 취득원가로 평가	취득원가 평가, 또는 공정 가치로 재평가
법률 및 정책적 목적에 따른 기준의 차이	법률 및 정책적 목적에 따라 현실을 고려하여 일부 항목에 대해 특정한 회계처리를 규제 또는 허용	거래의 실질에 맞는 회계처리 방법을 규정
	상황우선주 자본처리	부채 처리
재무제표 표시의 차이	대차대조표와 손익계산서의 표시방법 정형화	선택 가능한 대안을 제시하여 재무제표 표시 방법의 다양성 인정
	임대목적 부동산은 유형자산으로 분류	투자 자산으로 분류
측정의 차이	사업결합 시 매수법과 지분풀링법 허용	매수법만 허용
	종업원 급여 측정 시 연도말 현재 전임직원이 일시에 퇴직할 경우 지급하여야 할 퇴직금에 상당하는 금액(청산 기준)으로 측정	예측급여 채무의 개념을 채택하여 보험수리적 방법으로 측정

• 금융감독원

표 3-25 ▶ 초기 국제회계기준 채택 시 대기업의 매출액 변화

순위	기업명	기존 회계 방식 (개별 매출액)	순위	기업명	IFRS (연결 매출액)	순위 변동
1	삼성전자	89조 7,728억 원	1	삼성전자	138조 9,937억 원	동일
2	SK에너지	35조 8,275억 원	2	LG	100조 6,681억 원	신규 진입
3	한국전력	33조 6,857억 원	3	현대차	91조 4,631억 원	상승
4	현대차	31조 8,593억 원	4	SK C&C	82조 6,365억 원	신규진입
5	LG전자	30조 5,134억 원	5	SK	82조 1,714억 원	신규진입
6	포스코	26조 9,539억 원	6	LG전자	72조 9,523억 원	하락
7	삼성생명	25조 6,952억 원	7	SK에너지	43조 8,672억 원	하락
8	SK네트웍스	21조 1,904억 원	8	포스코	36조 8,550억 원	하락
9	현대중공업	21조 1,422억 원	9	GS	34조 5,368억 원	신규진입
10	기업은행	20조 7,638억 원	10	한국전력	33조 9,939억 원	하락

• 기준일 : 2010년 08월 10일
• 출처 : 포스코 경영연구소

[표 3-25]는 2010년 8월 당시 주요 대기업의 국제회계기준 적용시 매출액의 변화를 보여주고 있다. 왼쪽 기업들의 매출순서와 오른쪽 매출순서가 다른 이유는 무엇일까?

정답은 자회사들의 매출액을 연결로 잡은 국제회계기준 때문이다. 국내외 우량한 자회사를 많이 보유할수록 연결매출액은 증가할 수밖에 없고 그에 따라 순위가 변동됨을 알 수 있다.

차트 3-33 다우기술

• 기준일 : 2010년 08월 10일

    다우기술은 키움증권 지분 51.32%를 보유한 실질적인 지주사로 2010년 상반기 기준으로 키움증권 보유지분 가치만 5,183억 원에 달한다. 이에 비해 시가총액은 2010년 8월 9일 기준 3,320억 원 대비 크게 저평가되어 있었다. 또한 죽전의 토지 매입가가 336억 원인데 임대 가능한 토지만을 재평가했을 때 1,120억 원에 달했다는 뉴스가 있다.

💰 미니 지주회사

2010년 상반기에 미니 지주회사들의 시가총액이 보유주식 평가액의 절반을 밑돌 정도로 저평가되어 있었다. 이들 기업들은 자산·수익가치에 비해 심하게 평가절하되어 있으며, 알짜 비상장 자회사의 경우 시가평가가 제대로 되어 있지 않아 상장될 경우 지주회사 가치는 더 크게 부각되었다.

특히 2011년부터 국제회계기준이 본격 적용되면서 미니 지주회사 연결재무제표에 의한 지분법 이익이 더 증가되었다. 다만 유동성이 개선되지 않고 있다는 점이 흠이기 때문에 액면가 5,000원 기업은 액면분할 또는 무상증자를 통한 유동성 개선이 시급한 상황이었다. 2014년에 AK홀딩스, KC그린홀딩스가 많이 오른 배경이기도 하다.

(1) 미니 지주회사의 성공적인 사례

2003년 11월 동화기업은 동화홀딩스(지주회사)와 동화기업, 동화케미칼로 기업분할을 단행한다. 코스닥시장과 함께 출발한 동화기업은 지금의 지주회사와는 달리 2000년대 액면분할, 2002년도 후반에 무상증자를 꾀해 유동성을 증가시키고 성장성, 수익성을 겸비하면서 최저 2,500원대 주가가 44,000원대까지 급등하는 흐름을 볼 수 있다.

급등한 이유는 지주회사라는 가치가 2007년도에 대부분 부각될 때 큰 흐름을 탔지만 현재의 지주회사도 IFRS라는 강력한 호재를 지니

차트 3-34 기업분할 이후 동화홀딩스 주가 패턴

고 있으므로 동화홀딩스의 흐름을 답습하는 미니지주회사도 앞으로 나올 가능성이 높다고 본다.

(2) 상장된 미니지주회사

[표 3-26]은 지주사가 보유한 자회사들의 주식평가액이 시가총액보다 낮은 경우이다. 보유주식 대비 시가총액이 낮으면 저평가되어 있다고 볼 수 있다. 이러한 지주사들은 거래량이 많지 않다. 따라서 큰

표 3-26 ▶ 보유주식 대비 시가총액이 낮은 지주회사

(단위 : 억 원, 개)

지주회사	보유주식 평가액 (A)	시가총액 (B)	평가율 (B/A)	상장자회사	비상장사
동성홀딩스	1,098	415	37.7%	3	11
대상홀딩스	2,434	1,123	46.1%	1	4
대성홀딩스	3,070	1,345	43.8%	3	3
노루홀딩스	2,002	655	32.7%	1	8

• 2010년 8월 10일 시가총액 기준으로 작성

폭의 실적개선이나 액면분할, 무상증자 등 상승 모멘텀이 발생하면 주가가 크게 오르기도 한다.

[표 3-27]은 주가순자산비율^{PBR}이 현저하게 낮아 현재 주가가 주당순자산에 비해 3배 정도 낮게 형성되어 있다. 실적증가와 지배구조개

표 3-27 ▶ 주가순자산비율 대비 시가총액이 낮은 지주회사

지주회사	액면가격	시가총액	PBR
세아홀딩스	5,000원	3,108억	0.40
KISCO홀딩스	5,000원	2,151억	0.36
한진중공업홀딩스	5,000원	1,551억	0.33
한미홀딩스	5,000원	1,022억	0.22

• 2010년 8월 10일 시가총액 기준으로 작성

선 등 모멘텀이 발생할 경우에 주가가 상승하면서 시가총액은 높아질 것이다.

(3) 큰 형이 가면 아우도 따라간다

2010년 대표적인 지주회사인 LG, SK C&C는 기관과 외국인들이 개입되는 대형주들이다. IFRS에 따른 일시적인 주가상승으로 시장에서 부각되었다면 20일선을 이탈하고 차익매물이 나오는 것이 보통인데, IT 자동차 등 기존 주도주들이 약세를 면치 못하는 시점에서는 대기업 지주회사들이 대안으로 작용했다. 대형 지주회사가 시장을 주도하니 뒤늦게 저평가된 지주회사 찾기에 열중하게 된다. 이 때문에 미니 지주회사가 시장에서 평가받으며 상승하였다. 다만 앞서 지적한 데로 미니 지주회사는 유동성을 하루빨리 개선해야 할 정도로 거래량이 부족하다. 그래도 야금야금 올랐던 것은 업종순환매로 저평가가 재평가받기 위한 흐름으로 보인다.

[차트 3-35]는 LG, 동성홀딩스, KISCO홀딩스를 비교한 것이다. 대표적 지주사인 LG가 지주사 모멘텀으로 주식시장에서 부각되어 상승하게 되면 동성홀딩스 등 미니 지주사도 덩달아 테마로 형성되기도 한다. 결론적으로 지주회사 중 저평가되면서 신성장성 모델을 지닌 지주회사를 찾아야 할 것이다.

이를 위해서는 전자공시를 통한 기업분석, 주식담당자 통화, 그리고 기업탐방 등 발로 뛰어서 실제 확인하는 수밖에 없다. 부지런히

차트 3-35 대형 지주사 주가 비교

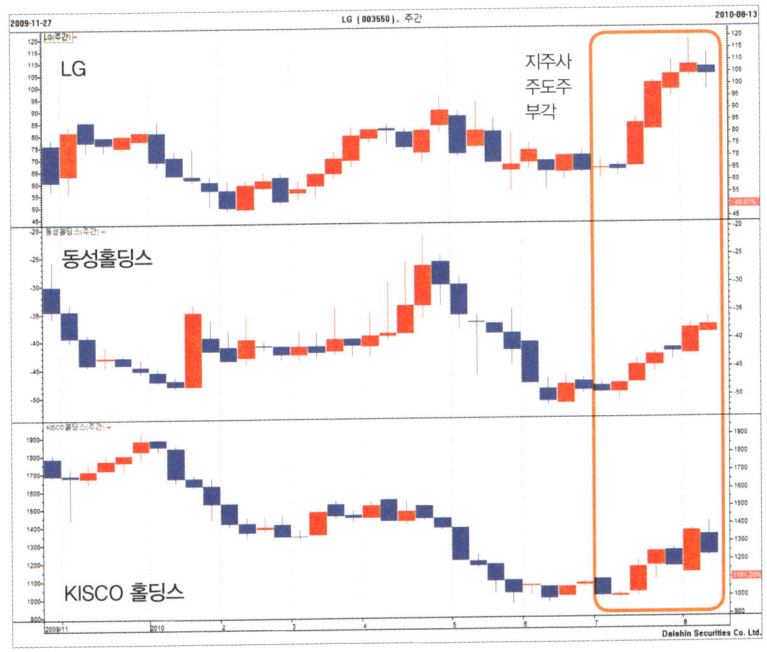

공부하고 분석하는 자만이 남들보다 더 많은 수익을 창출하며 위기일 때는 최소의 손실로 리스크를 피해갈 수 있다.

💰 저PBR 자산가치주

(1) 저PBR 자산가치주를 주목하는 이유

  2011년부터 적용되고 있는 국제회계기준 변경으로 국내 기업들의 회계팀 업무량이 엄청나다고 한다. 그만큼 준비하여야 할 것이 많고, 그에 대한 이점과 불리한 점을 찾기에 골몰하고 있다. 특히 부동산을 많이 소유하고 있으며, 부채비율이 100% 이하이면서도 업력이 오래 된 기업들의 부동산가치는 현재의 재무제표에는 정확히 표현되지 않고 있지만, 국제회계기준에는 이것을 현재 시가로 평가해서 분기마다 재무제표에 반영해야 한다.

  그동안 많은 자산을 은폐하여 두었던 기업들이 이제는 어쩔 수 없이 자산재평가를 통하여 회계에 반영해야 하며, 이는 기업에 이점도 있지만 불리한 점도 있다. 기업들은 꼭 감추어두어야 할 부문을 공개해야 하기 때문에 매우 억울할 것이다. 그런데 자산재평가는 투자자들에게는 더할 수 없는 투자기회가 온 것이다. 국내 상장사 중에서는 30년 동안 자산을 재평가하지 않은 기업이 있기에 숨겨진 자산주, 즉 보물 같은 기업을 찾을 수도 있다.

(2) 저PBR 가치주의 급등 사례

  [차트 3-36]의 삼륭물산은 1980년에 설립된 식품위생용 종이상자 및 용기제조기 업체로서 주당순자산은 31,000원대이며 자기자본이

차트 3-36 삼룡물산

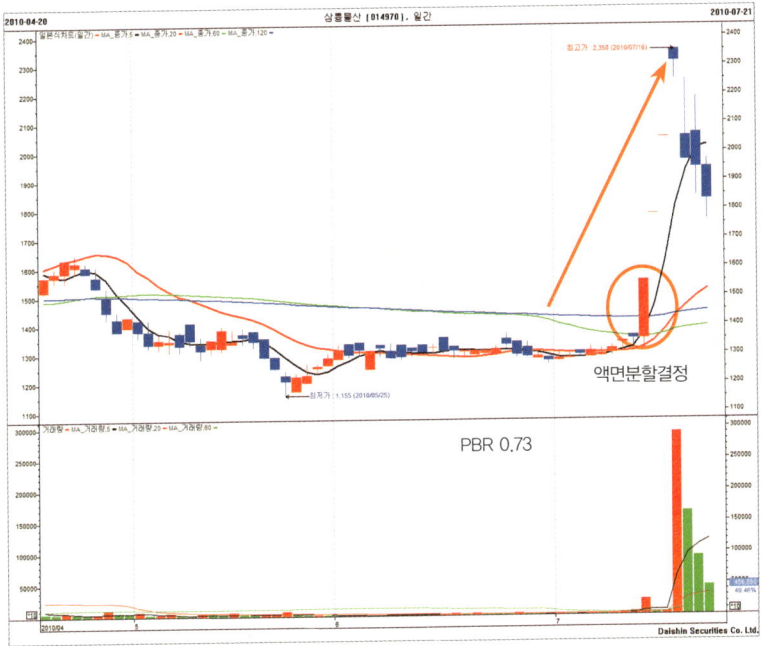

- 자산가치주 액면 5,000원

익률은 16.51%이다. 이름은 생소하지만 상당히 우량한 회사이다. 거래량이 미흡했지만 2010년 7월 13일 유동성 개선을 위해 액면분할을 결정하자마자 주가는 급등하기 시작한다.

CS홀딩스는 조선선재와 조선선재온산의 지주회사로서 2010년 1월 1일 분할하여 CS홀딩스로 재상장되었는데 부채이전 효과로 분할 개시 시점에 자기자본비율 99.85%, 부채비율 0.15%를 보였다. 특히 전방 조선업체의 경기회복 기대감으로 지분법 평가이익 등이 주목받

차트 3-37 CS홀딩스

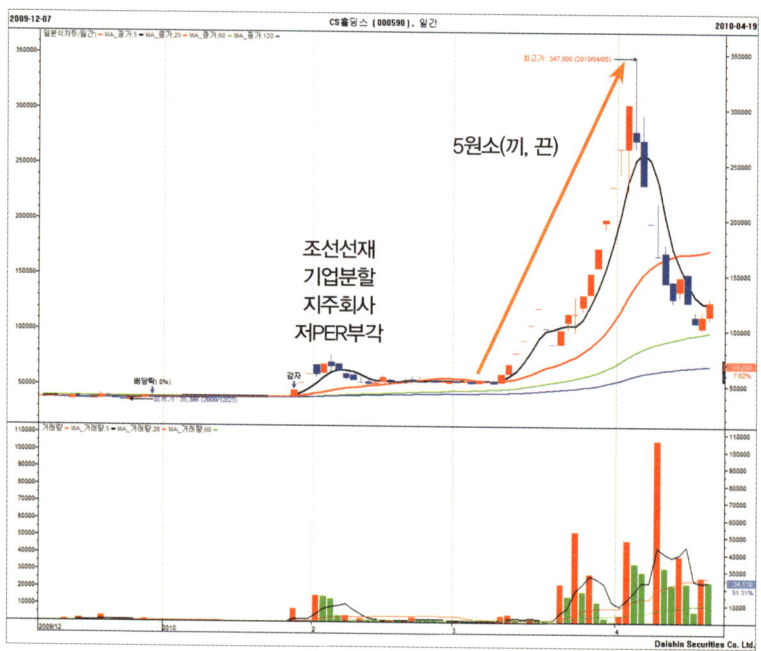

• 자산가치주 액면 5,000원, PBR 0.43=92,600원 기준

앞으나 실제로 보면 2010년 3월부터 5월까지 급등한 조선선재, CS홀딩스, 삼보산업, 국보 등은 유통물량이 적고 시가총액이 적은 상황에서 주당 순자산가치가 높은 저PBR주로 5원소 중 '끼'와 '끈'이 발휘되면서 급등한 패턴이라 할 수 있다.

Chapter
04

발로 뛰어라!
그리고 분석하라!

**지피지기면 백전백승,
기업탐방은 바로 우리 생활 속에 있다!**

단순히 언론보도 내용이나 기술적 분석인 차트로만 기업을 판단한다면 기업의 가치를 멀리 내다보지 못한다. 기업탐방은 시장에서 알려진 내용을 보다 더 자세하고 정확히 알고자 함이다. 기업탐방이 쉽지 않다면 우리 실생활에서 기업탐방을 해보자. 대형마트에 가면 상장되어 있는 기업들의 제품이 있다. 그곳에 가서 점원한테 어느 회사, 어떤 제품이 최근 잘나가는지 물어보았는가? 바로 거기에 답이 있다.

1
기업탐방
분석기법

    기업탐방 분석기법은 못해서 하지 않는 것이 아니라 하지 않으니 못하는 것이다. 즉 기업탐방 분석기법은 발품을 팔아야 하는 기법이다. 앞의 장에서 거론된 일반적인 기법보다 정직하고 영향력이 크며 큰돈을 벌 수 있는 기법이라고 할 수 있다.

    펀드매니저나 증권사 애널리스트라고 해서 기업에 대해서 엄청나게 특별한 정보력을 가지고 있는 것은 아니다. 왜냐하면 결국 그들도 정보를 얻는 방법이 크게 기업탐방, 산업 관계자, 경기 및 산업지표, 내부자 정보 정도이다. 그나마 내부자 정보는 그들이 알고 있을 수도 있고 모를 수도 있다.

　기업탐방을 할 때 호의적인 기업도 있을 것이고, 반기지 않는 기업도 있을 것이다. 분명한 것은 기업 주가에 상당히 유용한 정보는 기업탐방을 가서도 얻을 수 없는 것이 현실이다. 반면에 투자정보는 해당 기업 홈페이지, 사업보고서 등을 통해서 얼마든지 알아낼 수 있다.

💰 생활 주변에서 접하는 기업분석의 사례

　현대자동차를 예로 들어보자. 신차가 나오거나 미국에서 점유율이 올라간다는 얘기가 들릴 때 어떻게 판단할 것인가? 자동차산업에 대해 궁금하다면 '한국 자동차산업=현대자동차'이므로, 현대자동차의 주가를 한번 보는 것이 중요하다.

　2010년에는 주류산업 분야에서 와인 열풍이 지나간 후 막걸리 열풍이 찾아왔다. 각종 마트 냉장고 안에 국순당 생막걸리가 있을 때 국순당 차트를 보았는가? 회사에 문의해서 막걸리가 잘 나가는지, 아니면 회사에 직접 가서 주식담당자를 만나보았는가? 만약 만나본 후 확신했다면 당신은 큰 수익을 냈을 것이다.

　이렇든 생활 주변에서도 기업을 철저히 분석할 수 있다. 다음의 도표들은 각 업종의 주가에 영향을 미치는 요소를 정리한 것이다. 이를 활용해서 기업탐방 시 질문한다면 회사를 보는 안목이 커질 것이다.

(1) 전기·전자업종

전기·전자업종은 거시지표로 원달러 환율동향이 가장 중요하다. 일반적으로 원화약세에서는 수익성이 좋아지고 원화강세 구조에서는 수익성이 감소한다. 여기에 거시지표로 경기선행지수, 소비자심리지수를 참고하면 될 것이다.

반도체업종은 D램과 낸드플래시메모리 현물가격과 고정거래 가격을 체크해봐야 한다. 또한 BB Ratio$^{\text{Book-to-bill ratio}}$, 즉 세계 반도체시장통계기관에서 내놓은 세계시장에서의 반도체 수급상황에 대한 지표는 반도체 업계의 선행지수라 할 수 있으니 반드시 확인해야 한다.

표 4-1 전기·전자업종

업종	거시지표	업황 사이클	업종주가
반도체	- 환율 - 경기선행지수 - 소비자심리지수	- DRAM, 낸드플래시메모리 현물가격 - DRAM, 낸드플래시메모리 고정거래 가격 - BB Ratio	- EBITDA 마진 - 영업이익률
휴대폰	- 원달러 환율 - 엔달러 환율 - 품목별 수출동향	- 분기별 업체 휴대폰 점유율 추이 - 분기별 업체 영업이익률 추이 - 분기별 업체 성장률 추이 - 미국 IT업체 월간 매출액 추이	- 경쟁사동향 - 애플 주가 추이
디스플레이	- 환율 - 경기선행지수 - 소비자심리지수	- 패널가격(LCD, LED, 아몰레드 등) - APPLICATION 가격	- EBITDA 마진 - 영업이익률

기업으로는 삼성전자, SK하이닉스, 마이크론테크놀러지, 도시바 주가를 함께 보는 것이 좋다.

휴대폰(스마트폰)업종은 분기별 업체 휴대폰 점유율 추이, 영업이익률 추이를 파악하는 것이 중요하다. 물론 실제 판매량을 파악하기는 어렵다. 그러므로 기업 IR, 기업탐방, 리포트에 의존할 수밖에 없다. 경쟁사인 애플과 중국기업들의 시장점유율 추이, 신제품 출시주기, 그리고 글로벌 스마트폰 출하 대수 등을 파악해야 한다.

디스플레이업종은 패널가격 동향을 체크하는 것이 가장 중요하다. 여기에 전방산업인 TV시장이 가격동향에 따라 업종별 수혜가 달라진다. TV시장은 월드컵, 올림픽, 차세대 TV 출시 등의 이슈가 있을 때는 신규수요가 증가하게 된다. 주가는 영업이익률에 의해 영향을 많이 받는다.

(2) 자동차·조선·해운업종

자동차·조선·해운업종은 대표적인 수출주로 경기선행지수와 환율의 영향이 크게 작용한다. GDP 성장률, 원자재 가격, 유가 등도 영향을 준다.

자동차업종은 환율, 신차 출시, 가동률, 재고 월수, 대당 평균판매단가 등을 따져봐야 하며 원·달러·엔 환율 변동추이 때 일본 자동차업종 주가와 비교·분석하는 것도 좋다. 현대자동차, 기아자동차 주가와 도요타의 주가를 비교하고, 전기차 이슈가 나올 때는 미국의 테

표 4-2 자동차·조선·해운업종

업종	거시지표	업황 사이클	업종주가
자동차	- GDP 성장률 - 가처분소득 - 실업률, 환율 및 유가	- 가동률 - 재고 월수 - 대당 평균판매단가(ASP)	- 자동차 판매증감률 - 주요 시장별 점유율 추이 - EPS 증감률
조선	- 경기선행지수 - GDP 성장률 - 원자재 가격 - 유가	- 전 세계 물동량 및 선종별 선박보유량 증가율 - 해상운임, 발주량, 선박 가격 - 선박 관련 규정	- 수주량 및 수주잔량 규모 - 해상운임
해운	- 경기선행지수 - GDP 성장률 - 원자재 가격 - 유가 및 환율	- 전 세계 물동량 및 선종별 선박보유량 증가율 - 선박해체량 - 중국의 원자재 수입량	- 해상운임

슬라모터스 주가도 참고하면 좋다.

조선업종은 수주잔액의 증가 여부, 선박 발주량, 선박 가격 등은 조선·해운 분석기관인 클락슨의 '클락슨 선가지수'를 참고하는 것이 좋다. 조선주는 부채비율이 높을수록 선박수주량이 많다는 점에서 일반적인 부채비율로 주가를 평가해서는 안 된다.

해운업종은 전 세계 물동량, 선박보유량 증가율, 해상운임의 인상 여부가 주가에 밀접한 영향을 준다. 해운운임 동향은 한국해양수산개발원 홈페이지에 가면 일일통계, 주간통계를 알 수 있다.

(3) 은행·증권·보험업종

금융업종에 영향을 주는 거시지표로는 GDP 증가율, 경기선행지수, 금리결정 등이 있다. 특히 경기선행지수가 투자심리에 미치는 영향이 가장 크다고 할 수 있다.

은행업종은 순이자 마진, 부동산정책, 금리정책과 환율 등이 주가에 영향을 미치며 부도율이나 대출증가율도 은행주에 영향을 준다. 저금리 기조에서 은행주의 주가는 크게 오르지 않으며 금리인상 시기에는 수익성이 개선되어 주가가 오르는 경향이 있다.

증권업종은 일평균 거래대금, 코스피 주가, 그리고 주식형 수익증권 등 자금이동에 따라 주가가 영향을 받는다.

표 4-3 은행·증권·보험업종

업종	거시지표	업황 사이클	업종주가
은행	- GDP 증가율 - 경기선행지수 - 원화환율	- NIM(Net Interest Margin : 순이자마진) - 부도율이나 부도업체 수 - 대출증가율 - 금리 스프레드(신용경색)	- 경기선행지수 - 원화 환율
증권	- 경기선행지수 - 소비자심리지수	- 일평균 거래대금 - 코스피 주가 - 주식형 수익증권 등 자금이동	- 경기선행지수 - 일평균 거래대금
보험	- 경기선행지수 - 금리 - 유가	- 손해율 - 보험료 증가율	- 경기선행지수 - 금리

보험업종은 금리결정이 영업이익에 영향을 미치는 경우가 많으며 손해율, 보험료의 증가율도 함께 분석해야 한다.

(4) 인터넷·게임·미디어업종

인터넷·게임·미디어업종은 내수성격이 강하지만 글로벌 업계와 주가가 동조화되는 경우도 있다. 글로벌 동향을 항시 체크하여야 하며 내수소비지표와 경기선행지수도 참고해야 한다.

인터넷업종은 구글, 페이스북, 트위터, 넷플릭스 등의 주가 추이를 봐야 한다. 통상적으로 2분기와 4분기가 성수기이며, 온라인광고 및 검색광고 점유율을 체크해봐야 한다. 분기별 실적이 나왔을 때 점유율 추이와 관련 글로벌 기업들의 주가를 참고하면 실전대응에서도

표 4-4 인터넷·게임·미디어업종

업종	거시지표	업황 사이클	업종 주가
인터넷	내수소비경기 지표 (BSI, CSI, CLI)	통상적으로 2, 4분기가 성수기	- 온라인 광고 - 트래픽 점유율
게임	- 해당 사항 없음 - 불경기와 매출증가와의 상관관계가 거의 없음	계절별 사이클 ※1분기(최고 성수기) > 4분기 > 3분기 > 2분기	- 게임별 동시접속자 수 - 시장점유율
미디어	- 경기선행지수 - 소비자심리지수	- 광고 취급액 - 각 사업자별 시청률 - 소비재 판매액	광고 취급액

도움을 받을 수 있다.

　게임업종은 PC 게임과 모바일 게임의 추이를 봐야 하며, 전통적으로는 방학을 앞둔 시점이 성수기이다. 최근 모바일 게임의 등장으로 강력한 영향력이 있는 플랫폼(구글 플레이, 애플 앱스토어, 라인, 카카오톡 등)에서 소개될 때 주가에 미치는 영향이 크다고 할 수 있다.

　미디어·엔터업종은 광고취급액, 시청률, 흥행성과 등을 기본적으로 알고 기업주가를 판단해야 한다. 매출액과 영업이익, 부채비율의 증감 여부를 함께 따져봐도 좋다.

(5) 건설·화학·정유·철강업종

　이 업종은 경제성장률에 밀접한 영향을 주며, 건설주와 해외 내수 경기회복 여부가 주가에 영향을 준다는 사실은 잘 알 것이다. 그러나 이들 업종을 분석할 때 2012년 이후 약세를 보이면서 새로운 변수가 나타났는데, 바로 ELS(주가연계증권)가 물량부담으로 작용하고 있다. 무엇보다도 이들 업종의 주가가 오르기 위해서는 중국경제성장률과 수출경기 회복이 관건이라고 할 수 있다.

　건설업종의 주가는 국내수주액, 외국수주액, 미분양 증감 추이와 정부의 부동산정책에 따라 영향을 받는다. 과거에는 중동발(發) 해외 수주 소식에 따라 주가가 널뛰기한 적도 많으며, 국내 내수 부문에서는 대형주보다 중소형 건설사가 4대강 등 정책이슈에 따라 민감하게 주가흐름이 나왔었다. 건설업종은 상대적으로 부채비율이 높지만,

표 4-5 · 건설·화학·정유·철강업종

업종	거시지표	업황 사이클	업종주가
건설	- GDP 성장률 - 환율, 유가 - 인구수(신규주택 수요계층)	- 국내수주액 - 외국수주액 - 아파트 평당 매매가 - 미분양	- 유가 - 외국수주 - 국내 주택수주
화학	- GDP 증감률 - 중국 수입수요	- 에틸렌 순(純)수요 증분 추이 - 주요 제품별 수급 밸런스 추이	- 분기별 영업(세전)이익 - 증감률
정유	- GDP 증감률 - 중국 수입수요	- 석유제품 수급 밸런스 추이 - 제품별 정제 마진 추이	- 원유·제품가격 및 마진 추이
철강	- 경제성장률 - 제조업가동률 - 환율 - 유가 등 자원가격	- 철 스크랩 가격 - 철강가격 - 출하량 - 재고	- 가동률 - 판매량 - 철강가격 - 롤마진

그중에서도 부채비율이 낮으면서 국내외 수주액이 많은 건설사를 택하는 것이 유리하다.

화학·정유주도 수출주이므로 환율에 민감하고 석유제품 가격 추이에 따라 주가가 움직이는 경향이 있다. 철강업종 역시 철강가격, 출하량, 재고 판매량 등이 주가에 영향을 미친다.

(6) 전기·가스·제약·유통업종

유틸리티업종인 전기·가스는 환율과 수출주 등 민감주가 침체해 있을 때 주목받는 경우가 많다. 제약업종은 글로벌 신약경쟁, 제약 관련 규제사항 등이 거시지표로 영향을 주기도 한다.

전기·가스업종은 전력판매 증가, 정부의 규제정책과 개혁의지가 주가에 영향을 준다. 유가와 가스판매량도 기업의 실적에 영향을 주게 된다. 주가 순자산비율이 낮아서 시장침체기 때 부각되는 경우가 많다.

제약업종은 정부의 제약산업 정책변화, 혁신적인 신약개발과 출시, 그리고 중국이나 미국 등에 성공적으로 진출하는 경우 주가에 큰 영향을 미친다.

유통업종은 백화점과 할인점의 매출증가율이 중요한데, 모바일 쇼핑의 증가로 매출이 줄어든 적도 있다. 2013년 이후 백화점 주가가

표 4-6 전기·가스·제약·유통업종

업종	거시지표	업황 사이클	업종주가
전기	- 환율 - 유가, LNG, COAL 가격 추이	- 경기에 따른 전력판매 증가 - 지저(석탄, 원자력) 발전량 - 정부 규제정책	- 유가, LNG, COAL 가격 추이 - 정부규제 정책(요금 관련)
가스	- 환율 - LNG 도입가격	- 정부 규제정책 - 가스판매량 추이	- 가스판매량 추이 - 정부규제 정책(요금 관련)
제약	- 국내 GDP - 제약 관련 정부 규제 사항	- 정부 제약산업 관련 규제 조항 변화 - 혁신적인 신약개발과 출시 - 중국 등 외국시장 진입 성공	정부 제약산업 관련 규제 조항 변화, 시장이 큰 유망 신제품 출시, 혁신적인 신약개발
유통	- 경기선행지수 - 소비자심리지수	- 백화점·할인점 동일점포 매출증가율	동일점포 매출증가율

약세를 보인 것도 직접구매, 모바일 쇼핑 등이 백화점 매출에 영향을 주었기 때문이라는 분석도 있다.

💰 기업탐방 전 조사해야 할 사항

(1) 퀀트 베이스 Quant Base

① EPS가 최근 3년 동안 10% 이상 증가한 기업

② 영업이익률(OP 마진)·매출액이 15% 이상 증가한 기업

③ 자기자본이익률이 10% 이상 증가한 기업

자기자본이익율이 가장 중요하다. 아무리 좋은 기업이라도 자기자본이익율이 뒷받침되지 않으면 오래가지 못한다.

(2) 테마

① 정부정책에서 정책 테마주 발굴

② NO.1, 세계 최초, 국내 최초

(3) 기술적 분석

① 관련 기업 뉴스 검색

② 각 증권사 리포트 분석

💰 탐방 시 알아야 할 사항

IR 담당자와 만나기로 했을 때 담당 부서장과 만나는 것이 좋다. 실무진, 그중에서도 대표이사와 얘기하는 것이 가장 효과적이다.

(1) 매출액

① 전방산업의 전체적인 상황(반도체 등)

② 매출처의 상황(벤더로서의 역할, 탄탄한가 등)

③ 조건(판매단가, 계약조건 등)

(2) 매출원가

① 원재료(전방산업이 좋은데 원재료가격이 너무 높다, 받는 돈은 일정한데 나가는 돈이 많은가 적은가 등)

② 납품처의 경쟁력

(3) 경쟁구도 : 경쟁업체와의 비교

① 마켓쉐어(M/S)

② 강점

③ 진입장벽

(4) 산업흐름 : 기업이 속한 산업의 현황 및 흐름 분석

조선업과 조선 기자재, IT와 IT 부품 등

(5) 회사 내부의 효율성

대표이사의 자질, 직원들의 근무 만족도 등

💰 전화통화로 기업내용 알아내기

알아보고자 할 기업의 주식담당자와 전화통화 전에 준비할 사항은 다음과 같다.

① 전년도 매출액, 영업이익, 당기순이익 알고 있어야 한다.

② 전분기 또는 전년 동기 대비 매출액과 영업이익률

③ 주식담당자의 전화번호, 전화일시, 주요통화내용 메모(차후 통화 시 활용)

④ 기업탐방 시 물어볼 사항을 전화상으로 문의하는 것이므로 전자공시시스템에 공시된 내용은 기본적으로 숙지하고 있어야 한다.

⑤ 탐방할 때 알아야 할 매출액, 원가, 경쟁구도, 산업흐름 등을 숙지(전화통화할 때 위축되지 않는다)

⑥ 전화통화의 목적은 무엇인가?

⑦ 실적의 변화를 알기 위한 것이지만 공정공시상 주식 담당자는 함부로 실적을 얘기해주지 않는다는 점을 알아야 한다.

⑧ 막연하게 전화해서 주주이니 실적을 알려 달라 한다고 알려주는 주식담당자는 없다. 간접적으로 이끌어 내는 것이 핵심이다.

기업의 리스크 체크가 가장 우선이다

다음의 징후가 보일 때는 일단 의심부터 해야 한다.

- 제품개발의 실패와 무리한 기업확장
- 경기불황으로 인한 판매여건의 악화
- 만성적인 자금난과 자본부족
- CEO의 윤리적 자질 → 횡령, 배임 가능성 → 상장폐지 실질 심사

⑨ 가장 좋은 질문은 다음과 같다. 지난 분기나 전년도랑 비교해서 일부러 엄청나게 실적이 좋지 않을 거라고 떠본다. 특히 "시장에서 들리는 소문에 의하면……."이라고 얘기하면 대부분 발끈하면서 정보를 풀게 되는 경우도 있다.

2
기업가치 평가의 방법

 기업가치 평가법은 일반적으로 수익가치, 자산가치, 상대가치법으로 구분한다. 본 책에서는 상대가치 평가를 통한 적정주가를 산출하는 방법으로 설명하고자 한다.

 수익가치는 기업의 미래 현금흐름을 추정하여 위험률이 반영된 적절한 할인율로 할인해 가치를 구하는 방법이다. 자산가치는 자산총계에서 부채총계를 뺀 순자산을 기준으로 평가한다. 상대가치는 투자하고자 하는 회사와 유사한 회사를 선정하여 평가지표를 선정(PER, EV/EBITDA, PBR 등)한 후 분석기준일 평균주가를 반영하여 적정주가

그림 4-1 통신서비스 가치평가

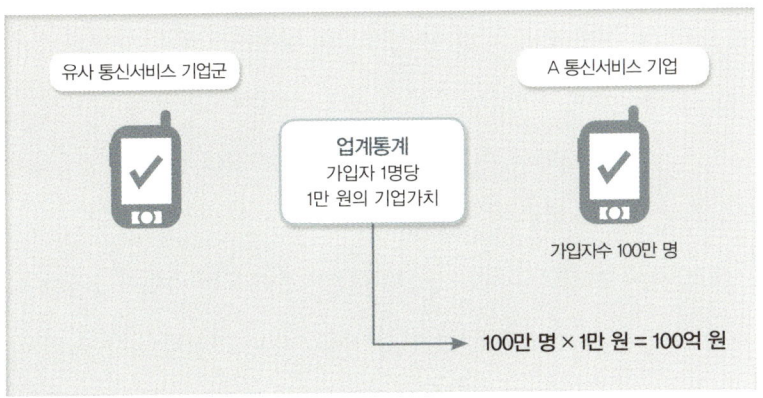

를 산출하는 방법이다. 즉 평가대상 기업의 본질적인 가치를 추정하는 것이 아니라 동종업계, 또는 시장의 자료를 활용하여 기업의 가치를 간접적으로 평가하는 방법이다.

이 방법은 현재 주식시장의 상황을 잘 반영할 가능성이 크며 정보통신, 바이오산업 등 관련 산업에서는 실제 적용성이 높다. 다른 가치평가법에 비해 상대적으로 이해도 쉽고 적용이 편리하지만, 기업의 재무상황 및 영업적인 면 같은 핵심요소가 간과될 수 있다.

일반적으로 투자하고자 하는 기업의 주가수익비율이 낮다고 하면 주가가 저평가되어 상승할 가능성이 크다고 말할 수 있으나, 주가수익비율이 낮다고 해서 주가가 올라가는 것은 아니다. 주가는 현재가 아닌 미래의 가치를 반영하기 때문에 업종이나 개별 기업의 성장성을 고려해야 하기 때문이다.

정보통신, 바이오 등 성장성이 높은 산업에서는 주가수익비율^{PER}이 높다. 반면에 섬유, 식품 등 성장성이 낮게 평가되는 산업의 경우 평균치보다 낮다. 그러므로 PER을 통한 상대가치 투자를 하고자 할 경우에는 업종 내에서 취급품목이 유사한 기업들 간에 적정주가를 비교하여 투자에 임하는 게 좋다.

예를 들어 [그림 4-1]처럼 통신서비스업종에서는 가입자 1명당 평균 수익인 ARPU를 1만 원의 기업가치가 있다고 본다. 그렇다면 상대가치 측면에서 A라는 통신서비스 기업도 100만 명의 가입자수를 보유하고 있기 때문에 100억 원의 기업가치를 가지고 있다고 단순하게 평가하는 방법이다.

💰 PER을 이용한 상대가치 평가

(1) 1단계 : 비교 대상 기업들을 선정하고 PER 자료를 구한다

그림 4-2 ▶ PER을 이용한 상대가치 평가

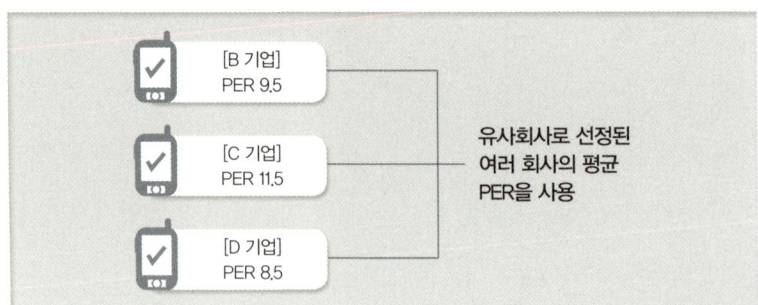

(2) 2단계 : 평가 대상 기업의 EPS를 계산

미래추정 1년 EPS, 2년 후 EPS, 또는 과거 실적의 전기 EPS, 전전기 EPS

(일반적으로 현재와 가까운 기간에 더 가중치를 두고 가중평균 EPS를 구한다.)

(3) 3단계 : 평가회사의 주식가치

1단계에서 구한 유사기업의 평균PER에 2단계에서 구한 평가대상 기업의 EPS를 곱하여 주당 주식가치를 도출한다.

그림 4-3

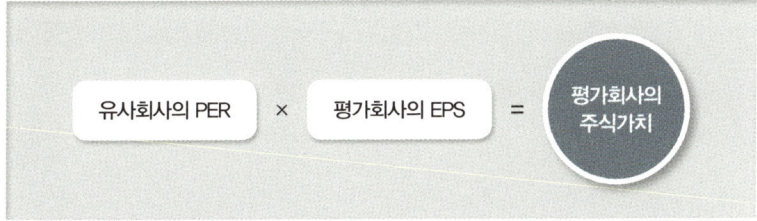

📂 사례 **PER을 이용한 평가**

[A 기업에 대한 자료]

1. 회사의 개요

국내 대기업 S 기업에 휴대폰 주요부품을 납품하는 회사이다.

2. 동종업계 현황

휴대폰 업계에서 상장되어 있는 회사 중 A 기업과 유사한 3개 기업을 선정하고 PER을 조사했다.

> B 기업의 PER=9.5   C 기업의 PER=11.5   D 기업의 PER=8.5

3. A 기업의 이익과 배당, 자본에 대한 사항

A 기업의 내년도 추정이익은 80억 원이며, 2년 후 추정이익은 110억 원이다. 회사의 우선주 배당률은 이익의 3.5%이다. 현재 액면가의 500원에 1,500만 주를 발행하여 자본금이 75억 원이지만, 1년 뒤 액면가 500원에 300만 주를 유상증자할 계획이 있다.

→ 1년 뒤 EPS에 가중치 2, 2년 뒤 EPS에 가중치 1을 부여하여 평균 EPS를 산출

① 1단계

: 유사기업 3개사의 평균 PER = (9.5+11.5+8.5)/3 = 9.83

② 2단계

: 1년 후 EPS(80억 원 − 80억 원×3.5%)/15,000,000주 = 515원
: 2년 후 EPS(110억 원 − 110억 원×3.5%)/18,000,000주 = 590원

> 가중평균 EPS[(515원×2)+(590원×1)]/3=540원

③ **3단계**(추정 주가의 도출)

: 유사기업의 PER(9.83)×추정 EPS(540원) = 5,308원

🔱 EV/EVITDA를 이용한 상대가치 평가

EV$^{\text{Enterprise Value}}$는 기업가치를 의미하며 부채를 포함하여 기업을 인수하는 데 필요한 돈의 개념이다. 기업의 미래수익 창출능력을 현재가치로 환산한 것이며, EV가 현주가보다 높은 기업은 저평가되어 있다고 보기 때문에 향후 주가가 오를 수 있다. FV라는 말로도 사용된다.

> **시가총액＋순차입금**(총차입금－현금예금)＝**EV**(기업가치)

EBIT$^{\text{Earning before Interest and Taxes}}$는 영업이익 개념이며, EBITDA$^{\text{Earning before Interest and Taxes, Depreciation and Amortization}}$는 감가상각 등 차감전(현금성) 영업이익으로 EBIT에서 유무형 자산 감가상각 효과를 제거한 것이다. 즉 EBITDA는 영업활동으로부터 나오는 현금창출능력으로 기업의 실제 가치평가지표이다.

(1) EV/EBITDA 비율의 의미

감가상각 등 차감전(현금성) 영업이익으로 몇 년 만에 기업인수에

투자한 돈을 회수할 수 있는가? 유사한 기업 간에는 회수기간이 비슷할 것으로 가정하여 이를 공통지표로 사용한다.

$$\frac{EV(기업가치 : 기업인수를 위해 필요한 돈)}{EBITDA(현금성 영업이익)}$$

(2) EV/EBITDA를 이용한 평가방법

① **1단계**: 평가기업의 비교 대상 기업들을 선정하고 EV/EBITDA 자료를 구한다.

그림 4-4 PER을 이용한 상대가치 평가

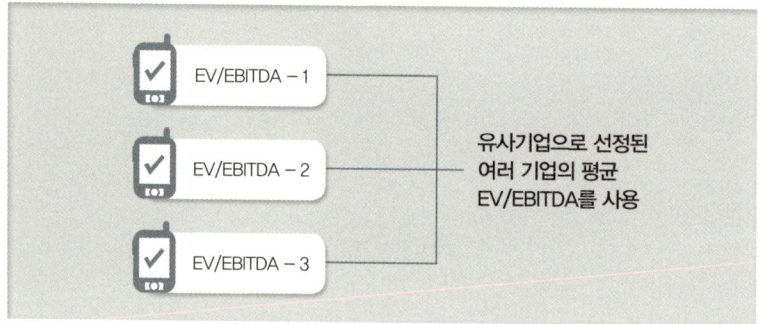

② **2단계**: 평가기업의 EBITDA를 계산

미래추정 1년 EBITDA, 2년 후 EBITDA 또는 과거 실적의 전기 EBITDA, 전전기 EBITDA

(일반적으로 현재와 가까운 기간에 더 가중치를 두고 가중평균 EBITDA를 구한다.)

③ 3단계

유사기업의 EV/EBITDA(1단계) × 평가기업의 EBITDA(2단계)
= 평가기업의 주당 주식가치 도출

(3) EV/EBITDA를 이용한 평가사례

표 4-7 EV/EBITDA를 이용한 평가사례

[유사기업에 대한 자료]

A1 기업		A2 기업	
주가	15,000원	주가	21,000원
발행주식 수	200만 주	발행주식 수	150만 주
현금예금	15억 원	현금예금	10억 원
총 차입금	98억 원	총 차입금	18억 원
영업이익	100억 원	영업이익	120억 원
감가상각비	15억 원	감가상각비	22억 원

- 평가회사 손익계산서 : EBITDA 산출 시 가중치는 1년 후는 1.5, 2년 후는 1

추정손익계산서(1년 후)		추정손익계산서(2년 후)	
매출액	505억 원	매출액	753억 원
매출원가	431억 원	매출원가	622억 원
판관비(총액)	21억 원	판관비(총액)	38억 원
감가상각비	5억 원	감가상각비	11억 원

[유사기업의 EV/EBITDA]

구분	A1	A2	
시가총액	300억 원	315억 원	← 주가×발행주식 수
EV	383억 원	323억 원	← 시가총액+순차입금
EBITDA	115억 원	142억 원	← 영업이익+감가상각비
EV/EBITDA	3.3	2.3	
평균	2.8		

[평가기업의 EBITDA]

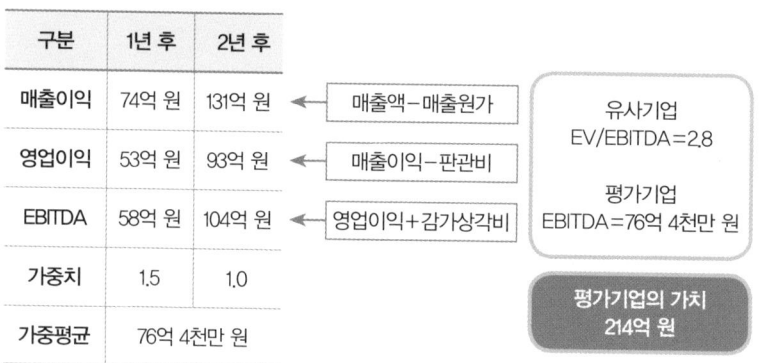

구분	1년 후	2년 후	
매출이익	74억 원	131억 원	← 매출액-매출원가
영업이익	53억 원	93억 원	← 매출이익-판관비
EBITDA	58억 원	104억 원	← 영업이익+감가상각비
가중치	1.5	1.0	
가중평균	76억 4천만 원		

유사기업
EV/EBITDA=2.8

평가기업
EBITDA=76억 4천만 원

평가기업의 가치
214억 원

저평가 · 고평가 간단 분석 방법

현장에서 일하는 증권사 PB나 브로커 직원들이 기업들의 저평가 · 고평가 여부를 판단할 때 사용하는 방법이 있다. 바로 영업이익을 적용하여 판단하는 방법이다.

예를 들어 영업이익 100억 원인 제조업체가 있다고 하자. 일반적으로는 이 기업에 PER을 10배 기준으로 적용한다. 그다음 현재 그 제조업의 시가총액이 1,000억 원 이상이면 고평가로 보고, 1,000억 원 미만이면 저평가로 본다. 이것을 투자기준으로 삼는 것이다. 다만 이때 영업이익을 전년도 실적으로 적용할 것인가, 아니면 올해의 실적 예상치에 적용할 것인지 고민하게 된다. 필자는 올해 실적 예상치에 비중을 더 두고 적용하는 게 좋다고 본다.

또한 업종별로 차이가 있다. 바이오업종은 고평가를 받는 경우가 있기 때문에 해당 업종별 평균 PER을 보고 적용해야 한다. 일반적으로는 제조업은 PER이 10배 이하일 경우 저평가로 보고 투자에 임하기도 한다.

앞에서 설명한 방법은 간략히 보고 투자하는 방법이다. 그렇기 때문에 그 회사 및 산업을 명확히 이해하지 않고 투자할 경우 실패할 수도 있다. 그러므로 시간이 걸리더라도 앞에서 서술한 주식 금맥 5원소에 맞는 종목을 찾아 투자하는 습관을 기르는 게 좋다.

3
재야 고수들의
종목발굴 기법

💰 종목발굴

　종목을 발굴하려면 자기만의 체계적인 노하우·감각·경험이 바탕이 되어야 한다. 전 종목 차트를 봐야 어느 때 올라가고 어떤 때 하락하는지 알 수 있다. 그다음에는 해당 종목을 세부적으로 파고 들어가야 한다. 이때 중요한 것은 현재 위치의 그림만 보지 말고 전체 흐름을 파악해야 한다는 점이다. 그 기업이 숟가락, 젓가락이 몇 개 되는지 알 정도로 공부해야 한다.
　이렇게 해도 확률상 수익이 나는 종목을 발굴하기란 정말 어렵다.

그러나 한두 번 하다 보면 익숙해지고 습관이 되고 그런 다음 경험이 되는 것이다. 차트를 보면 먼저 큰 흐름을 알 수 있다. 시장에서 중심이 되는 업종, 약세인 업종, 개별주인지 대형주인지에 대한 판단, 그리고 현재 시장의 분위기를 알 수 있는 것이다.

고수들은 일반투자자와는 달리 자기만의 투자기법을 가지고 있다. 수급주체(세력)는 고수들보다 더 특이한 투자기법을 가지고 있다. 주식시장의 먹이사슬은 다음과 같다.

수급주체(세력) → 고수 → 현명한 투자자 → 개미

- 종목매매방식 : 투자할 것인가? 매매할 것인가?
- 매수의 급소, 매도의 급소를 명확히 지킨다.
- 투자심리를 잘 활용한다.
- 기술적 매매기법은 두 가지 이내로 적용하라.
- 당신 스스로 판단으로 투자원칙을 세워라.
- 시세 창을 보지 말고 기업가치의 변화를 보라.
- 시장의 폭락은 좋은 사업을 매수하는 기회로 삼아라.
- 빈번한 거래를 멀리하고 거래하지 않음을 즐겨라.
- 대중심리에서 벗어나 독립적으로 생각하라.
- 시장이 탐욕적일 때 공포에 떨고, 시장이 공포에 떨 때 탐욕을 가져라.

💰 시장 변화에 익숙해져라

공매도는 전반적으로 주식 상황이 좋지 않거나 해당 기업의 산업이나 기본적인 펀더멘털이 안 좋아져서 추가적인 주가하락이 예상될 때, 주식을 빌려 매도함으로써 시세차익을 노리는 기법이다. 그래서 약세장에서는 공매도가 많을수록 주식시장에 불안을 더 키울 수 있다는 의견이 많다.

투자자는 소유하지 않은 종목 A에 대해 주식을 빌려 1만 원에 1만 주를 매도한다. 그리고 3일 후 결제일 시점에 주가가 8천 원으로 떨어졌다면 투자자는 8천 원에 주식 1만 주를 사서 반환하면 된다. 그로 인해 투자자는 주당 2천 원, 총 2천만 원의 시세차익을 얻을 수 있는 것이다.

주식을 빌려 공매도를 한 투자자는 주가하락 시점에는 상당한 수익을 낼 수 있으나, 주가가 예상치 않게 상승할 경우에는 차액뿐만 아니라 주식을 빌린 이자비용까지 손해를 보게 된다. 공매도한 주식을 3일 후 결제일 시점에 상환하지 못할 경우에는 결제 불이행 사태가 발생할 수도 있다.

최근 공매도는 중·소형주 종목에서도 많이 나타나는데 종목의 변동성을 확대해 주가폭락으로 이어지는 경우가 많다. 따라서 투자자는 재무구조의 안정성, 꾸준한 수익창출 기업을 발굴하도록 노력해야 한다.

표 4-8 ▶ 2010년 8월 공매도 추이

(단위 : 주, 천 원)

종목명	8월 중 누적 공매도				종가		등락율
	수량	비중	금액	비중	시작일	종료일	
삼성전기	2,946,125	9.72	366,919,572	9.61	138,500	114,500	−17.33
SK하이닉스	13,823,318	6.31	305,237,968	6.33	21,600	21,550	−0.23
포스코	272,564	7.17	136,704,710	7.18	495,000	490,000	−1.01
삼성SDI	683,545	6.48	118,057,562	6.38	175,500	170,000	−3.13
LG전자	1,144,598	4.97	115,840,585	4.88	102,500	96,700	−5.66
삼성전자	141,333	2.67	111,255,269	2.67	810,000	766,000	−5.43
현대자동차	786,855	3.66	109,787,329	3.66	152,000	142,000	−6.58
LG이노텍	714,419	7.19	103,197,901	7.24	161,000	132,500	−17.7
현대중공업	346,265	5.85	94,785,240	5.81	273,000	268,000	−1.83
LG	755,784	5.76	65,753,330	5.83	85,200	87,200	2.35
호남석유	357,827	6.58	64,373,364	6.55	182,000	186,500	2.47
LG디스플레이	1,684,727	3.05	60,288,831	3.06	36,300	33,350	−8.13
현대제철	526,279	3.15	57,602,339	3.17	109,500	106,500	−2.74
기아자동차	1,804,136	2.85	56,204,142	2.85	32,300	31,000	−4.02
SK에너지	368,606	2.41	47,501,591	2.39	129,000	127,000	−1.55
엔씨소프트	217,572	5.75	45,650,128	5.81	186,500	229,500	23.06
OCI	116,508	3.36	38,450,574	3.33	287,000	368,500	28.4
제일모직	379,795	3.87	36,085,858	3.82	93,900	106,000	12.89
한화케미칼	1,521,330	2.41	34,977,116	2.39	20,500	26,200	27.8
LG생활건강	79,947	12.83	31,344,804	12.9	369,000	394,000	−0.51

💰 자신만의 원칙을 세워라

종목발굴을 할 때 될 수 있으면 매매하지 말아야 할 종목군은 다음과 같다.

- 현금 흐름표에서 2년 연속 마이너스인 종목
- PBR이 3.5배 이상인 기업
- 단기차입금이 시가총액의 30%가 넘어서는 경우
- 2년 연속 영업이익이 적자인 기업
- 현금과 예금이 없는 기업

💰 차트분석을 생활화하라

차트분석을 할 때 개별급등주의 끼가 발산되는 종목의 조건은 다음과 같다.

- 이전 급등한 흔적
- 자본금
- 시가총액
- 대주주 주식분포도
- 자산가치
- 차트의 매집 강도

재야고수, 현명한 투자자가 되기 위해서는 차트 보기를 습관화 해야 한다. 여기에 전자공시시스템 분석하기를 주특기로 삼아 생활화를 해야 한다.

💰 알기 쉬운 기술적 분석

(1) 이동평균선의 의미와 종류

차트 4-1 ▶ SK하이닉스_5일 이동평균선

이동평균선은 주식시장 및 투자기업에 대한 힘의 방향성, 또는 돈의 방향을 나타내주는 것이다. 일반적인 이동평균선은 기간에 따른 가격의 평균값을 나타내는 보조지표로 단순이동평균선, 지수이동평균선 등으로 구분된다.

이동평균선에서 가장 중요한 것은 이동평균선의 기울기다. 기울기가 우상향하거나 우하향할 때 매수시점과 매도시점이 다르며, 기울기의 각도가 가파를수록 상승탄력과 하락탄력이 커진다는 점이 특징이다.

차트 4-2 ▶ 코웨이_20일 이동평균선

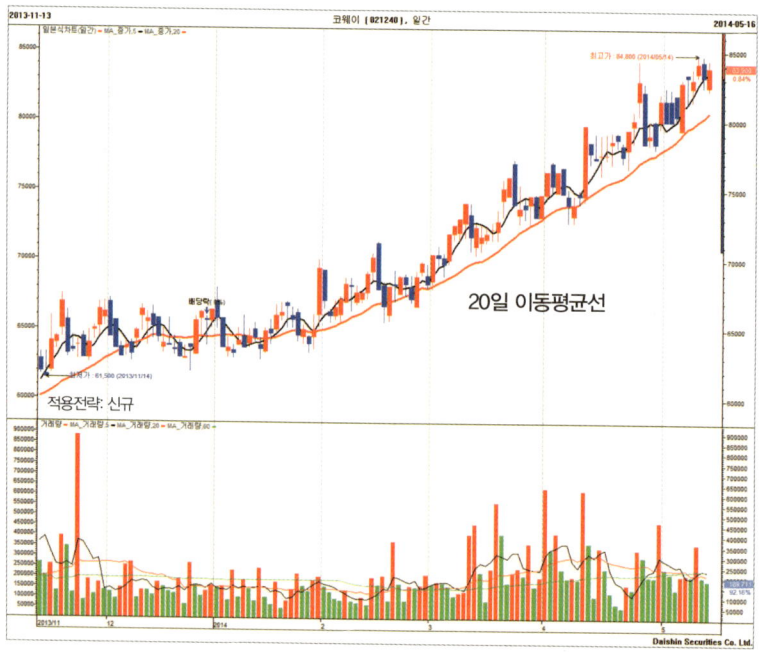

급등주의 경우 이동평균선의 기울기가 우상향으로 가파르며, 급락주의 경우 우하향 각도가 가파르게 나타난다. 이동평균선에는 5일·20일·60일·120일 이동평균선이 있는데 나름대로 중요한 특징을 지니고 있다.

단기매매선 또는 생명선은 현재의 주가와 가장 밀접하게 움직이는 이동평균선으로 5일선의 기울기가 중요하다. 우상향을 할 때 5일선의 기울기가 45도 이상이 될 경우에는 주가가 5일 이동평균선에 근접하면 매수하는 것이 좋다. 기울기의 각도가 45도 미만으로 낮아지

차트 4-3 ▶ 한국전력_60일 이동평균선

면 매수세보다 매도세가 늘어나는 경우 주가가 하락할 수도 있다.

　매매일수로 20일은 1개월간의 평균매매가격으로 중기매매선, 추세선이나 세력선으로 부른다. 급등하는 주식은 20일 이동평균선을 이탈하지 않는다는 말이 있다. 1차 상승 후 20일 이동평균선이 우상향 전환 시 20일선까지 조정받게 되면, 대기매수세가 강하게 유입되고 2차 상승을 하는 경우가 많다. 이런 흐름은 급등하는 주식에서 많이 나오는데 급등주의 경우 20일 이동평균선을 이탈하면 매도가 매

차트 4-4 ▶ 컴투스_120일 이동평균선

도를 부르면서 급락하는 경우가 많음을 유의해야 한다.

60일은 3개월간의 평균 매매가격으로 중기적 추세선·수급선이라고 부른다. 여기서 수급이란 말이 아주 중요한데, 수요와 공급의 줄인 말이다. 주가가 가격조정과 기간조정을 장기간 거친 후 60일선을 돌파한다는 것은 장기간 쌓여 있는 매도세를 매수세가 들어와 돌파시킨다는 의미이다. 즉 수요가 공급을 장악한다는 상징성을 가지면서 앞으로 주가가 큰 폭으로 상승할 수 있음을 의미한다.

장기적으로 주가가 횡보하다가 60일 이동평균선을 돌파하면 중장기 상승의 신호탄으로 봐도 좋다. 이때를 매수시점으로 파악해야 한다. 이 경우 거래량까지 수반되면서 상승양봉의 모습을 띤다면 금상첨화가 될 것이다. 반대로 주가가 상당 부분 상승한 후에 더는 상승하지 못하고 60일 이동평균선을 이탈하면, 이는 매도세가 매수세를 장악하여 장기 하락신호가 된다는 점도 잊어서는 안 될 것이다.

120일은 6개월간의 평균 매매가격으로 장기적 추세선·경기선이라고 부른다. 여기서 경기선이라는 의미가 중요한데, 주가가 120일 이동평균선을 돌파한다는 것은 6개월 뒤에 주식시장이나 그 기업의 경기가 좋아진다는 상징적 의미가 있다.

일반적으로 바닥권에서 기간조정을 거친 후 120일선 상향돌파하는 경우는 대세상승 신호탄이므로 적극매수로 대응한다. 반대로 주가가 많이 오른 시점에서 기간조정을 거친 후 120일선을 하향돌파하는 경우에는 대세하락 신호탄이므로 적극매도로 대응한다.

차트 4-5 아모레G_지지선

(2) 지지와 저항

① 지지선과 저항선

주가가 이동평균선 위에 존재할 경우 현재 주가는 설정된 이동평균 기간의 평균가격보다 높은 곳에 있게 되는데, 이때 주식을 매수 보유한 투자자는 수익이 발생하게 되며 투자심리가 좋은 상태이다. 이를 현재 주가 대비 지지선이라고 보며, 반대의 경우는 주가가 상승할 때 부담이 되는 저항선으로 작용하게 된다.

차트 4-6 현대중공업_저항선

② 지지와 저항선의 활용

단기 이동평균선과 중기 이동평균선의 위치를 파악함으로써 지지와 저항국면을 연구·분석해야 한다. 여기서 단기 이동평균선은 중기 이동평균선보다 하위 개념으로 보면 된다. 예를 들면 5일 이동평균선과 20일 이동평균선이 있을 때 5일선을 단기, 20일선을 중기 이동평균선으로 적용하면 된다.

실전매매 적용 시에는 단기 이동평균선이 중기 이동평균선 위에 있을 때 주가가 하락하면 중기이동평균선이 지지선 역할을 하게 된다. 이 경우 상승추세로의 전환 가능성이 높아 분할매수로 대응하면 될 것이다. 단기 이동평균선이 중기 이동평균선 아래에 위치했을 때 주가가 상승하면 중기 이동평균선은 저항선 역할을 하게 된다. 이때는 주가가 하락할 가능성이 크므로 매수를 자제하고 관망하는 자세가 필요하다.

(3) 정배열과 역배열에서의 매매전략

① 정배열 초기에서 주식을 분할매수한 다음 중장기 보유하라

상승장에서는 대부분 이동평균선의 위치가 위부터 아래로, 단기에서 장기로 배열되게 된다. 이를 정배열이라 한다. 순서가 주가, 5일 이동평균선, 20일 이동평균선, 60일선 이동평균선, 그리고 120일 이동평균선 순서대로 놓여 있는 것을 말한다.

정배열 상태에서는 주가가 일시적으로 하락하는 조정을 보였을 때 주가 아래 놓여 있는 이동평균선들이 지지선 역할을 하고, 매수세가 추가로 유입되어 주가는 더 상승하게 된다.

지지선 역할을 하는 이동평균선을 주가 또는 단기 이동평균선이 하향이탈하는 경우는 지지선 붕괴로 인하여 주가는 추세이탈된다. 그러므로 반드시 보유한 주식 수량을 축소하거나 매도하여 현금을 늘려야 한다.

차트 4-7 바텍

② 역배열 초기 진입 시 반드시 분할매도한 후 관망하라

하락기에는 대부분 이동평균선의 위치가 위부터 아래로 장기에서 단기로 배열되는데, 이를 역배열이라 한다. 즉 맨 위부터 120일선, 60일선, 20일선, 5일선, 그리고 주가 순으로 되어 있는 상태를 말한다. 차트가 역배열로 되어 있을 때는 주가가 일시적으로 상승할 때마다 이동평균선이 저항선 역할을 하면서 하락추세를 이어나가게 된다.

여기서 중요한 점은 저항선 역할을 하는 이동평균선을 주가 또는

차트 4-8 현대중공업

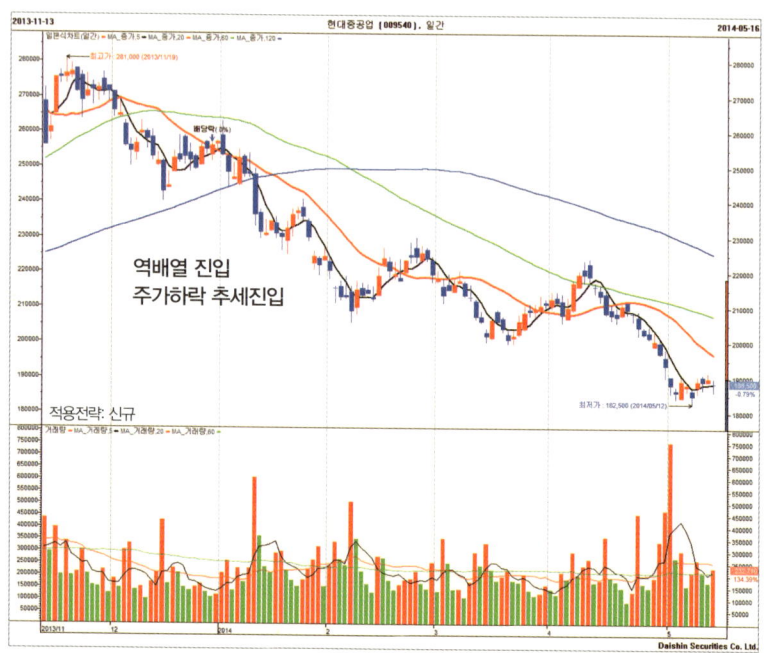

단기 이동평균선이 상향돌파할 때는 추세반전 시점으로 매수의 시점이 된다. 다만 이동평균선은 기간조정 후 우상향 초기에 있어야 한다.

(4) 거래량

① **거래량과 원리**

거래량은 돈의 유입 여부를 판독하는 데 가장 중요한 요소이다. 주식격언에 "주가는 속일 수 있으나 거래량은 속일 수 없다"는 말이 있다. 이는 거래량은 실제 매도와 매수의 체결로 형성되므로 속일 수 없다는 뜻이다.

또한 거래량은 주가에 선행하므로 거래량을 알면 주가의 방향성을 파악할 수 있다. 거래량과 주가는 서로 밀접한 관계를 맺고 있기 때문에 거래량 판독이야말로 기술적 분석의 핵심이다. 일반적 거래량 원리는 다음과 같다.

> 주가 바닥권에서 거래량 증가 → 조만간 주가 상승
> 주가 상투권에서 거래량 증가 → 조만간 주가 하락

차트 4-9 ▶ 크레듀

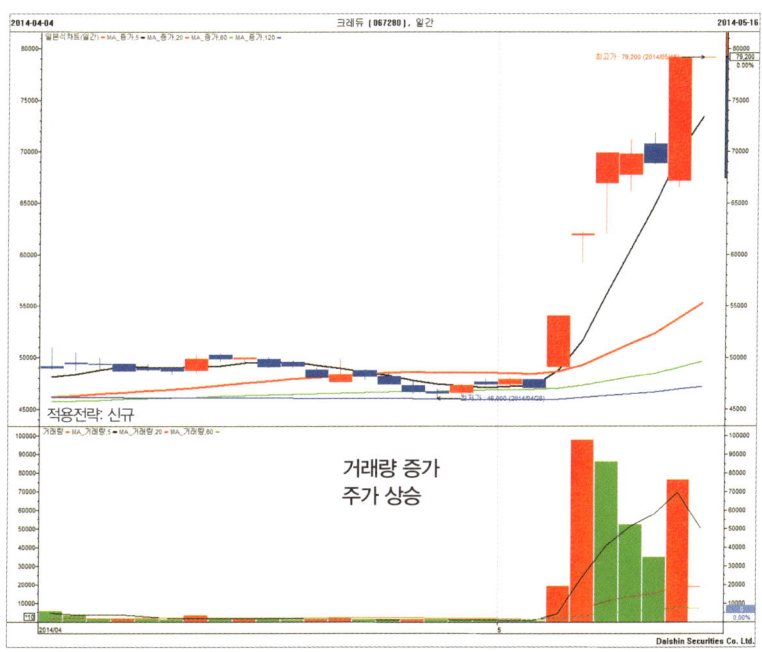

거래량의 증감 여부와 주가의 사이클을 분석하면 다음과 같다.

> **거래량 바닥**(주가 바닥) → **거래량 증가**(주가 상승) → **거래량 폭증**
> (주가 상투) → **거래량 감소**(주가 하락) → **거래량 바닥**(주가 바닥)

또한 흥미로운 거래량 원리도 있다.

> 거래량 증가, 직전고점 돌파 → 주가 추가 상승
> 거래량 증가, 직전저점 이탈 → 주가 추가 하락

매집차트의 경우 직전고점을 돌파할 때 직전 최대 거래량보다 적은 거래량으로 돌파한다면, 매집차트일 가능성이 높다.

② 사안별 거래량 분석과 주가 대응전략

거래량의 사안별로 주가의 변화에 따른 대응전략도 있다. [표 4-9]에서 거래량에 따른 일반적인 대응전략을 기술하였다. 거래량과 함께 이동평균선 등을 분석하였을 경우 더욱 정확한 분석이 나올 수 있으므로 다른 기술적 지표와 함께 거래량을 관찰하는 것이 중요하다.

표 4-9 ▶ 거래량 사안별 주가 대응전략

거래량	주가 위치	세부주가	대응전략
거래량 감소	상승	급등	보유
		점진적 상승	보유
	하락	급락	적극매도
		점진적 하락	매수준비
	횡보	주가 바닥권	분할매수
		주가 상투권	매도준비
거래량 증가	상승	급등	보유
		점진적 상승	보유
	하락	급락	매도
		점진적 하락	적극매도
	횡보	주가 바닥권	적극매수
		주가 상투권	매도

💰 최적의 매매 타이밍

(1) 매매 타이밍의 중요성

 주식투자에서 성공하고 싶은가? 그렇다면 좀 더 단순하게 생각해야 한다. 바로 주식을 싸게 사서 비싸게 파는 것이다. 그러면 수익이 쌓일 것이다. 주식은 파동운동을 하면서 고점과 저점을 만들어 가기 때문에 그 고점과 저점을 파악해야 수익을 쌓을 수 있다.

대부분의 개인투자자가 손실을 입는 이유는 주식을 높은 가격에서 사서 낮은 가격에 손절매하기 때문이다. 우량한 종목 또는 대형 호재를 가지고 있는 종목에 투자를 했더라도 이미 주가에 반영되어 있다면 수익을 내기란 어렵다.

[차트 4-10]에서 매수급소는 지지선, 즉 20일 이동평균선에서 거래량이 수반되면서 양봉흐름이 나온 후 주가가 상승하는 모습을 알 수

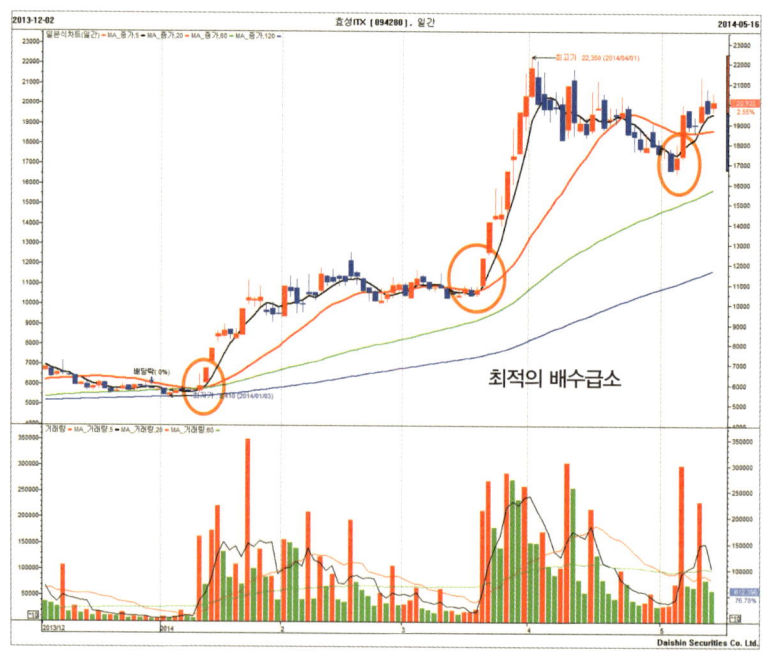

차트 4-10 ▶ 효성ITX_최적의 매수급소

있다. 여기서 최적의 매수급소는 바로 정배열 차트 20일선에서 주가가 상승전환 모습을 보일 때가 된다.

우선 주식매매에 임하는 투자자들은 자기만의 무기를(투자금액에 따른 종목 선택, 내재가치, 차트분석, 매매급소 포착 등) 가져야 한다. 자신이 수익을 냈던 방법과 종목을 부단히 연구해서 이러한 매매를 계속 발전시켜 나갈 수 있다면, 주식시장에서 살아남을 수 있는 기본적인 조건을 갖추게 되는 것이다.

차트 4-11 ▶ 파트론_최적의 매도급소

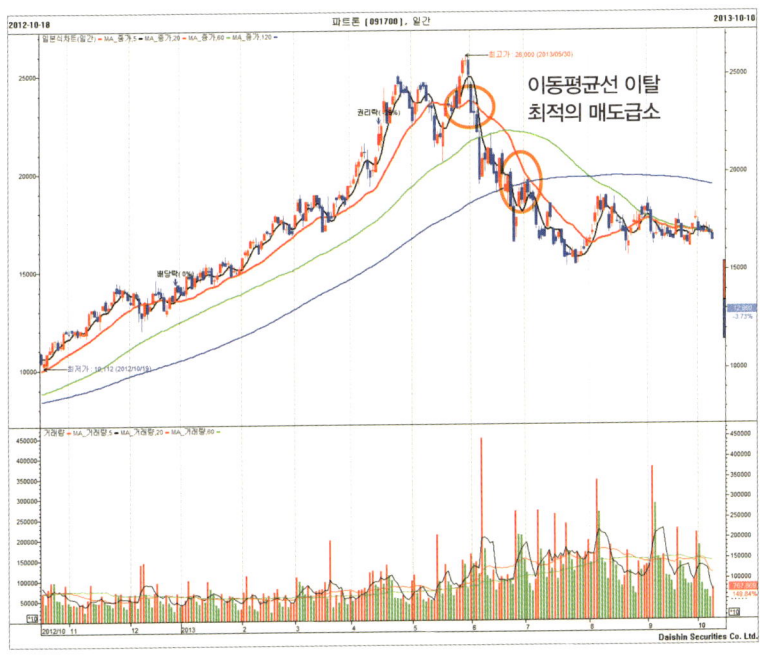

(2) 매매 타이밍 파악기법

매매 타이밍은 현재의 주가 위치에 따라 크게 달라질 수 있다. 주가가 오랫동안 하락한 뒤 더는 하락하지 않는 상태에서 매수신호가 발생했다고 하자. 그렇다면 바닥권의 상승초기 종목이라 상승탄력이

표 4-10 매매급소 포착법

기술적 지표	주가 위치	유형	대응전략
이동평균선	바닥권	골든크로스	분할매수(중기투자)
		데드크로스	보유(중기투자)
	상승중	골든크로스	지지선확인매수, 보유
		데드크로스	단기매도
	상투권	골든크로스	보유, 다만 20일선 이탈매도
		데드크로스	적극매도
거래량	바닥권	거래량 바닥	분할매수
		거래량 증가	매수
	상승중	거래량 감소	보유(주의 필요) → 재상승
		거래량 증가	매수
	상투권	거래량 증가	분할매도 – 추세이탈 확인
		거래량 감소	추세이탈 시 적극매도
추세선		상승추세 전환	매수
		하락추세 전환	매도
		횡보에서 상승전환	매수
		횡보에서 하락전환	매도

적으므로 위험성이 적지만, 인내력이 필요하다.

주가가 어느 정도 상승중에 있다면 상승탄력이 붙지만 여전히 위험은 존재한다. 주가가 상투권에 도달하면 상승탄력이 더욱 강해지는데, 마지막 불꽃을 태우는 단계라 그만큼 수익도 크지만 위험성이 크다고 할 수 있다.

이때 가장 중요한 것은 자신의 투자성향에 맞는 방법을 찾아 자신만의 투자무기를 갖추는 것이라 할 수 있다. 주식의 기본 이론들을 철저히 습득한 후에 자신에게 맞는 투자방법을 개발한 투자자의 수익률이 가장 높다.

[표 4-10]은 매매급소 포착법으로 주가 위치에 따라 이동평균선, 거래량, 추세선을 활용하여 골든크로스나 데드크로스 발생 시 매수·매도 보유전략을 행하면 된다.

Chapter 05

정부정책 분석을 통한 투자방법

정부정책에 대항하지 말고 순응하라,
그것이 성공투자의 지름길이다!

주식격언에 정부정책에 대항하지 말고 순응하라는 말이 있다. 4대강, 남북경협, 전기차, 사물인터넷, 3D 프린팅 등 정부가 주도하는 정책에 따라 주식시장에서는 수혜를 받는 기업들이 나타났고, 이로 인하여 주가는 큰 시세를 내기도 한다. 그래서 주식시장에서는 항상 정책수혜주에 관심이 많다. 투자자들은 연말연초에 정부 각 부서·처별로 나오는 정책을 유심히 살펴봐야 하며, 미국 같은 선진국들에 의해 주도되는 새로운 트렌드를 항상 연구해야 할 것이다.

1
정부정책에 대항하지 마라

정부정책이 발표되면 반드시 그 정책에 관련된 산업이 부흥하기 마련이다. 예를 들어 정부가 바이오산업에 앞으로 3년간 2조 원을 투자한다고 치자. 그러면 정부는 바이오산업에 맞는 기업을 선정할 것이고, 해당 기업에는 정책보조금 등의 수혜가 분명 있을 것이다. 주가는 현재보다 미래가치를 보고 움직인다. 정부에서 바이오기업에 투자한다면 앞으로 바이오산업은 성장할 수밖에 없고, 상장되어 있는 바이오기업들의 주가는 상승한다.

정부정책의 다른 예를 들어보자. 각 정권의 경제정책을 살펴보면, 이명박정부에서는 저탄소 녹색성장을 정책으로 표명한 바 있다. 이때 대표적으로 태양광, 풍력, LED 관련 기업들의 주가가 적게는 2~10배 이상 급등한 것을 기억할 것이다.

또 다른 예를 들어보자. 2013년도에는 미국 오바마 대통령이 연두교서에서 3D 프린팅을 신성장동력으로 이야기했다. 이와 관련해 미국과 국내에서도 3D 관련주 주가가 큰 시세를 보여줬다. 이처럼 정부정책을 알면 대시세 급등주를 발굴할 수 있다.

그러나 펀더멘털리스트의 경우 기업의 가치평가만 따지다 보면 모멘텀으로 급등하는 주식을 놓치는 우를 범할 수 있다. 결론적으로 주식투자자라면 항시 정부정책에 순응해야 하며 정책 관련 수혜주는 무엇인지, 그리고 정책 일정이 어떠한지 꼼꼼히 따져야 한다. 그러면 주식시장에서 성공할 수 있다.

💰 정부정책 수혜주는 글로벌 정책에 부합해야 한다

국내에 국한된 정책테마는 단기간에 급등할 수도 있으나, 실적개선으로 연장되지 않아 주가 사이클이 짧은 경우가 많다. 그러나 2차전지, 바이오, 청정에너지 등 글로벌 정책 트렌드에 맞아 떨어질 경우에는 중장기적인 주가상승 사이클을 형성한다. 즉 정부의 정책의지와 글로벌 성장 트렌드에 부합하는 정책을 찾아보고, 그에 부합하는 산업과 기업을 끊임없이 연구·분석해야 한다. 글로벌 정책과 국내정책이 함께 어우러질 때 주식시장에서도 뜨거운 종목이 나타나기 때문이다.

(1) 장기 정책수혜주는 크고 멀리 간다

① 김대중정부 : IT 벤처산업 호황

IMF 외환위기 이후에 김대중정부에서는 경기부양정책으로 IT 벤처를 적극적으로 육성하였다. 당시 미국에서도 IT 벤처기업들로 구성된 나스닥시장이 활황을 보이고 있었다. 특히 반도체 및 통신산업

차트 5-1 ▶ SK텔레콤

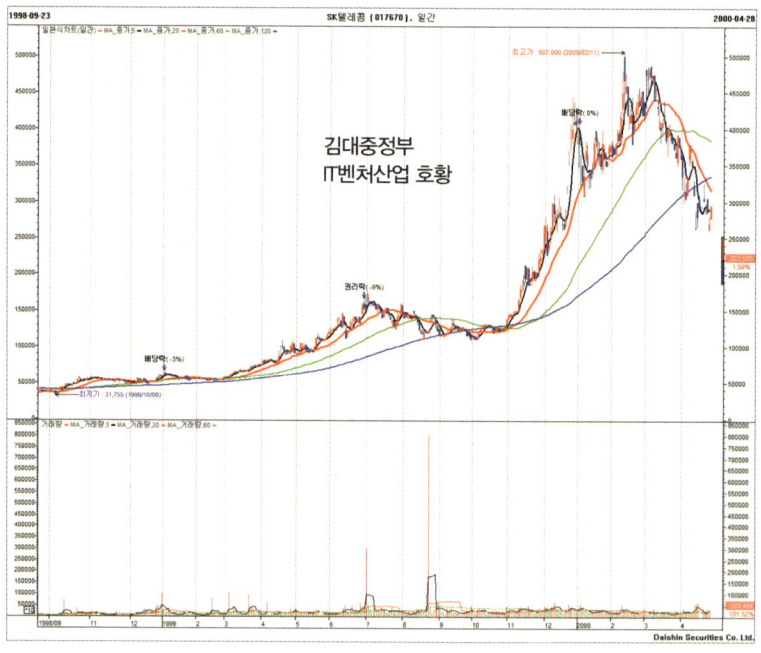

이 정책에 의한 수혜를 받으면서 관련 종목군들이 큰 폭으로 상승하였다. 즉 세계적인 IT 벤처붐과 국내 IT산업이 연동되면서 대세상승을 보인 것이다.

[차트 5-1]은 2000년 초의 SK텔레콤 주가흐름이다. 원래 한국이동통신이 사명을 변경하면서 SK텔레콤이 되었고, 이동통신이란 정부정책과 벤처산업 열풍으로 시장이 만들어낸 대표적 벤처 대장주라 할 수 있다.

SK텔레콤은 액면분할해서 주가가 20만 원대이지만, 당시 100만 원에서 500만 원대까지 올라 황제주로 불리기도 했다. 정부의 강력한 정책적 뒷받침에 실적까지 개선되면서 대세상승을 보였던 대표적인 사례라 할 수 있다.

② 노무현정부 : 바이오제약 헬스케어

2005년도 노무현정부 시절에는 인구 고령화로 인해 생명연장에 꿈이 전 세계적으로 이슈가 되었다. 당시 정부의 바이오산업 지원정책이 구체화되면서 국내 제약 및 바이오기업들의 주가가 큰 폭으로 상승하였다. 예를 들면 줄기세포 관련주인 메디포스트, 산성앨엔에스(구 산성피앤씨) 등이 대표적이다. 이 당시 줄기세포 주식에 대해 주식시장이 과민반응을 보여 '묻지 마' 투자가 성행하기도 했다. 그래서 이 때문에 폐해가 발생하기도 하였다.

산성엘엔에스는 골판지 회사임에도 줄기세포 관련주로 알려진 대

차트 5-2 산성앨엔에스

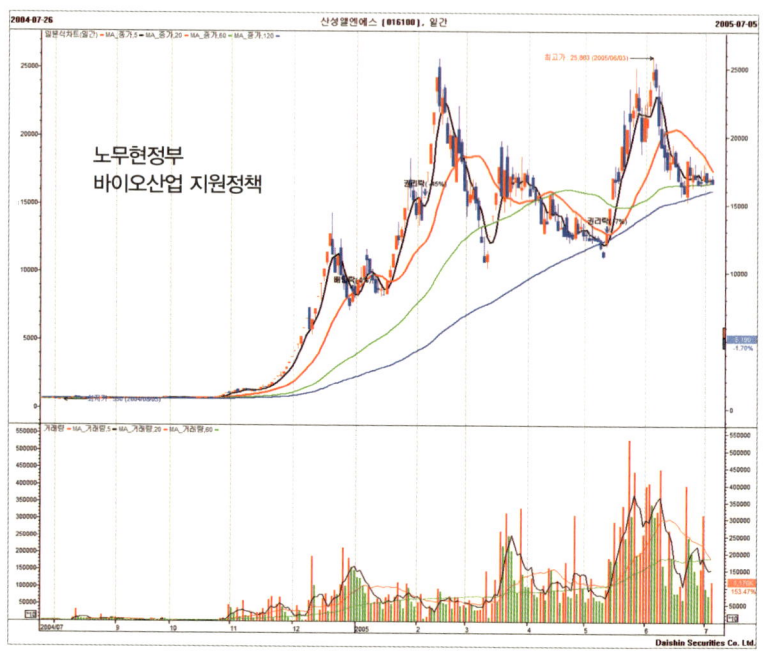

표적인 종목이다. 주식 금맥 5원소 중에 꿈과 끼로 대변되는 종목이라 할 수 있다. 줄기세포 자회사인 프로스테믹스 지분으로 인하여 줄기세포 관련주로 알려졌고, 노무현정부 시절 황우석 박사의 줄기세포 연구와 맞아떨어지면서 바이오산업이 크게 주목받았던 것이다. 주가는 놀라울 정도로 상승을 보였으며 메디포스트, 차바이오텍 및 바이오산업 관련주들이 테마를 이루어 크게 상승하였다.

차트 5-3 서울반도체

③ 이명박정부 : 그린에너지

미국은 오바마 대통령이 글로벌 성장동력으로 이른바 그린에너지를 주창하였다. 태양광이나 풍력 같은 저탄소·녹색 성장 정책을 펼친 것이다. 국내에서도 이명박정부의 정책에 힘입어 태양광, 풍력, LED 등 그린에너지 수혜주가 중장기적인 실적호전과 더불어 상승을 보였다. OCI, 태웅, 태광, 서울반도체 등이 대표적이다.

[차트 5-3]은 서울반도체의 주가흐름이다. 2009년 초에 그린에너지

관련주로 부각되면서 주가가 6,000원대에서 5만 원대 가까운 상승을 보였다. 미국에서 시작된 정책은 반드시 전 세계적으로 영향을 미치게 된다. 국내 주식시장에서도 관련주들이 관심을 받았고, 그중에 기관과 외국인이 매수한 종목이 주도주가 되었다. 일차적으로 글로벌 정책에서 국내정책 순으로 주가가 상승하고 그다음에 실적이 나오느냐 아니냐에 따라 추가상승, 또는 하락으로 접어들게 된다.

서울반도체는 꾸준하게 주가흐름이 이어진 종목 중 하나이며 미국의 크리CREE와 국내 LG이노텍, 루멘스와 함께 비교하여 주가흐름을 보는 것이 좋다.

(2) 단기 정책수혜주는 무릎에서 사서 어깨에서 팔아라

글로벌 트렌드가 뒷받침되지 않고 단순히 국내정책으로 부각되는 정책수혜주는 단기간에 주가상승을 보이지만, 실적개선으로 연결되지 않아 주가의 연속성이 없는 수혜주도 있다. 이런 테마주는 멀리 볼 것도 없이 "무릎에서 사서 어깨에서 판다"는 증시격언을 반드시 기억해야 한다. 대부분의 실패하는 투자자는 어깨 위에서 사기 때문에 큰 낭패를 보는 것이 많다.

① 김대중정부 : 햇볕정책 테마

대북포용정책으로 북한과 화해 분위기가 조성되었고, 남북경협 관련주로 전선주인 광명전기, 제룡산업, 이화전기, 선도전기 등이 큰

차트 5-4 광명전기

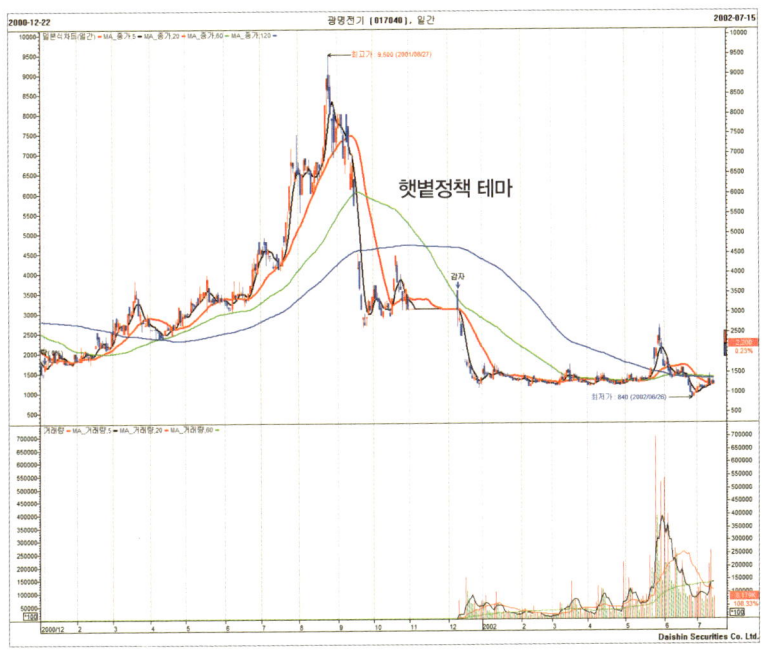

상승을 보이기도 했다. 이들은 일시적으로 큰 상승을 보였지만, 연속성이 없어 뉴스만 나오면 차익매물이 나오는 현상을 보였다.

[차트 5-4]는 햇볕정책 테마로 부각된 종목 중의 하나인 광명전기이다. 대북 송전 테마주로 광명전기, 이화전기, 제룡전기 등이 주식시장에서는 이미 알려져 대북 관련 뉴스나 호재가 나오면 이들 종목이 단기적으로 급등하는 패턴을 보였다.

그러나, [차트 5-4]를 보면 알 수 있듯이 실적이 뒷받침되지 않는 가운데 고평가로 올라간 주식은 차익매물이 나올 때 무섭게 하락한다.

② 노무현정부 : 행정수도 이전 테마

수도권 과밀화 및 지역균형발전을 위한 행정수도 이전 계획에 따라 세종시 주변에 연고가 있거나 부동산을 보유한 기업들의 주가가 급등하였다. 그러나 부동산의 가치상승은 실적과 연관이 적어 일정 부분 주가상승 이후에는 차익매물이 나와 주가가 다시 제자리로 돌아오는 경우가 많았다.

차트 5-5 영보화학

[**차트 5-5**]의 영보화학은 충청도 소재 기업 중의 하나로 건설에 필요한 건축자재를 생산한다. 행정수도를 이전하면 당연히 땅값이 상승하고, 그러면 행정수도 근처 기업들의 자산가치가 재평가될 것이라는 이유로 주가가 급등했다. 그러나 테마주의 단점은 실적이 수반되지 않고 정책적 이슈로만 부각되면 오래가지 못한다는 것이다. 이는 추세를 이탈할 때 알 수 있는데, 매도가 매도를 부르면서 무섭게 하락하는 경우가 많기 때문이다.

차트 5-6 이화공영

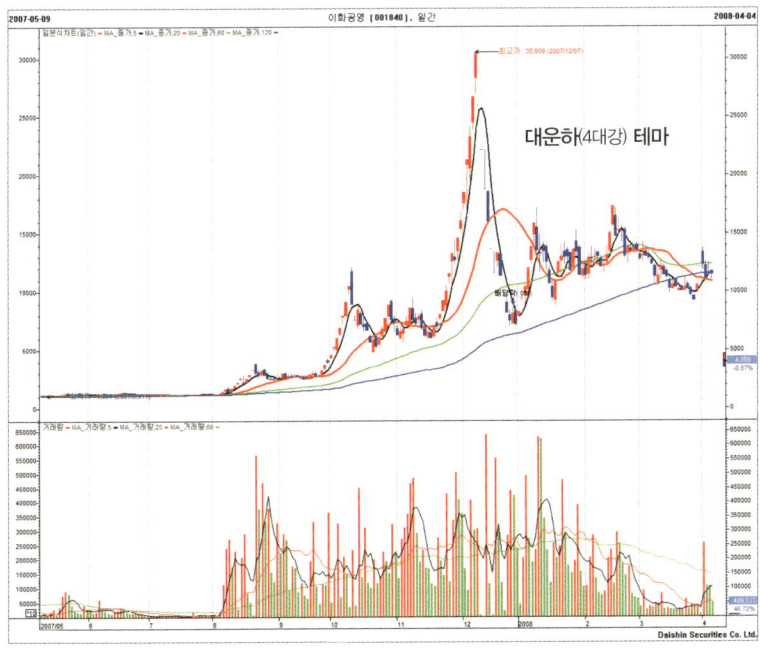

③ **이명박정부 : 대운하 테마**

대선정책의 하나로 이명박정부는 4대강 정비라는 명목하에 정책을 추진하였다. 이에 주식시장에서는 4대강 주변 지역의 부동산을 보유한 기업과 건설사의 주가가 급등락하는 모습을 보였다. 관련주로는 특수건설, 이화공영, 삼호개발, 삼목정공 등이 대표적이다.

[**차트 5-6**]은 이화공영이다. 1,000원대였던 주가가 3만 원까지 상승한 것을 어떻게 설명할 것인가? 물론 실적이 30배 급증한 것은 아니다. 4대강, 대운하 등 선거공약이 주식시장에서 테마를 만들었고, 주가는 '묻지 마' 식 상승을 보였다.

결국 실적이 수반되지 않는 테마주는 제자리로 돌아가는 경우가 많다. 정부정책이라 하더라도 공약, 인물, 정치색이 더해지면 좋지 않은 흐름을 보이곤 한다. 이런 테마주가 시장에서 인기를 불러일으킨다면 인기주로 매매에 동참하면 그뿐이다.

2

2014
슈퍼모멘텀

주식시장에는 모멘텀이라는 말이 있다. 모멘텀은 주가상승의 활력소 역할을 한다. 정부정책은 주가에 긍정적인 모멘텀 역할을 하는데, 이에 필자는 '모멘텀'이라는 개념에 더하여 글로벌 트렌드와 국내의 정부정책이 맞아떨어지는 것을 슈퍼모멘텀이라 이름 붙였다. 슈퍼모멘텀은 강력한 글로벌 정책으로 앞으로 10년 정도는 산업에 큰 영향을 미칠 것으로 보인다.

슈퍼모멘텀을 찾아내는 방법은 다음과 같다.

- 미국의 신성장 정책 : 구글, 페이스북, 마이크로소프트, 애플 같은 글로벌기업의 투자계획
- 국내의 경제정책 : 삼성전자, 현대자동차 등의 투자계획

앞의 사항과 정부의 주요 정책일정을 꼼꼼히 챙겨보고 관련 종목군에 대해 연구·분석해야 한다.

💰 ICT(CPND 중심)

ICT란 'Information & Communication Technology'의 약자로 정보통신기술을 말한다. 박근혜정부에서 추진하고 있는 창조경제 중에는 ICT 관련 정책이 활성화되고 있어서, 2013년 8월에 ICT 산업 발전을 위한 목적으로 ICT 특별법이 제정되었을 정도이다. '창조경제 비타민 프로젝트'라는 사업을 추진하면서 2014년도에는 이와 관련된 예산을 크게 확대하기로 했다. 2014년 2월 14일에 미래창조과학부에서는 총 1조 원 가량의 투자금액을 책정하여 ICT 기술진흥시행계획을 발표하기도 했다. [표 5-1]을 보면 ICT와 관련된 주요 이슈가 있는데 필자는 사물인터넷과 웨어러블 컴퓨터, 정부보안을 앞으로의 슈퍼모멘텀으로 보고 있다.

미국은 2013년도에 사물인터넷산업을 6대 혁신기술로 선정하였고, 일본은 'I-JAPAN 2015'라는 정부정책의 하나로 사물인터넷을

표 5-1 2014년 ICT 10대 주목 이슈

분야	10대 이슈	주요 내용
통신	알뜰폰(MVNO)	저가시장 세분화의 가능성 타진
	사물인터넷(IoT)	창조경제 활성화로 시장 성장 본격화
미디어·포털	미디어(OTT)	모바일 OTT를 통한 미디어 이용 행태 변화
	모바일 메신저(MIM)	글로벌 모바일 플랫폼 경쟁 본격화
	모바일 광고	'귀찮은 광고'에서 '유익한 광고'로 변화
IT 서비스·제조	웨어러블 컴퓨터	글로벌 기업들의 실험과 경쟁 본격화
	Enterprise Mobility	스마트 경쟁 B2B 시장으로 확산
	정보보안&개인정보보호	모바일 보안, 정보보호 및 활용논의 본격화
IT 연계 비즈니스	빅데이터	공공 및 기업의 실질적 가치 발굴 본격화
	모바일 커머스	오프라인까지 연계하는 새로운 영역탐색

• KT 경제경영연구소

연구중이다. 국내에서도 특히 사물인터넷 관련주가 2014년 상반기를 주도하고 있으며, 실적을 수반할 경우에는 글로벌 정책과 일맥상통하므로 중장기적인 상승을 기대해볼 수 있다.

다만 아직은 사물인터넷과 관련하여 실질적인 수혜주는 시장에 나타나지 않고 있다. 무늬만 사물인터넷 수혜주로 부각되는 것도 있으니 주의해야 한다.

차트 5-7 ▶ 효성ITX

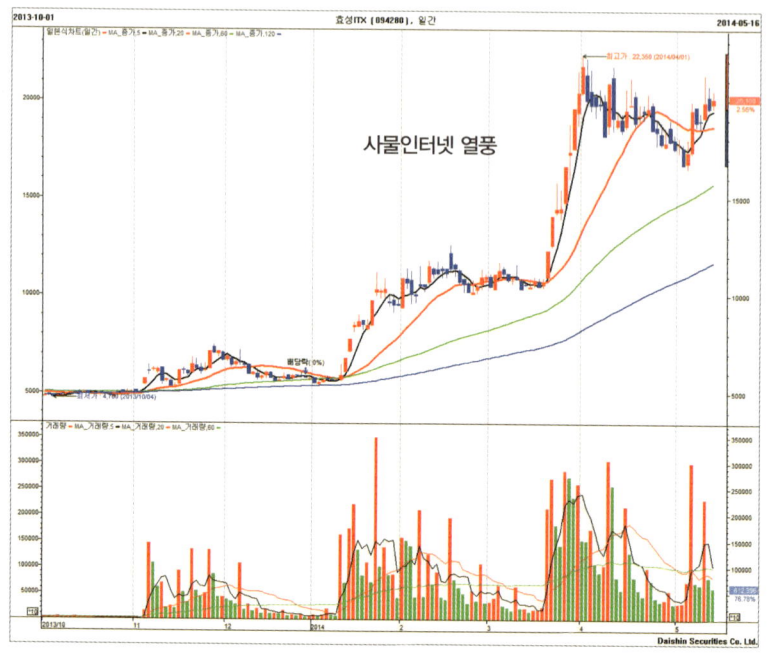

2014년에는 효성ITX의 주가가 3배 넘게 치솟았다. 사물인터넷 관련주로 부각되면서 큰 폭의 상승을 보였는데, 정부정책 영향이 크게 작용한 것 같다. 사물인터넷은 글로벌 신성장동력이 될 수 있는 분야이다. 그렇기 때문에 각국이 적극적으로 추진하고 있어서 당연히 고성장산업으로 분류되는 것이고 주식시장에서는 수혜주를 찾기 마련이다. [차트 5-7]에서 주목할 것은 시장에 관심이 증가할 때 주가는 큰 폭으로 상승한다는 점이다.

표 5-2 세계 주요 국가의 사물인터넷 관련 정책

국가	정책 동향
미국	국가정보위원회에서 사물인터넷을 국가경쟁력 6대 혁신 기술로 선정 기술 개발 로드맵 작성
EU	EU 제7차 Framework Program의 일환으로 사물인터넷 연구 프로젝트 추진 사물인터넷 연구 협의체 조성 및 14개 혁신 플랜 제시
중국	사물인터넷에 대한 국가 차원의 발전전략 추진 센서네트워크 정보센터 및 표준화 설립 12차 5개년(2011~2015년) 개발 계획에 추가 중장기 과학기술 발전 계획(2006~2020년)에 사물인터넷 분야 6조 원 투자 발표
일본	사물인터넷 사회 실현을 위한 워킹 그룹 구성 IT 융합에 의한 신산업 창출 전략 발표

• 한국방송통신전파진흥원

(1) 사물인터넷의 정의

사물인터넷(IoT, Internet of Things)은 IT를 기반으로 하여 모든 사물을 인터넷으로 연결해 사물과 사물 사이에 다양하고 많은 정보를 주고받는 인프라를 뜻한다. 2014년에는 세계가전전시회(CES)와 세계 최대 규모 이동·정보통신 산업 전시회인 모바일 월드 콩그레스(MWC)에서 사물인터넷 제품이 공개되기도 했다. 또한 가트너(Gartner) 및 맥킨지(Mckinsey) 같은 연구조사기관에서도 미래 유망 선도기술로 사물인터넷을 선정하였다.

(2) 시장 규모

국제 IT 조사 전문기관인 IDC(International Data Corporation)는 사물인터넷 관련 시장 규모가 2012년의 4조 7천억 달러에서 2017년에는 7조 3천억 달러로 연평균 8.8%로 성장할 것으로 전망했다. 박근혜정부는 2014년 2월 17일에 사물인터넷은 가능성이 무궁무진해서 연결되지 않는 분야가 없다며, 세계적인 시장이 몇조 원 단위이기 때문에 지금부터 준비를 잘하자고 말한 바 있다. 2014년 4월 2일에 미래창조과학부는 '사물인터넷 기본계획안'을 발표하고, 사물인터넷을 2014년 중점 추진계획으로 선정했다. 사물인터넷 시장 규모를 2013년 2조 3천억 원 규모에서 오는 2020년까지 30조 원 규모로 육성하겠다는 방침을 세웠다.

(3) 사물인터넷의 가치사슬

사물인터넷의 가치사슬은 칩벤더, 모듈·단말 업체, 플랫폼·솔루션 업체, 네트워크·서비스 업체로 이루어진다. 또한 분야마다 하드웨어와 소프트웨어가 필요하다. 사물인터넷은 이를 하나로 묶어 서비스하는 제공자가 필요하게 된다.

표 5-3 사물인터넷 가치사슬

가치사슬	유형	주요 전문 업체
칩벤더	무선 송·수신칩, 센서, 마이크로컨트롤러 등을 생산하는 제조업체	(해외) Qualcomm, Texas Instruments, Infineon, ARM
모듈·단말업체	IoT 모듈(무선 송·수신 칩+마이크로컨트롤러), 다양한 사물인터넷 단말 등을 생산하는 제조업체	(해외) Sierra Wireless, E-device, Telular, Cinterion, Telit, SIMCOM
플랫폼·솔루션업체	사물인터넷 플랫폼 소프트웨어나 사물인터넷 종합 관리 솔루션을 개발하여 제공하는 업체	(해외) Jasper Wireless, Aeris Wireless, Qualcomm, datasmart, Inilex, Omnilink
		(국내) 멜퍼, 페타리, 브레인넷, 엔티모아, 인사이드 M2M
네트워크·서비스업체	기본적인 유무선 네트워크를 제공하고, 보다 전문적인 M2M 서비스를 제공하는 업체	(해외) AT&T, Sprint, Vodafone, T-Mobile, Verizon, BT
		(국내) SKT, KT, LGU+

• 방송통신위원회

💰 유전체 분석·바이오시장의 개화

 2005년도에는 전 세계적으로 인구 고령화가 부각되면서 제약주가 대세 상승을 보였고, 생명공학으로 줄기세포·신약개발·단백질 복제약(바이오시밀러) 등이 신성장산업으로 주가 상승을 이끌었다. 바이오는 영원한 성장 테마임이 분명하다. 인간 생명연장의 꿈을 실현하게 할 수 있는 것이 바이오산업이기 때문이다. 필자는 유전체 분석을 새로운 모멘텀으로 보고 있다.

정부는 개인별 맞춤 의료를 실현하기 위한 유전체 분석을 통해 진단 및 치료법 개발, 각종 생명체 유전정보를 활용한 고부가가치 생명자원 개발 등 미래사회의 변화에 적극적으로 대처하는 정책을 발표하였다. '포스트게놈 다부처 유전체 사업'이라는 프로젝트를 추진하고 있기도 하다. 이 프로젝트는 보건복지부, 농림축산식품부, 해양수산부, 미래창조과학부, 산업통상자원부, 농촌진흥청 등을 중심으로 2021년까지 5,788억 원을 투입하여 추진된다.

2013년 맥킨지 보고서에서는 우리의 삶을 근본적으로 바꿀 12가지

차트 5-8 ▶ 미국 유전체 업체 일루미나

· Bloomberg

미래기술 중 하나로 차세대 유전체학을 선정하면서, 이 기술이 2025년까지 글로벌경제에 가져올 파급효과가 무려 1.6조 달러라고 발표했다. 미국의 대표적인 유전체 업체인 일루미나Illumina가 2014년 1월에 약 1,000달러의 비용으로 전체 유전체 해독이 가능하다고 밝힌 바 있으며, 지난 2년간 일루미나, 암젠, 라이프테크놀로지 등 관련 업체들의 주가는 사상 최고치를 경신하고 있다. 국내 대표적인 유전체 관련 기업으로는 마크로젠, 테라진이텍스, 디엔에이링크 등이 있다.

[**차트 5-8**]은 미국 유전자칩 개발업체인 일루미나의 주가흐름이다.

차트 5-9 마크로젠

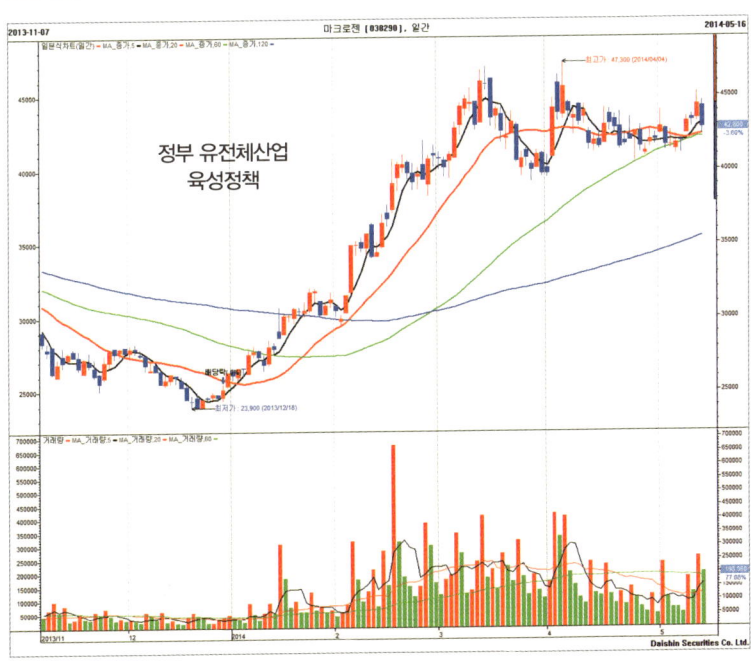

2013년 10월 이후 주가가 상승을 꾀하면서 2014년도 3월까지 3배 가까운 상승을 보였다. 바이오·제약업체들은 일반 제조업보다 성장주로 평가받기 때문에 글로벌 영향력이 있는 해외 선도 바이오기업의 주가가 오르면 국내 관련 기업의 주가에도 긍정적인 영향을 주게 된다. 2013년 미국 《MIT 테크놀로지 리뷰》에서 세계 최고의 혁신기업으로 1위를 일루미나, 2위를 테슬라모터스로 선정한 바 있다.

[차트 5-9]는 국내 유전체 관련 기업인 마크로젠이다. 마크로젠이 일반투자자들의 관심을 끄는 이유 중 하나는 이전에 급등한 경우가 많기 때문이다. 즉 끼가 농후한 주식이라는 점이다. 여기에 유전체 산업이 부각되고 미국시장에서 일루미나 등이 급등하다 보니 동반상승을 보였다. 주가가 동조화될 때는 '일루미나 주가 추이=마크로젠 주가 추이'를 함께 판단하면 투자에 도움이 된다.

💰 자동차의 미래, 전기차

2013년도 전 세계 자동차 업계에서는 이른바 테슬라 쇼크가 나타났다. 미국 실리콘밸리 전기차 제조업체인 테슬라모터스는 거품 논란 속에서도 1년 사이에 주가가 무려 7배나 상승했다. 테슬라모터스가 크게 실적을 낸 것은 아니지만 전기차가 자동차산업의 미래라는 강력한 슈퍼모멘텀이 작용했다고 볼 수 있다. 이에 충격을 받은 글로벌 자동차 업계는 전기차 생산을 앞당기고 있다. BMW는 전기차 모델 i3를 출시하였고, 국내에서는 현대·기아차가 쏘울이라는 전기차를 선보였다. 글로벌 완성차 업체들도 전기차 개발에 속도를 내고 있다는 점에서 전기차 시대의 개막이 멀지 않았음을 알 수 있다.

최근 전기차 관련 기사 중에 전기차와 애플의 아이폰을 비교한 것이 있다. 그 기사에서는 다음과 같이 설명한다. 애플의 아이폰이 2007년도에 출시되었지만 그 파급력은 작을 것으로 보았다. 그러나 3년이 지난 2010년도에 위기를 느낀 삼성전자는 갤럭시S로 스마트폰 시장에 본격적으로 뛰어들 수밖에 없었다. 기존의 피처폰에서 스마트폰으로 모바일 환경이 급격하게 변화됨을 느꼈기 때문이다. 이

차트 5-10 ▶ 미국의 테슬라모터스

런 환경변화를 인식하지 못한 노키아와 모토로라는 어려움을 겪었고, 삼성전자와 애플은 글로벌시장에서 우뚝 서게 되었다.

2012년도 테슬라모터스의 모델S가 전기차 시대의 한 획을 긋기 시작했다. 앞으로 3~4년 뒤에 자동차 시장은 어떤 모습으로 변화할 것인가? 결국 하이브리드, 수소차, 전기차로 갈 수밖에 없다. 중국 북경이 자동차 매연으로 스모그가 가득하다는 뉴스를 보면 세계 자동차 시장의 미래가 보인다.

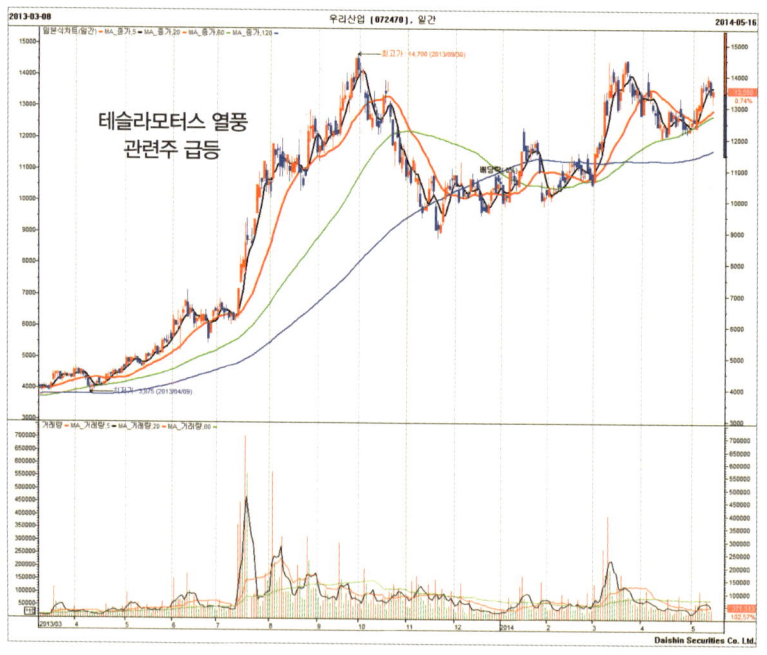

차트 5-11 ▶ 우리산업

[차트 5-10]은 테슬라모터스 주가흐름이다. 테슬라모터스는 미국의 전기차회사로 엘론 머스크가 설립하였다. 나스닥에 상장되어 있는 테슬라 주가는 2013년도 한 해 동안 7배나 올랐다. 큰 폭의 주가 상승 원인은 전기차가 앞으로 자동차시장을 이끌어 갈 성장산업이라고 보기 때문이다. 주식 금맥 5원소 중에 '꿈'에 배팅한 것이라 보면 된다.

주식시장에서는 글로벌 마켓리더가 나오면 항상 관련 수혜주를 찾게 된다. 실제 국내시장에서도 2013년 전기차 관련주 열풍이 불었고 주가가 크게 올라간 기업들이 많았으나, 테슬라모터스와 연관성은 우리산업 정도로 파악되었다. 또한 전기차와 2차전지는 빼놓을 수 없는 관계로 삼성SDI와 LG화학이 수혜주라는 전망이 나오기도 했다. 그러나 테슬라의 주주로 다임러, 도요타, 파나소닉 등이 참여하고 있어 한국업체가 수혜를 받을 가능성은 적다고 판단된다.

주가는 실적과 모멘텀이 뒷받침되면 무섭게 상승한다. 우리산업은 꾸준한 실적개선과 전기차 부품 수혜주로 주가가 재평가받기 시작하였다. 전기차에 탑재되어 차량 내부 온도를 예열시키는 PTC 히터, 전자제어식 브레이크 장치 등 국내외 주요 전기차의 전자부품업체로 성장성과 수익성에 높은 점수를 받았다. 우리산업은 실적개선이 계속되는 한 전기차 관련 수혜주로 꾸준히 관심을 받을 가능성이 높다.

2013년에 3,000원대였던 우리산업 주가가 13,000원대까지 올라간 이유는 테슬라효과 이외에도 실적개선의 힘도 작용한 것으로 보인다. 글로벌시장 주도주와 연관성이 있는 국내 기업이고 실적까지 좋다면, 주가는 우상향 추세로 나아가게 되는 것이다.

3
5원소로 분석한 2015 유망 테마

  이 책에서 밝히는 '2015 유망 테마 관련주'는 5원소 중 첫 번째 '꿈'에 해당하는 성장모멘텀을 가진 테마이다. 또한 이전에 한 번 큰 시세를 내었던 '끼'가 있는 종목군을 선별하여 도표화하였다.

  다만 다음과 같은 유망테마를 접근할 때는 반드시 실적을 철저히 확인하고 분석해야 한다. 그런 후에 5원소 중에 매매급소인 '꼴'에 해당할 때 수급인 '끈'을 적용하여 매매확신인 '깡'을 가지고 투자에 임해야 한다.

(1) 사물인터넷

① 사물인터넷 관련 주요 대기업

: 삼성전자(059930), SK하이닉스(000660), KT(030200), SKT(017670), LG유플러스(032640)

② 사물인터넷 관련 중소기업

표 5-4 칩·센서·부품

종목	관련 사항
와이솔(122990)	RF 부품(SAW 필터 등)
기가레인(049080)	모바일기기 및 네트워크 인프라용 RF 커넥티비티
아모텍(052710)	NFC 안테나
어보브반도체(102120)	MCU 칩 국내 1위
아이앤씨(052860)	PLC 개발 효율적인 전력제어
테스나(131970)	MCU 사업

표 5-5 스마트홈·스마트 그리드

종목	관련 사항
코콤(015710)	홈네트워크 시스템
세우테크(096690)	홈네트워크 국내 1위

표 5-6 RFID·블루투스

종목	관련 사항
블루콤(033560)	블루투스 기반의 헤드셋 개발
세우테크(096690)	초박형 RFID 태그 제조기술 보유

표 5-7 통신 네트워크 인프라

종목	사물인터넷 관련 사항
효성ITX(094280)	유무선 통합 콘텐츠 전송, 클라우드 서비스
엔텔스(069410)	SKT M2M 솔루션 공급
모다정보통신(149940)	M2M 및 통신모듈 공급업체
에스넷(038680)	삼성전자에 M2M 기본요소인 FMC망을 구축
링네트(042500)	사물인터넷 통신사업, 시스코 파트너 및 시스코향 매출 80%
유비쿼스(078070)	자회사 모바일에코가 사물인터넷용 모듈 판매

(2) 유전체 분석 관련주

표 5-8 유전체 분석 관련 기업

종목	관련 사항
마크로젠(038290)	유전체 해독 전문기업
씨젠(096530)	유전체 분자 진단
테라젠이텍스(066700)	유전체 분석 1위 및 국내 최초 개인 유전자 분석 서비스 '헬로진' 출시
바이로메드(084990)	유전체 치료제 개발
바이오니아(064550)	유전체 분자 진단
디엔에이링크(127120)	유전체 분석

(3) 중국환경 수혜주

표 5-9 중국환경 관련 기업

종목	관련 사항
동성홀딩스(102260)	자회사 친환경 폐타이어 열분해 처리 중국 수출
코웨이(021240)	공기청정기 렌탈사업
위닉스(044340)	공기청정기 및 가습기 제조생산
안국약품(001540)	호흡기용제 클리오 시럽 제조생산
삼천당제약(000250)	안과용 인공눈물 자회사 보유
웰크론(065950)	극세사를 이용한 마스크 제조

(4) 전기차 관련주

미국 테슬라모터스가 전기차산업에 새로운 패러다임을 일으켰다. 따라서 전기차 관련주는 국내와 해외를 함께 묶어서 봐야 한다.

① 전기차 관련 주요 대기업

: 현대자동차(005380), 기아자동차(000270), 삼성SDI(006400), LG화학(051910), SK이노베이션(096770)

② 전기차 관련 중소기업

표 5-10 ▶ 통신 네트워크 인프라

종목	관련 사항
우리산업(072470)	테슬라모터스에 부품공급(프리히터)
톱텍(108230)	2012년 2월 전기방사 시스템을 활용한 나노섬유 분리막 개발
계양전기(012200)	현대자동차와 전기차 공동개발 국책과제 수행중
상신이디피(091580)	SB리모티브에 전기차용 배터리 용기 시제품 공급
피엔티(137400)	국내 1위 롤투롤(Roll-to-Roll) 장비업체
KR모터스(000040)	전기차 · 전기스쿠터 개발, 최근 코라오홀딩스 인수로 글로벌 시장 공략
LS(006260)	전기차 충전기 개발완료
현대EP(089470)	차량경량화 소재 개발
인포뱅크(039290)	현대자동차와 스마트카 소프트웨어 개발

(5) 정보보안·인증 관련주

표 5-11 정보보안·인증 관련 기업

종목	관련 사항
한국전자인증(041460)	국내 최초의 인증기관, 공인인증, 글로벌인증, 보안서버인증 사업 등
파수닷컴(150900)	국내 데이터보안 업체 1위
한국정보인증(053300)	국내최초 공인인증사업자, 법인범용 공인인증서 1위
안랩(053800)	국내 대표적인 정보보안업체, V3 제품군이 대표적
소프트포럼(054920)	DB보안, 지불결제보안 등 암호인증 기술 활용한 다양한 보안 제품 제공
이스트소프트(047560)	알약을 통해 PC 악성코드 진단치료, 줌 사이트 보유
윈스(136540)	인터넷트래픽 솔루션, 보안솔루션 등 토털 솔루션 제공
플랜티넷(075130)	유해사이트 차단서비스
이니텍(053350)	데이터베이스 보안솔루션, 웹보안 솔루션 등 다양한 정보보안 솔루션 보유

(6) 웨어러블 관련주

① 웨어러블 관련 주요 대기업

: 삼성전자(059930), LG전자(066570), 삼성전기(009150), KT(030200), SKT(017670), LG유플러스(032640)

② 웨어러블 관련 중소기업

표 5-12 웨어러블 디바이스

종목	관련 사항
서원인텍(093920)	삼성전자향 스마트기기 키패드 및 부자재 주력생산
유아이엘(049520)	방수·방진 기능을 가진 실리콘 부자재
HRS(036640)	실리콘 제조
사파이어테크놀로지(123260)	사파이어글라스 생산
티엘아이(062860)	타이밍 콘트롤러와 드라이버IC 설계 전문
알에프세미(096610)	ECM 모듈 공급
일진디스플레이(020760)	디스플레이 부품 공급
한솔테크닉스(004710)	모바일용 사파이어 공급

표 5-13 웨어러블 헬스케어

종목	관련 사항
아이센스(099190)	자가혈당 측정기 등 바이오센서 개발
인포피아(036220)	혈당 측정기
바텍(043150)	치과용 디지털 엑스레이
나노엔텍(039860)	현장진단 의료기기 생산, SKT가 최대주주
바이오스페이스(041830)	체성분 분석기 국내 1위 업체
뷰웍스(100120)	의료영상 저장 전송시스템 개발
인피니트헬스케어(071200)	3차원 의료영상 저장 소프트웨어 개발
휴비츠(065510)	안과용 전문 의료기기 생산
유비케어(032620)	병원의 환자진료 관리용 전자차트 개발
인성정보(033230)	유헬스 분석 솔루션 제공
비트컴퓨터(032850)	원격진료시스템 공급
아이엠(101390)	자회사 아이엠헬스케어가 나노와이어 바이오센서 공급

부록

상장기업의 IR과 PR

국내에는 코스피·코스닥과 코넥스 등을 합쳐 약 2천여 개의 기업들이 주식시장에 상장 및 등록되어 있고, 또한 매년 수십여 개의 신규기업들이 공개·거래되고 있다. 반면에 재무구조 악화, 횡령 등의 여러 가지 사유로 많은 기업들이 상장폐지되어 없어지고 있다.

투자자들은 본인들이 알고 있는 소수의 기업 중에서 업황개선을 통한 실적 향상이 뚜렷한 기업이나 모멘텀이 좋은 기업, 애널리스트의 분석보고서를 토대로 기업을 발굴하여 투자를 진행한다. 그러나 애널리스트와 투자자들이 경영환경이 시시각각 변하는 2천여 개의 기업을 제대로 파악하고 분석하는 데는 상당한 시간이 걸린다. 또 어쩌면 불가능할지도 모른다. 따라서 이들에게 먼저 회사를 알리고 소통하는 IR 활동이 필요하다. 적극적으로 IR 활동을 하는 기업이 그렇지 못한 기업보다 해당 기업의 가치를 높이며 상장기업으로서 전략적 목표를 달성하는 지름길을 가고 있다고 볼 수 있다.

본 책에서는 IR과 PR의 개념과 필요성, 실행방안에 대해서 간략하게 소개하기로 한다.

💰 IR과 기업 PR

IR은 미국 전미 IR협회NIRI-National Investor Relations Institute에서 최초로 '기업의 커뮤니케이션 기능과 재무적 기능을 결합하여 현재 및 잠재적인 투자가들에게 기업의 성과와 전망에 대한 정확한 정보를 제공하는 전략적인 마케팅 활동'이라고 정의한 바 있다. 그러나 최근에는 IR이 상장기업의 CEO나 경영진들이 반드시 진행해야 할 경영책무로 인식되고 있다.

2003년 미국 전미 IR협회는 IR을 '기업가치를 공정하게 평가받기 위해서, 필수적인 기업과 기타 이해관계자들과의 쌍방향 커뮤니케이션을 실현하는 데 필요한 재무·커뮤니케이션·마케팅 활동, 그리고 증권관계법령 준수를 통합하는 전략적 경영책무'라고 재정의하고 있다. 즉 IR 활동은 기업이 자본시장법 등 규정에 맞추어 자사 정보를

온·오프라인의 IR툴을 통해 최대한 자율적으로, 가장 효율적으로 투자자에게 제공하여 투자자와 신뢰관계를 구축함으로써 기업의 장기적인 발전에 이바지하도록 하는 일련의 경영활동을 말한다.

기존의 IR툴은 사업보고서, 주주통신문 등 출판물 제작형과 기업설명회 및 기관투자가 탐방 등 개별 대응형의 오프라인 방식이 있었다. 그러나 최근의 IR툴은 기존의 IR툴과 더불어 인터넷 웹사이트와 이메일, 모바일 등 유·무선 매체를 이용한 기업과 주주 및 투자자 간의 적극적인 의사소통 관계가 가능한 양방향 온라인 방식으로 진행하고 있다. 정보통신의 발달로 인하여 투자자들은 상장기업들의 경영 및 재무정보를 장소에 구애받지 않고 다양한 매체를 통해 실시간으로 받을 수 있게 된 것이다.

IR은 주식시장에서 명확한 타깃인 애널리스트, 투자자, 잠재적 투자자, 오피니언 리더를 선정하여 이들에게 기업설명 활동을 하는 것을 말한다. 주로 기업의 성과와 전망에 대한 재무적인 정보를 바탕으로 경영진의 역량, 미래의 성장잠재력, 제품과 서비스의 질, 시장에서의 지위 등 비재무적인 내용도 함께 진행한다.

IR은 큰 틀에서 PR의 한 부분에 속하나 전략적 마케팅 활동의 일부로서 커뮤니케이션 기능뿐만 아니라 재무적 기능을 중요시한다. 이것이 기업 PR과 차별되는 점이다.

PR은 19세기 후반부터 미국을 중심으로 설득 커뮤니케이션의 한 유형으로 활용되기 시작했는데, 다양한 방법을 통해 불특정 다수의

표 부록-1 IR과 PR의 차이점

구분	IR(Investor Relations)	PR(Public Relations)
정의	주주, 투자가, 잠재 투자자 등 투자자에게 기업설명 활동	불특정 다수 소비자인 대중에게 홍보 활동
궁극적 목적	- 투자자 신뢰 확보로 주가의 안정 - 기업가치의 적정한 평가 - 투자매력 어필(Appeal)	- 기업 이미지 제고 - 제품 홍보 등 마케팅 활동을 통한 매출향상
커뮤니케이션 내용	Value Drivers(기업의 비전, 재무 내용, 경영성과, 전략, 전망 등 투자자가 원하는 정보)	회사의 특장점(기업 문화, 제품의 우수성, 사회적 책임 등)
커뮤니케이션 방법	자발적으로 진행되며, 회사와 투자자 간의 쌍방향 지향	회사의 전략적 목적 하에 회사 중심의 일방적인 커뮤니케이션
기간	장기적 계획에 따라 지속적	회사의 목적에 따른 일시적 기간
일반적인 차이점	회사의 단점까지도 설명	회사의 장점만을 부각

일반 대중을 대상으로 매출향상을 위한 제품의 홍보나 이미지와 명성을 창조하고 관리함을 목적으로 한다.

PR 부문 중 기업 PR의 영역은 종업원, 소비자, 거래처, 주주, 지역사회 등 다양한 공중과의 관계로 확장되고 있다. 회사의 매출향상을 위한 판매촉진, 언론홍보 등을 통해 마케팅 활동과 상황별 여론관리·쟁점관리·위기관리 등을 진행하며, 최근에는 사회적 책임을 다하는 윤리적인 측면에서의 기업 이미지 홍보도 강화되고 있다.

기업 PR은 광고에 비해 저렴한 비용으로 다양한 PR 활동을 통해 제품의 매출향상을 진행할 수 있는 효율적인 커뮤니케이션 도구이다. 또한 브랜드 관리, 마케팅 기회 도출, 위기대처, 여론관리 등 경영활동에 없어서는 안 될 중요한 기능을 담당하고 있다.

💰 통합 IR과 PR의 필요성

  기업의 IR 활동을 위해서는 신뢰성 확보를 기반으로 주식시장에 공시되어 투자자에게 제공되는 정보는 투명하고 일관성이 있어야 한다. 신뢰성을 기반으로 기업들은 IR 활동을 통해 주식시장에서 자본조달이 쉽고, 적정주가 평가 및 주식의 유동성 증가로 주가가 안정되며, 우호 주주를 확보하여 M&A 등 외부의 위협으로부터 경영권을 보호받을 수 있다. 또한 기업의 내실강화와 이미지 개선 효과 및 주주가치 보호와 지속 가능한 기업으로 경영책무를 다할 수 있다.

  기업의 경쟁력 확보를 위한 IR 활동은 CEO, 또는 CFO 책임하에 전사적 차원에서 지속적이고 체계적으로 진행해야 한다. 이를 통해 투자자는 물론 언론기관, 임직원, 채권단 등 이해관계자가 경영진과 제품 및 서비스에 대해 믿음을 가지게 되며, 기업의 장기적인 신뢰와 이미지 개선에도 크게 도움이 된다.

  주식시장에서 투자자들은 주주 중시 경영을 통해 주주의 목소리가 경영진에게 전달되기를 바라며, 기업의 경영에 있어 의사결정의 투명성과 신뢰성을 요구하고 있다. 주주와 경영진과의 양방향 커뮤니

그림 부록-1 ▶ 효율적인 통합 IR·PR 활동

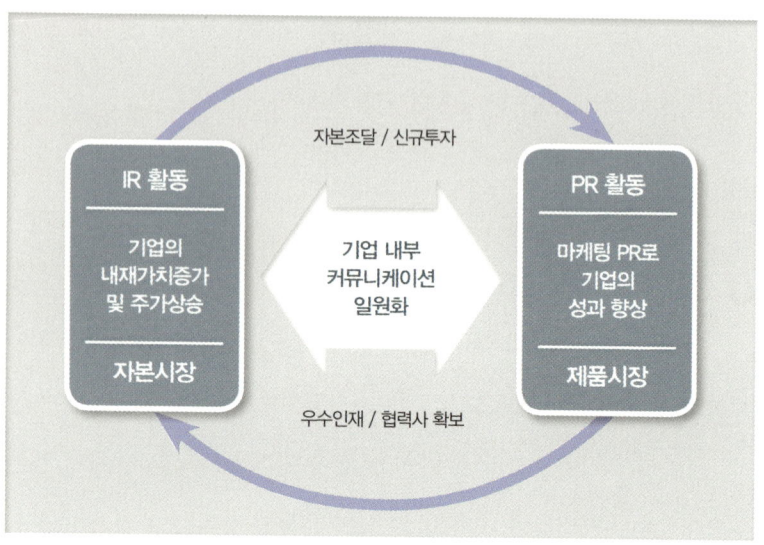

케이션을 통하여 회사의 기업가치에 부합하는 주식가격을 형성하여 주주이익을 극대화할 수 있다.

　기업들은 IR 활동과 PR 활동을 별개로 진행하는 것보다는 통합하여 운영하는 게 효율적이다. IR 활동을 통해 주식시장에서 기업의 인지도와 신뢰도를 높이며, PR 활동을 통해서는 제품·소비자시장에서 매출증가 등으로 기업성과가 좋아지면서 내재가치가 증가한다. 이것은 주식시장에서는 주가가 올라가는 선순환 구조로 이어질 수 있다. 즉 주식시장을 통한 원활한 자금조달로 기업의 재무 안정화와 신규사업 등 성장동력원에 투자하게 되고, 우수인재 및 협력사를 확보하

여 기업의 장기적인 발전을 도모할 수 있다. 또한 수익성을 개선하면 주가상승으로 이어져 임직원들은 우리 사주 및 급여상승 등의 보상을 통한 직무만족도가 높아지고, 투자자에게도 주가상승에 따른 차익을 얻는 기회가 형성된다.

💰 위기관리 IR과 PR

매출규모가 어느 정도 되는 대기업이나 B2C 사업을 영위하는 상장기업의 경우 IR 부서와 PR 부서가 따로 구성된 경우가 많다. 최근에는 소셜미디어를 통한 소비자 활동이 왕성해지면서 제품의 품질 및 법적인 문제들이 바로 이슈화되는 경우가 많다.

기업의 어떤 위협 이슈를 놓고 투자자를 대상으로 하는 IR 부서와 주로 기자들을 대상으로 하는 PR 부서가 상반된 견해를 밝힌다면 투자자들에게 상당한 혼란을 일으킬 수 있다. 이는 기업의 신뢰 하락에 따른 주가의 하락과 더불어 제품매출의 급감이라는 악순환으로 전이될 수 있다. 기업에 대한 비난, 부정적인 인식 등 위기상황이 발생할 경우에는 신속하게 진상을 파악하고, IR부서와 PR부서는 대외 커뮤니케이션의 창구를 일원화하여 일관된 목소리와 투명한 이미지로 위기에 대처하고 여론을 관리할 필요가 있다. 또한 대내외적으로 연관된 구성원들의 관심을 모니터링하여 기업을 우호적으로 바라볼 수 있도록 노력하여야 한다.

💰 성공하는 IR과 PR 활동

최근 몇몇 기업들이 애널리스트 및 기관투자자 등 특정 집단에 실적정보 사전유출이라는 정보의 비대칭으로 인해 기존의 IR 관행이 문제가 되고 있다. 기업의 주가에 영향을 미칠 수 있는 중요한 정보는 자본시장법 등 규정에 맞게 신속하고 정확한 내용으로 쉽게 작성되어 모든 투자자가 공평하게 전달받을 수 있도록 공시해야 한다. 공시에 표현되지 못한 내용은 보도자료나 인터뷰 등 PR 활동을 통해 투자자들이 이해할 수 있게 도와야 한다. 공시를 통한 정보의 비대칭성 해소 이후에는 투자자와 IR 활동을 통한 커뮤니케이션을 진행하여 신뢰를 구축해 나가야 한다.

대내외적인 기업환경의 변화에 따라 투자자별로 가장 효율적인 IR 툴을 통해 IR 활동의 효과를 높여야 한다. IR 활동은 투자목적별로 중장기적으로 기업성장과 가치를 이해하고 안정적으로 주식을 운용하는 애널리스트 및 기관투자자들을 주된 타깃으로 진행한다. 또한 주식거래 유동성 유지 및 잠재적인 투자자 확보를 위해서 단기적 투자성향인 개인에게도 지속적인 관심을 보여야 한다.

성공하는 IR 활동을 하기 위해서는 첫째, 공시된 정보(예측 정보)가 예측 가능성이 높아야 한다. 달성하지 못할 막연한 회사 사업계획 목표를 공시하여 단기적으로 주가상승을 꾀한다면, 투자자들은 투명하지 못한 경영시스템에 대한 실망하게 되고, 회사에 대한 신뢰가 깨져 주가는 하락하고 기업 이미지 또한 크게 실추될 것이다.

둘째, IR의 목적이 분명하고 메시지의 전달이 명확해야 한다. 기업 메시지는 스토리를 구성하여 투자자와 애널리스트가 기업을 판단하고 이해할 수 있게 근거와 자료를 가지고 구성되어야 하며, 일관성 있게 진행해야 한다. 핵심 사업의 수익구조에 대해서는 명확하고 간결하게 설명하고 전반적인 회사 상황을 제시하여야 한다.

셋째, IR 활동은 회사의 약점이나 부정적인 소식도 함께 전달해야 한다. PR과 가장 큰 차이라고 할 수 있는데, 투자자 신뢰성 확보 차원에서 상당히 중요하다. 회사의 위협요인이나 경영환경으로 인하여 생긴 약점이나 부정적인 내용을 투자자들에게 논리정연하게 설명하고 그에 대한 구체적인 대안과 개선방안을 제시해주는 적극적인 IR 활동이 필요하다.

넷째, 과거 실적과 스토리에 얽매이기보다는 올해 예상 달성목표를 근거와 수치로 제시하여야 하며, 신규 사업 등 앞으로 2~3년간의 성장계획을 중심으로 진행해야 한다.

다섯째, CEO를 중심으로 시스템을 갖춘 적극적인 IR 활동이 전개되어야 한다. 투자자들은 기업의 최고경영자인 CEO들의 경영철학과 이념, 그리고 기업환경의 시대적 변화에 적응해서 대응할 수 있는 자질과 능력을 보유하고 있는지 궁금해한다.

여섯째, 애널리스트나 투자자와의 관계는 일방적으로 정보를 전달하고 끝나는 일회성 관계가 되어서는 안 된다. 지속적인 커뮤니케이션으로 전달된 정보의 업데이트 등을 해주어야 하며, 애널리스트 및 투자자로부터 경영에 참고할 만한 내용도 피드백을 받아 반영하면 탄탄한 신뢰관계가 구축될 것이다.

일곱째, 투자자들의 기업탐방과 더불어 회사의 IR담당자가 NDR Non-Deal Roadshow, 즉 기업설명회를 통해 직접 투자자를 찾아 나서는 IR 활동을 강화해야 한다. 관심은 있으나 바쁜 업무로 인해 탐방이 불가능한 투자자뿐만 아니라 많은 인원을 동시에 진행함으로써 IR 효과를 높일 수 있다.

IR 활동을 지속적으로 제대로 진행하지 않은 상장기업은 어찌 보면 상장기업의 책임을 회피하는 것이다. 따라서 올바른 경영활동을 통한 기업실적 향상과 더불어 투자자에게 책임을 다하는 성공하는 IR 활동을 해야 한다.